云南财经大学博士出版基金全额资助

民生政治及其在当代中国的构建逻辑

李 权◎著

THE POLITICS OF THE PEOPLE'S LIVELIHOOD AND ITS
CONSTRUCTION LOGIC IN CONTEMPORARY CHINA

中国社会科学出版社

图书在版编目(CIP)数据

民生政治及其在当代中国的构建逻辑／李权著．—北京：中国社会科学
出版社，2016.4（2018.6 重印）

ISBN 978 - 7 - 5161 - 9220 - 7

Ⅰ．①民…　Ⅱ．①李…　Ⅲ．①人民生活 - 研究 - 中国　Ⅳ．①D669.3

中国版本图书馆 CIP 数据核字（2016）第 266520 号

出 版 人　赵剑英
责任编辑　任　明
特约编辑　李晓丽
责任校对　郝阳洋
责任印制　李寡寡

出　　　版　中国社会科学出版社
社　　　址　北京鼓楼西大街甲 158 号
邮　　　编　100720
网　　　址　http：//www.csspw.cn
发 行 部　010 - 84083685
门 市 部　010 - 84029450
经　　　销　新华书店及其他书店

印刷装订　北京君升印刷有限公司
版　　次　2016 年 4 月第 1 版
印　　次　2018 年 6 月第 2 次印刷

开　　本　710×1000　1/16
印　　张　15.75
插　　页　2
字　　数　271 千字
定　　价　68.00 元

自　序

　　有人曾经问我："现在还研究民生政治有意义吗?"听此语后，我沉默了。由于自己对问题理解不够深入，一度想把该研究主题放弃，也曾把完善该书的工作搁置了一段时间，但最近遇到的一系列民生事件深深触动了我，深感民生其实就在我们身边，作为共产党人和信仰马克思主义的我应该勇敢地承担起这份责任和使命，因此，我又拿起笔来继续未完成的论文。

　　民生是人类社会永恒话题，改善人自身生存条件、发展环境和生活状态是民生政治主题。随着人类社会政治生活的出现，民生与政治结合成为必然，民生政治从此成为人类话语体系。纵观人类历史，自人类产生以来，人类社会就开始了民生建设过程，但是在原始社会更多表现的是人对自然的索取以及由此形成的原始社会结构和人们的关系，并产生了原初的人类意识，此时的人们之间并没有明显裂痕，人类作为一个共同体在改善着自身生存条件、发展环境和生活状态，如果此时就存在政治话语，那是一种原始民生政治概念。随着人类社会发展，人类便被划分为不同的阶级、阶层和群体，并在此基础上形成了以维护统治阶级利益为核心的民生观，人被异化，人民作为社会实践主体地位被颠倒，自由、平等、公平正义等价值理念成为人类追求的空中楼阁，此时的民生政治是一种被异化的概念。马克思主义的诞生打碎了以往社会的桎梏，宣告了人类梦想实现的必然性和科学性，宣告了真正意义上的民生时代到来，人民作为社会实践的主体地位得到了恢复，人被回归到了人自身，从此，人们梦寐以求的能够真正改变人自身生存条件、发展环境和生活状态的民生理想成为科学，科学社会主义成就了人们的民生梦。道路是曲折的，真正民生政治时代从理论到实践的转向应该从苏联开始，但是，苏联民生政治实践的失败宣告了苏联模式终结，给后人的启示是深刻的。

在中国，从神话传说到人世间各个阶层大众的实践，都充满着中国人为了改善自身生存条件、发展环境和生活状态的民生实践和民生思想，涌现了以神话传说为表现形式的民生思想和以儒家思想为代表的儒家民生观，反映了中国人在改善自身生存条件、发展环境和生活状态的历史情怀和宽广心胸，为后人改善自身生存条件、发展环境和生活状态奠定了中国基因。近代以来，中国深受帝国主义和封建主义双重压迫，中国面临国破家亡的危险，中国人的生存条件、发展环境和生活状态面临着亡国亡种的危险境地。面对极度恶劣的生存条件、发展环境和生活状态，涌现了以封建开明地主阶级、农民阶级、资产阶级改良派和革命派为代表试图改善中国人生存条件、发展环境和生活状态的洋务运动、天平天国起义、维新运动和辛亥革命，但都以失败而告终，中国人生存条件、发展环境和生活状态的状况依然没有得到改变。中国人陷入了迷茫和痛苦当中，俄国十月革命一声炮响，带来了马克思主义，让沉思中的中国人看到了希望。

十八大以来，以习近平为总书记的党中央领导集体承载近代以来中国人国家富强、民族振兴、人民幸福的中国梦，从国家层面、民族层面、人民层面、家庭层面、个人层面阐述了民生政治新要求，开启了改善人自身生存条件、发展环境和生活状态新局面，即对国家富强的期盼、对民族振兴的渴望、对人民幸福的向往、家庭美德和共享人生出彩机会的追求，民生政治进入了全新时代。

由于笔者的精力和时间有限，在写作本书过程中难免有不足，敬请各位读者批评指正为谢！

李　权

2015 年 2 月 7 日春园陋室

目　　录

第一章

导 论

近代以来，每一个中国人都渴望能够改善自身的生存和发展环境以及生活状态，过上国家富强、民族振兴和人民幸福的生活，一代代中国人也为此进行了不懈的努力，涌现了以孙中山为代表的民生思想和以中国共产党为代表的民生观。党的十八以来，以习近平为总书记的党中央领导集体承载一代代中国人的梦想，引领了实现伟大梦想的征程，形成了更为完整的民生政治理论，开启了以提升人自身的生存和发展质量与生活状态为基础的全面实现民生政治愿景新时代，为此，如何进一步全面改善中国人的生存和发展环境以及生活状态的民生问题成为人们进一步讨论的热点话题。正是在这样的背景下，人们在新形势下深入探索了怎样实现民生梦的问题，取得了丰硕成果。导论部分系统梳理了近年来人们对民生政治的研究状况，阐述了本书研究的缘起及研究意义，说明了本书所运用的分析工具和视角，概括了本书的基本逻辑以及创新与不足，回答了本书研究的原因以及意义，提出了研究民生政治需要突破的几个问题，为本书的全面阐述奠定基础。

第一节　民生政治研究的缘起与研究意义

研究某一问题需要回答为什么研究以及有什么研究意义的问题，这是理论研究的一般逻辑，民生政治研究的缘起与研究意义正是对这一问题的回应。笔者从民生政治提出的实践背景入手，从四个角度回答了民生政治研究的缘起，简要说明了民生政治是人类历史发展的历史必然，是中国政治发展的历史必然，是全球政治发展的趋势，是人自由而全面发展的内在诉求，因此，民生政治的研究不仅具有现实意义，而且还具有人自由而全面发展的意义。

一　民生政治研究的缘起

党的十八大以来，以习近平为总书记的党中央领导集体承载一代代中国人的梦想，引领了实现伟大梦想的征程，形成了更为完整的民生政治理论，开启了以提升人自身的生存和发展质量与生活状态为基础的全面实现民生政治愿景的新时代。正是在这样的背景下，人们从不同角度探索了民生政治问题，形成了关于民生政治的各种学说认识和理念。但是，随着民生政治实践的不断深化，需要人们进一步深化认识民生政治是什么、为了谁、怎么办以及为什么的问题，需要进一步研究民生政治的一般性规律，系统回答民生政治实践过程中提出的一系列问题。本书的研究正是试图回答当下民生政治实践过程中和理论认识上的有关问题，揭示民生政治的一般性规律，为民生政治的理论建构与实践作出自己的努力。

从政治实践主体人的阶级地位变迁的角度来看，民生政治是在人民主体性基础上中国社会走向国家富强、民族振兴和人民幸福的政治形态，它与奴隶社会、封建社会、资本主义社会的民生建设在本质上是不同的，因此，民生政治理论形态也同传统民生观、孙中山先生的民生思想和以吉登斯为代表的生活政治理论有本质上的不同。我们所主张的民生政治不仅具有历史意义，而且具有现实意义。正是从政治实践主体人的阶级地位变迁的角度，回答了民生政治是为了谁的问题，即民生政治在本质上是人民群众自己当家作主的政治形态，政治走向了由人民群众自己为自己作主，使民生政治的最终本质成为人的解放，也正是在这个角度上，民生政治是历史转向的必然，是人类历史发展的结果。历史唯物主义原理表明，除原始社会和社会主义形态之外至今的一切社会历史形态都是阶级斗争的历史，与此相连的政治形态都是统治阶级占统治地位的政治形态，人民群众被边缘化，因此，统治阶级占统治地位的政治形态本质上都是阶级政治，其民生建设只是为了维护统治阶级的利益和维护统治阶级的统治，与此相适应而形成的传统民生观、孙中山先生的民生思想和生活政治理论在本质上也应该是维护统治阶级的利益，因此，在统治阶级占统治地位条件下所形成的民生思想同我们所说的民生政治具有本质上的区别。民生政治回答了为什么的问题，即民生政治的产生是基于人民主体性基础上中国社会走向国家富裕、民族振兴、人民幸福条件下贫富差距过大、幸福感缺失、信仰缺失、公平正义缺失等而所形成的问题的政治建构走向，或者说是在人民主体性根本前提条件下，社会公平正义缺失而构建的政治形态。党的十八大以来，以习近平为总书记的党中央领导集体承载一代代中国人的梦想，把民生政治推向了新的高度，形成了中国梦语境下的民生政治理论，也即在人民主体性基础上中国社会走向国家富强、民族振兴和人民幸福的政治形态，中国梦语境下的民生政治回答了为什么的问题，即基于人民主体性基础上中国社会走向国家富强、民族振兴和人民幸福条件下在已经满足基本的生存和发展需要以及生活状态下人们对更为美好的生存和发展条件以及生活状态的追求过程而构建的政治走向，因此，民生政治研究的深化，需要清楚明确地表达这一过程。

　　从人本身发展的角度来看，人首先必须解决衣食住行等民生问题，然后才能从事政治的、经济的、艺术的、宗教的等活动，但是随着人类社会历史的发展，政治的、宗教的、艺术的、经济的活动等逐渐成为统治人本身的产物，使人本身被异化或者说民生的主体地位被政治的、宗教的、经济的、艺术的统治所替代，这集中表现为民生服务于其他的一切活动。恩格斯在《在马克思墓前的讲话》中认为，"正像达尔文发现有机界的发展规律一样，马克思发现了人类历史的发展规律，即历来为繁芜丛杂的意识形态所掩盖着的一个简单事实：人们首先必须吃、喝、住、穿，然后才能从事政治、科学、艺术、宗教等等；所以，直接的物质的生活资料的生产，从而一个民族或一个时代的一定的经济发展阶段，便构成基础，人们的国家设施、法的观点、艺术以致宗教观念，就是从这个基础上发展起来的，因而，也必须由这个基础来解释，而不是像过去那样做得相反"①。因此，民生政治的提出与实践，正是把人的世界还给人自己，而不是被人类自身所创造的存在物所异化，正如马克思在《论犹太人问题》中所认为的那样，"任何解放都是使人的世界即各种关系回归于人自身"②。但需要说明的是，民生政治的实践并不是促使人自身回归到衣食住行等层面的人自身，而是在说明，民生政治对人的解放在本质上是摆脱人对物的依赖。但是，由于生产力发展的限制，过去的民生建设历史并未摆脱人对物的依赖，可喜的是，我们现今的以人为本理念的提出和实践促使民生政治

---

① 《马克思恩格斯文集》第 3 卷，人民出版社 2009 年版，第 601 页。
② 《马克思恩格斯文集》第 1 卷，人民出版社 2009 年版，第 46 页。

逐渐摆脱了以往民生建设过程中对人忽视的状态，从人发展的角度来说，具有以人为本意蕴的民生政治同以往的民生建设区别开来。所以，民生政治研究应当把人的解放作为根本，使民生政治具有人的解放意蕴。

从新中国成立以来中国政治发展特点的角度来看，民生政治形态与我国1949—1999年的民生建设既有区别又有联系，民生政治的研究需要说明这一政治发展事实，而不是进行人为的分割，也并不是把民生政治与我国1949—1999年的民生建设等同起来。中华人民共和国的成立以及社会主义改造的基本完成，虽然在政治形态上确立了人民主体性的地位即人民当家作主的政治形态，但是由于阶级社会历史遗留的原因和生产条件的限制，巩固人民民主的国家政权仍然是当时主要的政治形态，促使我国的政治生活主要体现为以权力为中心的政治形态，特别是在"左"的意识形态的影响下，把阶级斗争扩大化，明显表现出了阶级政治的特色，因此，从新中国成立至改革开放的时期内，民生问题让位于巩固人民民主专政的政治形态，此时的民生建设明显带有权力政治的色彩，所以新中国成立至改革开放前的时期内的民生建设同当前的民生政治具有区别，但他们同属于人民主体性条件下的民生建设，没有本质上的差别。改革开放以来，以经济建设为中心成为当时的主要任务和实践形态，体现在政治领域的主要是经济政治形态，即以经济建设为中心的政治形态，此时的政治合法性主要来源于经济的发展，虽然经济的发展确实是民生政治的基础，但是把以经济建设为中心的民生建设看作是民生政治，仍然缺少一定的说服力，因为民生问题不仅是经济问题，经济的发展不等于民生问题的发展。随着中国社会经济的高速发展，中国社会在走向富裕过程中产生了贫富差距过大问题，需要以新的政治理论和范式来分析和解决这一问题。新世纪以来，中国政治发展的特点已经不再是国家在一穷二白基础上以革命方式巩固人民政权，而是转向了在人民主体性根本前提条件下，以经济发展为基础，实现共同富裕、共享改革成果、实现政治权利和经济权利、人的进一步解放的阶段，而共同富裕、共享改革成果、实现政治权利和经济权利、人的进一步解放集中体现在初步富裕之后要求缩小过大的贫富差距以实现社会的公平正义，因此，构建以公平正义为基础的民生政治形态成为中国政治转向的必然。所以，民生政治同我国1949—1999年的民生建设既有区别又有联系，研究民生政治应当给予其足够的重视，从目前关于民生政治研究的状况来看，其区别给予了足够的重视，但是缺少对其联系的说明，而研究民生政治需要完整地说明其联系与区别。

从全球范围来看，民生政治已经成为发展趋势，需要进一步说明我国民生政治建设与全球范围内民生政治趋势的区别与联系。从社会形态的角度来看，除了社会主义国家之外，全球范围内的大部分国家都是剥削阶级占据统治地位，他们的民生政治在本质上来说仍然是维护统治阶级利益的政治形态，只不过是改变了统治方式或者做出某些让步而已，这在一定程度上缓和了阶级矛盾，造成好像是在维护人民大众或者公民利益的假象。因此，他们的民生政治同我国的民生政治具有本质的区别，对民生政治的研究需要说明这一本质上的区别。民生政治的全球性趋势一方面说明民生已经成为全球性的政治合法性来源和基础，我国的民生政治是符合世界历史发展潮流的政治形态；另一方面说明我国的民生政治形态需要吸收来自全球的成功经验和失败的教训，特别是来自苏联民生政治转向失败的经验和教训、西方发达国家民生建设成功的经验，使我国的民生政治实践具有全球性的意义。目前，学界对吸收世界范围内民生建设的经验和教训作出了积极的贡献，但是仍然需要进一步深化和吸收。

我国的民生政治时代已经起步，并在中国梦语境下赋予了民生政治新的内容。随着全球范围内民生建设实践的深入和我国民生政治实践的进行，需要继续深化回答民生政治是什么、为了谁、怎么办及其为什么的问题，笔者的阐述只是个人对民生政治所进行的思考和体会，而民生政治在本质上是人民群众自己的事情，是自己掌握自己的命运过程，是以公平正义为基础的政治形态，是人的解放过程，希望更多的人关心民生政治，研究民生政治，实践民生政治，推进民生政治，为人的解放作出自己当下的努力。

二　本书的研究意义

从终极意义上来说，民生政治是关于人和人类解放的学说和实践，笔者的思考只是这一伟大进程中微小的一点个人体会，但是，笔者希望能够有更多人关注民生政治。笔者试图从以下几个角度说明本书的研究意义。

首先，试图回答民生政治是什么、为了谁、为什么及其怎么办的问题，为研究民生政治的一般性规律作出自己的思考，并进而为民生政治理论的发展作出学术上的努力。民生是人类社会永恒的话题，在原始社会，人们为了满足自身动物属性方面的需要，形成了原初的民生含义即民生主要是人们的衣食住行，如果政治在原始社会就存在的话，那么我想此时的民生政治主要解决的是人从自然界中解放出来的问题，此时的民生政治就是原始的民生政治形态。随着人类生产力的发展，家庭、私有制和国家形态的出现，原始民生政治被深深打上了阶级统治的烙印，此时的民生政治已经改变了原始民生政治的意义，变成了阶级统治的工具和方式，变成了以统治阶级意志为转移的民生政治形态，因此，在统治阶级统治的社会，民生政治的主体地位变成了统治阶级，而不是人民群众，民生政治的本质在阶级社会里是统治阶级的政治形态。社会主义的出现，人民群众在人类社会发展进程中占据了主体地位，人类政治形态的发展由人民群众自己决定，因此，在社会主义中的民生政治是真正的人民群众自己的政治形态。正是在这一分析的基础上笔者思考了民生政治是什么、为了谁、怎么办和为什么的问题，试图说明民生政治的基本问题，也正因为对民生政治基本问题的思考，为研究民生政治的一般性规律作出了自己的思考，这是本书研究的基本目的，也是本书研究的意义所在。

其次，在实践层面上，自政府产生以来，民生问题的解决一直都是政府的主要任务之一。无论是从历史上来看，还是从当今世界各国政府对民生问题的重视程度来看，民生已经成为政府发展及其政府合法性的来源和基础，希望笔者的思考能够对政府决策具有一定的意义。

最后，民生政治在终极意义上来说是关于人和人类解放的学说和实践，笔者的思考能够给人们带来生活上的意义和人的解放意蕴。民生政治研究的主要问题是人们在生活中遇到的基本的民生问题即人们的衣食住行等为基础而形成的生存和发展问题。本书的研究试图说明人们应该怎么生活及其为了谁生活的问题。本书提出民生政治的本质是人民群众自己决定、以公平正义为基础的政治形态，是人民群众当家作主的政治，是人解放自己的政治，因此，民生政治在本质上是人民群众自己的政治形态，是人的解放和人类解放的政治形态、意识和实践。因此，民生政治是具有生活意义和人的解放意蕴的政治形态，而不是远离人们身边的实际而存在的政治形态。总之，民生政治是涉及每个人实际生活的政治形态，是关于人和人类解放的政治形态。本书的研究和思考具有生活意义和人的解放意蕴，这也是笔者选择这一课题的主要原因所在。

第二节 民生政治研究现状

我国的政治生活已经进入了民生政治时代，并在中国梦语境下丰富了民生政治内涵和意蕴。近年来，随着对民生政治研究的不断深入，已经产生了一定的成果，虽不丰硕，但却为当代中国政治的研究开拓出了新天地。

一 民生政治确认的研究路径

民生政治是全球化深入和我国政治实践、现代化过程发展的必然趋势，是人类对自身生存和发展以及生活状态改善的梦想逻辑。民生政治的确认为学者们的社会问题研究开拓出了新空间。笔者通过整理近年来民生政治的研究文献资料，认为民生政治确认的研究路径有以下几种。

第一，民生概念的政治确认。这一研究路径是从民生概念的政治本质入手，认为民生问题本质上是政治问题，关注和改善民生就是民生政治，其主要观点包括：民生涉及人的发展权和生存权。因此，民生问题的本质是政治问题；从政治分析角度入手，认为民生与政治具有本质相关性，民生问题的解决是政治合法性的基础和来源；从民生的政治功能角度来看，民生是政治功能的体现。正是从以上研究路径出发，认为民生实质上是政治问题，于是便产生了民生政治的提法。比如：徐光春认为，"民生就是政治"①；徐勇、项继权从民生问题与政治关系的角度出发，认为，"民生问题的实质是政治问题"②；董建萍认为，"民生问题背后是政治问题"③；汪玉凯把民生问题提高到政治的高度来理解，认为"从公平正义是社会主义制度的本质要求这一理念出发，切实把握民生问题的政治高度，切实把解决好民生问题作为提高执政能力的重要标尺"④；王超认为，"民生就

① 徐光春：《民生就是政治》，《决策与信息》2007 年第 4 期。

② 徐勇、项继权：《民生问题的实质是政治问题》，《华中师范大学学报》（人文社会科学版）2008 年第 3 期

③ 董建萍：《民生问题折射政治——民生问题理论研讨会综述》，《资料通讯》2007 年第 5 期。

④ 汪玉凯：《民生问题的政治高度》，《政策瞭望》2007 年第 4 期。

是发展，民生就是政治"①；郭华茹、张健认为，"民生是一个与人类社会生存与发展共始终的问题。改善民生，不仅仅是千百年来世代人民的热切期盼和希冀，更是一个重大的政治问题"②；王文超认为，"改善民生是一项重要的政治任务"③；郭剑鸣认为，"民生问题的根本乃为民本和民权政治，尤其在我国社会资源动员模式仍然是政府主导型的背景下，民生问题之解决与政府行为密切相关，因而它不是一个单纯的经济性社会问题，而是一个需要调整公共政策方向、政府考绩标准和公共财政投入重点，以改善民生为指针去发展社会和管理社会的政治性社会问题"④；徐旭东认为，"民生概念首先是个政治概念，民生就是政治"⑤；谢金林、张艺认为，"从政治哲学的视角看，民生是由一系列公民权利组成的权利集合，民生不是政府对公民的恩赐而是公民对政府的权利诉求"⑥。民生概念政治确认的研究路径，确实可以清楚认识到民生问题是政治问题，民生在本质上来说就是民生政治，但是这一研究路径忽略了一个历史事实，即民生是人类社会历史发展进程中一个永恒的话题，民生存在于原始社会、奴隶社会、封建社会、资本主义社会和社会主义社会。正因为民生本质的政治确认研究路径忽视了这一社会历史事实，不能完整说明原始社会、奴隶社会、封建社会、资本主义社会和社会主义社会的民生政治形态具有什么样的联系和本质区别。依据历史唯物主义分析法可知，在统治阶级占统治地位的人类政治活动中，统治阶级决定政治取向及其政治价值，在统治阶级占统治地位的阶级社会中，民生政治形态被深深地烙上了阶级统治的痕迹，因此，在统治阶级占统治地位的社会里，民生政治的本质是维护阶级统治的利益。而在社会主义条件下的民生政治在本质上是人民群众自己掌握和决定政治取向的民生政治，因此，民生政治在统治阶级占统治地位的社会形态中和社会主义形态中是有本质上的区别的。也因此，民生概念的

①　王超：《当前最大的社会公益凸现在民生问题——民生问题政治化抑或民生问题法律化》，《知识经济》2010 年第 4 期。

②　郭华茹、张健：《改善民生的政治视角》，《学术论坛》2010 年第 9 期。

③　王文超：《改善民生是一项重要的政治任务》，《求是》2008 年第 2 期。

④　郭剑鸣：《民生：一个生活政治的话题——从政治学视角看民生》，《理论参考》2008 年第 1 期。

⑤　徐旭东：《民生概念政治范畴性质的确认》，《山东科技大学学报》2008 年第 2 期。

⑥　谢金林、张艺：《民生问题的政治伦理诠释》，《理论探讨》2008 年第 3 期。

政治确认研究路径不能清楚完整地区分不同社会形态中的民生政治本质，容易使人们把民生政治的本质混淆起来，不利于构建社会主义条件下的民生政治。

第二，民生政治是对我国当今政治发展特性的概括与确认。其主要观点是把民生政治界定为进入新世纪以来的政治形态，是对新时期、新条件下的政治形态在理论上的高度概括。田新文认为，"由于在不同历史阶段，社会的主要矛盾不断演化，政治的关注内容也随之不断发展变迁，经历了一个从政权政治、生产力政治到民生政治的日益叠加、不断发展的过程"①；周明海认为，"民生政治是社会主要矛盾不断演化、政治关注内容不断发展变迁的产物"②；姜纪垒、任阿娟通过考察改革开放以来我国政治发展的特点，认为"民生政治是改革开放 30 年以来执政党积极探索的成果，它开拓了中国特色社会主义政治文明建设的新视野，将引领中国新一轮的改革"③。改革开放以来的政治发展经历了以经济建设为中心的富民政治，始终代表最广大人民群众根本利益的利民政治和以人为本的民生政治三个过程。周朗生认为，"中国共产党自成立以来，就始终致力于民生问题的解决，尤其是党的十七大以来，一幅崭新的民生政治路线图初现端倪。从政治文明建设的意义上讲，民生是当代中国政治文明建设的新高度，民生政治正成为解读中国政治转型的新视角"④。吴若飞、牛磊认为，"民生问题在中国历史上未曾圆满解决，中国共产党的成立，翻开了解决民生问题的新篇章，改革开放以来，逐渐形成了中国特色的社会主义民生政治观"⑤。谢倩认为，"实际上，新中国的成立，尤其是改革开放以来，中国共产党实现了由革命党向执政党、建设党的成功转型。与此相应的是政治类型由斗争政治向经济政治、民生政治转型"⑥。我们不得不承认，

---

① 田新文：《民生政治：理解政治生活变化的新视角》，《社会主义研究》2008 年第 4 期。

② 周明海：《民生政治视域下的基本公共服务均等化：功能与对策》，《中共天津市委党校学报》2009 年第 2 期。

③ 姜纪垒、任阿娟：《民生政治：改革开放 30 年政治发展的新视野》，《昌吉学院学报》2009 年第 1 期。

④ 周朗生：《试论中国共产党的民生政治观》，《兰州学刊》2010 年第 10 期。

⑤ 吴若飞、牛磊：《试论中国共产党的民生政治观的形成和发展》，《云南行政学院学报》2010 年第 4 期。

⑥ 谢倩：《论中国共产党民生政治观的内涵、特征和意义》，《云南行政学院学报》2010 年第 5 期。

我国的政治形态进入新世纪以来确实发生了很大的变化，即民生政治时代已经来临，这是人们的普遍共识，对这些变化给予理论上的关注是值得肯定的，笔者的分析也正是在这一研究路径上提出民生政治的内涵，但是笔者通过思考发现，他们对民生政治内涵的概括，人为地把我国1949—1999年所构建的民生建设的努力与新世纪民生政治建设割裂开来，削弱了民生政治理论的涵盖面和说服力。其实，民生政治在中华人民共和国的成立和社会主义形态在中国的实践就开始了，但是由于历史条件和生产条件的原因，真正意义上的民生政治并未真正建立，因而民生政治内涵的界定需要把我国1949—1999年对民生建设的努力进行概括和分析。因此，今天的民生政治是在我国1949—1999年对民生建设不断努力的结果，是社会主义形态发展的继续，是在社会主义的特定时期、特定条件下的政治形态，与我国1949—1999年的民生建设既有区别又相互联系。把我国1949—1999年对民生建设的努力人为地分开出来不符合中国政治发展的事实，也不符合历史唯物主义。另外，随着中国梦语境的出现，中国梦语境下的民生政治是什么、怎样实现的问题以及与我国党的十八大之前的民生建设和民生政治的区别与联系并未随着实践的发展而给予重视，对这一研究路径需要继续深入。

　　第三，民生政治是反思我国现代化过程的结果。其主要观点是民生政治是现代化发展的新阶段，是中国现代化发展的结果。郭萌、董四代认为，"民生问题是在现代化中突出起来的……实践证明，现代性是一柄双刃剑，它在给社会带来进步的同时，又造成贫富分化、不公平加剧、文化浮躁和价值选择实利化。其中最明显的问题就是造成民生问题的突出"[①]。袁宇认为，"现代性发展造成的社会分裂和民生问题复出，正是现代化中必然出现的现象……社会主义现代化必须关注现代性分裂及其导致的民生问题"[②]。董四代、王海林认为民生问题与现代化发展相联系，提出"民生是中国特色社会主义现代化中的核心命题"[③]。赵凌云、赵红星认为，

---

　　① 郭萌、董四代：《现代化中的民生问题与社会主义选择——从孙中山的民生主义到中国特色社会主义历史评析》，《内蒙古农业大学学报》（社会科学版）2008年第6期。

　　② 袁宇：《社会主义现代化中民本、民生与政府责任探讨》，《龙岩学院学报》2010年第3期。

　　③ 董四代、王海林：《民生是中国特色社会主义现代化中的核心命题》，《长春师范学院学报》（人文社会科学版）2010年第5期。

"一个国家经济发展后要重视民生发展；民生发展不能'头痛医头脚痛医脚'，必须全面推进，集中推进民生发展是一个国家现代化进程中一个相对独立的发展阶段；民生发展是一个国家现代化进程的根本目标，是发展的高级形态，推进民生发展标志着一个国家进入发展的成熟阶段"①。赵凌云认为，"中华人民共和国成立以来，中国的现代化进程先后经历了制度转型和政治发展、体制改革和经济发展两个 30 年。中国需要再用 30 年的时间展开社会建设和民生发展。唯其如此，才能在本世纪中叶基本建成现代化国家，民生发展，是中国现代化新阶段的主题"②。现代性或者现代化视角是人们分析政治事实的有益路径，但是需要明确的是随着现代化的发展，西方学者发现现代化不能完全解决人们的问题，出现了所谓的后现代主义或者反思现代性的现象，从这个意义上来说，从现代化的角度分析民生政治并不与主流相匹配。另外，从现代化或者现代性本身来看，把民生政治作为现代化或者现代性的结果容易使人们把我国的民生政治与西方发达国家的民生政治混淆起来，把资本主义形态下的民生政治同社会主义形态下的民生政治在本质上等同起来。我们知道，西方发达国家都是资本主义形态的国家，在他们那里，民生政治的本质是维护资产阶级的利益和统治，而我国作为社会主义形态的国家，民生政治在本质上来说是人民群众自己当家作主的政治形态，是人民群众实现解放的政治形态，是把人的世界还给人自己的政治形态。因此，从现代性或者现代化的视角解读民生政治具有局限性。

　　第四，民生政策过程的研究路径。燕继荣教授认为，"政治往往以公共政策为表现形式"③。因此，在研究民生政治过程中，笔者发现人们普遍使用民生政策过程的研究途径来揭示民生政治的规律及其本质，形成了关于就业政策、医疗政策、社会保障政策、教育政策、住房政策等为内容的民生政治。其观点主要是把民生政策作为民生政治的具体体现，把民生政策过程及其民生政策的历史演变过程看作是民生政治。其代表性著作有《新中国民生 60 年》《当代中国民生问题研究》《中国社会发展研究报告2011·走向民生为重的社会：现阶段社会建设面临的挑战及其应对》、

---

　　① 赵凌云、赵红星：《民生发展时代：中国现代化进程的新阶段》，《天津大学学报》（社会科学版）2010 年第 6 期。

　　② 赵凌云：《民生发展时代的改革逻辑与改革框架》，《甘肃理论学刊》2011 年第 1 期。

　　③ 燕继荣：《现代政治分析原理》，高等教育出版社 2004 年版，第 145 页。

《幸福写在民生上：中国十年民生路》《2012 中国民生发展报告——跨越
变革世界中的"民生陷阱"》《当代中国民生》《关注民生——郑功成访
谈录》《科学发展与共享和谐——民生视角下的和谐社会》等。他们以民
生政策为分析内容，把民生政策具体划分为住房政策、医疗政策、就业政
策、教育政策、收入分配政策、社会保障政策等，详细分析了民生政治建
设的成就与不足，并提出了建设性的意见和建议，为民生政治研究的深入
提供了政策和技术上的支持。民生政策过程研究途径者认为民生政治的实
现应该体现在以医疗政策、就业政策、住房政策、教育政策、社会保障政
策等的实践与完善，为民生政治的深入奠定了政策基础，但是横向比较来
看，福利国家、美国、英国、法国、德国等资本主义国家也实践民生政
策，那么人们就会疑问，既然社会主义国家和资本主义国家都在完善民生
政策，如果仅从民生政策过程的角度来看，就会得出结论说社会主义和资
本主义在本质上并没有什么区别。因此，我们必须清楚认识到资本主义国
家的民生政策在本质上是为了维护资产阶级统治而服务的，其所实行的民
生政策仍然是在维护资产阶级及其利益集团的利益，而不是人民群众或者
公民。而在我国，民生政策的实践与完善在本质上来说是为了人民群众，
人民群众决定民生政策的取向和范围，我国的民生政策过程在本质上来说
是人民群众自己的民生政策。因此，从民生政策过程的途径来解释民生政
治具有局限性，不能完整地说明民生政策背后的政治实质，需要避免由民
生政策过程途径分析民生政治带来的局限性。

二　民生政治的理论渊源及其含义

以上四个方面的民生政治的研究途径，使民生政治的提出具有特定的
理论含义，而探讨民生政治的理论渊源有利于我们从认识论的角度进一步
理解民生政治。目前，理论界对民生政治理论渊源的探讨相对薄弱，有必
要加强这方面的研究。笔者认为关于民生政治理论渊源的研究，有以下几
个方面需要说明。首先，有些研究者认为民生政治是中国共产党民主政治
理论发展的结果。民生政治的理论渊源应该是马克思主义、毛泽东思想、
中国传统民本思想和西方人本主义的结果和过程，其代表人物是周朗生、
吴若飞和牛磊。周朗生认为马克思主义是中国共产党民生政治观的直接来
源，以毛泽东为代表的中国共产党人对民生政治观的创造性发展，中国传
统民本思想和西方人本主义对中国共产党民生政治观的重要影响是"中

国共产党民生政治观的思想来源"①。吴若飞、牛磊也认为，"马克思主义
是中国共产党民生政治观的直接理论来源"②。其次，生活政治是民生政
治直接的理论渊源。生活政治是英国著名社会理论家和社会学家安东尼·
吉登斯的理论结果，所谓生活政治就是"第一、生活政治是认同政治、
选择政治。第二、生活政治不仅仅是个人生活的政治，涉及到的要素遍及
社会生活的许多方面，包括的领域非常宽泛。第三、生活政治涵盖相当正
统的政治事务，如劳动与经济活动。第四、生活政治涉及的是集体面临的
挑战，不仅仅是个人在面对比以前多得多的可选择对象时应该如何作决
定"③。概括地说，生活政治就是"以我们如何生活作为问题的出发点，
以生活方式的选择为手段，以重构我们时代的道德和解决生存问题为目
的"④。谢倩把安东尼·吉登斯的生活政治概念作为民生政治理论的渊源，
认为民生政治是生活政治的另一种表述，其观点表述为，"在当代，对于
什么是民生政治的理解主要有以下几种：一是安东尼·吉登斯对民生政治
所作的概括"⑤。而周明海也有同样的观点，认为，"安东尼·吉登斯对民
生政治的含义作了如下概括……民生政治是一种旨在化解集体面临的生存
挑战的政治"⑥。在这里，研究者把生活政治等同于民生政治。无论研究
者如何理解生活政治，但是有一点是明显的，那就是有的研究者把生活政
治理论作为民生政治的理论渊源。最后，把马克思恩格斯的民生思想、列
宁的民生思想、孙中山的民生思想和毛泽东的民生思想作为民生政治的理
论基础。王涛在研究中国特色社会主义民生建设的过程中提出，中国特色
社会主义民生建设的思想基础应该是马克思恩格斯的民生思想、列宁的民
生思想、孙中山的民生思想和毛泽东的民生思想。王涛阐述道："本选题
以马克思恩格斯的民生思想、列宁的民生思想、孙中山的民生思想和毛泽

---

① 周朗生：《试论中国共产党的民生政治观》，《兰州学刊》2010 年第 10 期。

② 吴若飞、牛磊：《试论中国共产党的民生政治观的形成和发展》，《云南行政学院学报》
2010 年第 4 期。

③ ［英］安东尼·吉登斯：《超越左与右——激进政治的未来》，李惠斌、杨雪冬译，社会
科学文献出版社 2000 年版，第 95—96 页。

④ 许丽萍：《吉登斯生活政治范式研究》，人民出版社 2008 年版，第 99 页。

⑤ 谢倩：《论中国共产党民生政治观的内涵、特征和意义》，《云南行政学院学报》2010 年
第 5 期。

⑥ 周明海：《民生政治视域下的基本公共服务均等化：功能与对策》，《中共天津市委党校
学报》2009 年第 2 期。

东的民生思想为理论基础，以改革开放以前中国共产党的民生建设实践为实践基础，系统阐述了中国特色社会主义民生建设从开创到丰富和发展，再到全面推进的发展进程，并通过对我国民生现状的分析，提出了进一步推进中国特色社会主义民生建设的方略。"① 以上学者对民生政治理论渊源的研究为笔者的进一步思考提供了有益的思路，在本书中，关于民生政治价值取向的研究正是在这些学者思考基础上的结果，也正因为这些学者对民生政治理论渊源的研究，促使笔者进一步得出了民生政治价值取向是什么的问题，不仅回答了民生政治不仅与理论具有紧密的联系，而且还回答了与理论渊源的区别，深化了民生政治的价值取向。

关于民生政治的含义，笔者认为有以下几种理解：第一，以民生问题的政治本质属性诠释民生政治。持这种观点的研究者认为，民生问题本身以及关注民生、改善民生就是民生政治。比如：有的研究者认为，"在现代社会中，民生和民主、民权相互倚重，而民生之本，也由原来的满足人们的衣、食、住、行等物质层面的东西，上升为政治形态及民众精神文化等非物质（需求）层面的整体样态"②。有的研究者认为，"所谓民生问题，顾名思义，就是有关国民的生计与生活问题。具体来讲，就是衣食住行以及与社会经济相关的政治生活问题"③。有的研究者认为，"关注和改善民生是最大的政治"④。有的研究者提出，"解决民生问题是最大的政治"⑤。第二，以民生问题为核心的政治模式就是民生政治。完整表述为"民生政治就是以改善民生为政治目标，以民生问题作为政治决策、政治职能和政治资源配置的重心，以民生为准，把民生的改善、国民的福祉作为衡量发展的最高标准，用民众生活质量指数取代简单的经济发展指数作为考量政治发展的标杆的政治模式"⑥。根据笔者的考察，大部分研究者都赞同这个观点。第三，以民生与社会建设的关系诠释民生政治。其观点

① 王涛：《中国特色社会主义民生建设研究》，中国社会科学出版社2011年版，第2页。

② 黄克亮：《民生问题的马克思主义解读》，《探求》2007年第3期。

③ 费凡：《对改善民生的本质思考》，《中央社会主义学院学报》2008年第4期。

④ 鲍锋：《改善民生是最大的政治——解读省委、省政府2010年为民办实事十大工程》，《今日海南》2010年第3期。

⑤ 韦蒙、潘玉曼：《解决民生问题是最大的政治》，《当代广西》2010年第11期。

⑥ 李红珍、曹文宏：《民生问题的政治学解读：一种民生政治观》，《求实》2008年第1期。

认为，"民生政治，是指一种贯彻共同建设、共同享有原则，以社会建设为行动基础，以建立和谐社会为行动目标，以着力提高事关广大普通民众幸福安康的日常生活质量为主要行动过程的一种政治理念、政治运行模式"①。第四，以民生与公共权力的关系诠释民生政治。认为"民生政治就是公共权力在配置资源的过程中，以民生作为考量国家全局性战略性问题的始基点和归宿点的政治理念和政治运行模式"②。第五，以生活政治与民生关系诠释民生政治。其观点为民生政治是生活政治的另一种表述，具体表述为"吉登斯更多的是从解传统化和解生态危机的角度来讨论生活政治的，但这一讨论的方法论意义是明显的，即未来的政治应该以增添民众集体的生活选择为根本。也就是今天讲的民生"③。笔者认为目前学界关于民生政治内涵的界定虽然取得了巨大的成绩，但是进一步思考发现，他们都有一个共性，即不能完整准确地回答处于不同社会历史形态中的民生建设或者同当代资本主义国家的民生建设或者同我国 1949—1999 年的民生建设的区别与联系，无法准确体现当前进行的民生政治的伟大意义。因此，民生政治内涵需要进一步深入研究。

三 民生政治的理论维度

民生政治研究的理论维度凸显了民生政治的本质要求和民生政治的研究内容，笔者认为有以下几个方面。

第一，执政党建设是民生政治研究的理论维度之一。有的学者认为，"在民生政治时代，改善民生成为执政党获得政治合法性的重要来源……民生政治时代党的政治合法性建设应当是以提高民众生活满意度为重要支撑来源，以加强经济民生、政治民生、文化民生、社会民生四大领域建设为重点，以民生的改善、国民福祉的实现作为最高标准的综合性实践工程"④。有的研究者认为，"加强党的执政伦理建设是民生政治的逻辑必然，以民生为本是执政伦理建设的目标指向，培养执政主体德性是执政伦

---

① 田新文：《民生政治：理解政治生活变化的新视角》，《社会主义研究》，2008 年第 4 期。

② 周朗生：《试论中国共产党的民生政治观》，《兰州学刊》2010 年第 10 期。

③ 郭剑鸣：《民生：一个生活政治的话题——从政治学视角看民生》，《理论参考》2008 年第 1 期。

④ 杨亚非：《民生政治视域中的执政党合法性建设研究》，《中共桂林市委党校学报》2010 年第 3 期。

理建设的主要内容"①。

　　第二，加强政府建设是民生政治研究的另一理论维度。有的研究者认为，在民生政治的条件下，"政府需要转变三大观念，即在解决民生问题的职责上，政府需要从退出转变为进入，树立服务型的政府理念；在解决民生问题的目标上，政府需要从追求经济性价值转变为追求社会性价值，树立公平正义的制度理念；在解决民生问题的方式上，政府需要从增进公民福利转变为增进公民福利与激发社会活力的统一，树立发展型的社会政策理念"②。有的研究者认为，"民生政治时代呼唤民生型政府"③。

　　第三，民生政策是民生政治理论研究的又一维度。有的学者发现，"2010 年两会期间，民生问题更成为被热议的主题，与民生相关的直接或间接的政策领域无不受到人大代表的高度关注"④。有人详细列举了各项民生政策，比如，何忠洲描述为，"2005 年 12 月 29 日，十届全国人大常委会第十九次会议决定，自 2006 年 1 月 1 日起，取消实行了 2600 多年的农业税……相关医疗、住房、低保三大民生的举措密集推出……这些一系列举措，引起各界的广泛关注"⑤。有研究者认为，"温家宝总理在十一届全国人大一次会议上作政府工作报告，针对群众关心的热点、难点问题，提出了一项项改善民生的政策措施"⑥。有人在解读重庆十大民生工程基础上认为，"重庆实施'十大民生工程'的经济制度基础是国资增值与地票交易……还有一条最重要的政治制度基础，即通过党员干部'三进三同'，'结穷亲'等活动，在改革开放新时期发扬光大党的'群众路线'，这是'十大民生工程'的灵魂所在"⑦。

　　第四，制度供给与民主建设关系问题也是民生政治研究的理论维度。

---

① 柳礼泉、张红明：《民生政治视野中的党的执政伦理建设》，《求实》2009 年第 3 期。

② 董建萍：《民生问题折射政治——民生问题理论研讨会综述》，《资料通讯》2007 年第 5 期。

③ 李红珍、曹文宏：《民生问题的政治学解读：一种民生政治观》，《求实》2008 年第 1 期。

④ 赵韵玲：《把脉民生政策中的公民参与》，《前沿》2010 年第 22 期。

⑤ 何忠洲：《中国：崭新的民生政治路线图》，《中国新闻周刊》2007 年第 38 期。

⑥ 李强：《民有所呼必有所应——政府工作报告民生政策解读》，《益阳职业技术学院学报》2008 年第 2 期。

⑦ 崔之元：《重庆"十大民生工程"的政治经济学》，《中共中央党校学报》2010 年第 5 期。

关于民主建设方面，有的研究者认为，"民生问题的本质是人民群众的权益和权利能否得到落实的问题，解决当前的民生问题，就是按照社会主义制度的要求，根据公平公正的原则，实现人民群众的生存权、发展权。其根本保障，是发展社会主义民主政治，包括民主与法制两个方面"[①]。有人认为，"政治民主也是民生的基本内容"[②]。关于制度供给问题，有学者认为，"民生问题与政治体制改革滞后有关，它在今天已经远远不只是经济落后、贫穷造成的问题了"[③]。有的研究者认为，"解决民生的关键：制度供给而非临时救济"[④]。有的研究者认为，"民生不再局限于物质层面，而是上升为以物质层面为基础、以精神层面为支撑、以制度层面为保障的系统工程"[⑤]。

四 民生政治研究需要突破的几个问题

目前，民生政治的研究已经取得了丰硕的成果，但是中国梦语境下的民生政治是什么，与之前的民生政治是什么关系等问题需要进一步深化和发展。笔者认为，民生政治的研究需要突破以下的几个问题。

第一，民生政治概念的深化。民生政治概念是民生政治理论的基础，也是认识民生政治理论的关键术语，界定民生政治概念有着重要的意义。尽管研究者从不同的角度诠释民生政治的概念，但是，目前的研究并不能满足理论和实践的需要，比如民生政治的对象、民生政治的主体、民生政治的伦理维度以及民生政治是否具有政治发展的一般规律性等问题。笔者认为研究民生政治可以从以下几个角度诠释。首先，应当从民生概念的政治本质属性来诠释民生政治，把低层次的民生问题上升到政治高度，形成新的政治形态。同时，考察民生政治形态在不同社会历史形态中的特殊性，把当前的民生政治形态同历史上的民生思想区别开来，以此来解释当

① 任玉秋：《发展民主政治是解决民生问题的根本保障》，《中共长春市委党校学报》2007年第4期。

② 谢建芬：《政治民主也是民生的基本内容》，《山东科技大学学报》2008年第2期。

③ 董建萍：《民生问题折射政治——民生问题理论研讨会综述》，《资料通讯》2007年第5期。

④ 谢金林、张艺：《民生问题的政治伦理诠释》，《理论探讨》2008年第3期。

⑤ 赵中源、梅园：《回顾与反思：理论界关于民生若干问题的研究》，《当代世界与社会主义》2010年第4期。

前进行的民生政治的历史意义和现实意义。其次，从我国政治发展理路诠释民生政治，主要是从新中国成立以来的政治发展过程诠释民生政治，揭示当前进行的民生政治的当代意义。再次，借鉴西方政治学理论发展成果，特别是安东尼·吉登斯的生活政治理论，从横向角度揭示民生政治的全球意义。最后，从历史唯物主义角度诠释民生政治，揭示民生政治的终极意义。

第二，民生政治理论渊源的研究。目前，民生政治理论渊源的研究是一个薄弱环节，关注度也不够，需要进一步探索。深化研究民生政治的理论渊源，有利于深入认识民生政治理论。关于民生政治理论渊源的研究，笔者认为，首先，要弄清楚民生政治的理论渊源是指什么，在多大程度上能够构成民生政治的理论渊源。其次，如何解释民生政治的理论渊源，理论渊源与民生政治的关系问题。最后，其理论渊源的构建是否符合我国实际，特别是思维方式。

第三，拓宽民生政治的内容。民生政治不仅是理论逻辑的结果，也是政治实践的结果，民生政治具有丰富的研究内容。目前的研究者对民生政治内容的研究相对狭小，需要进一步拓宽。笔者认为民生政治的内容应该包括：首先，民生政治的理论背景以及理论渊源，以此来表明民生政治是历史发展的结果。其次，民生政治发展、过程以及民生政治的理论旨趣，全貌展现民生政治的过去、现在和将来。再次，民生政策以及民生政策过程、民生政策结果、民生政策评估体系，使民生政治具有很强的操作性和实用性。最后，民生政治与经济发展、文化、社会发展等的关系，形成民生政治研究内容五位一体的结构即政治、经济、文化、社会、政策五位一体，全方位地展现民生政治。

第四，改进和完善研究方法。科学的研究方法是民生政治理论完善的工具，有利于人们正确理解民生政治。改进和完善民生政治研究方法，应该注意以下几个问题。首先，科学运用规范研究方法和实证研究方法。同时，综合运用规范研究方法和实证研究方法。其次，运用马克思主义研究方法分析民生政治。最后，运用比较的方法分析民生政治，注重比较国际民生政治。总之，改进和完善民生政治的研究方法需要我们以历史唯物主义方法为根本，综合运用人类创造的一切优秀成果，为开拓新型的民生政治研究作出方法论的贡献。

第五，注重研究民生政治的一般性规律，进而指导民生政治实践。民生政治关注的是人民群众的民生问题，并进而关注人的问题。因此，民生政治在最终意义上来说是关于人的解放学说。在原始社会时期，民生主要是人与自然的关系问题即民生主要体现的是人的自然属性，但是进入阶级社会以来，民生被打上了阶级的烙印，使人的问题简单化为阶级问题。因此，在阶级社会，民生建设深深地烙上了阶级的痕迹，但是随着人民当家作主制度的实现，民生逐渐被回归到人的问题即人与自然、人与社会的本质属性问题，赋予了民生政治具有一般性的规律。因此，民生政治具有一般性规律，但是，目前关于民生政治一般性规律研究的缺失，在将来相当长的时期内需要对民生政治进行一般性规律的研究，为人的解放作出努力。

第三节　民生政治的研究方法及其视角

我们所主张的民生政治从本质上来看是人民群众已经取得了主体性地位的政治形态，或者说民生政治是人民群众意识到自己是社会历史发展的主体，并真正作为劳动实践的主体在人类社会历史发展进程中起到决定性的地位和作用，其政治取向由人民群众自己掌握即政治主体意识的觉醒。民生政治集中体现为人作为人的回归，把人的世界还给人自己，而不是把人的本质属性物化或者被异化，其劳动的本质成为人类自身发展的需要。因此，民生政治的研究方法和视角集中体现为人本分析法、劳动人本分析法、利益分析法和历史唯物主义分析法。

一　人本分析法

马克思主义提倡以人为本的分析方法，从现实的人出发，从实践的人出发，分析了人类社会的政治现象，作为马克思主义指导下的民生政治，必然以马克思主义人本分析方法分析民生政治。"实际上，马克思主义是从西方人文主义的文化传统中产生的，是人类文明的结晶，是对人类关怀的理论表现。因此，马克思主义是不可能超越一切人本主义或敌视人文主义的。相反，我们还不得不说，'以人为本，体现了马克思主义的基本观点'。在扬弃传统唯物主义和人本主义的基础上，马克思创建了以人为本的唯物史观，这种以人为本的唯物史观才是马克思的本真思想。"① 因此，马克思主义提倡以人为本，而作为马克思主义指导下的民生政治，必然运用人本分析法来分析民生政治，形成了民生政治的人本分析法。所谓人本分析法就是以人为本的分析方法，正如有学者所认为的那样，"以人为本首先与以神为本相对立，又与以物为本相区别，还与以官为本相区别，与以钱为本相区别，如此等等"②。人本分析方法强调的主要是现实的人是构成政治社会的前提，人在社会历史发展过程中处于主体地位及其人是人的最高本质。人本分析方法的本质是把人作为人自己的回归，是把人的世界还给人自己的世界，而不是被物化或者异化，正如马克思在《论犹太人问题》中所强调的那样：任何一种解放都是使人的世界还给人自身。因此，民生政治的人本分析法就是通过对人本身的分析，把人的世界和人的关系还人自身。

马克思恩格斯认为，"我们开始要谈的前提不是任意提出来的，不是教条，而是一些只有在想象中才能撇开的现实前提。这是一些现实的个人，是他们的活动和他们的物质生活条件，包括他们已有的和由他们自己的活动创造出来的物质生活条件。因此，这些前提可以用纯粹经验的方法来确认。全部人类历史的第一个前提无疑是有生命的个人的存在。因此，第一个需要确认的事实就是这些个人的肉体组织以及由此产生的个人对其他自然的关系。当然，我们在这里既不能深入研究人们自身的生理特征，也不能深入研究人们所处的各种自然条件——地质条件、山岳人文地理条件、气候条件以及其他条件。任何历史记载都应当从这些自然基础以及它们在历史进程中由于人们的活动而发生的变更出发"③。在马克思恩格斯看来，人类社会政治生活的前提就是有生命的个人的存在，而这个前提是有条件的即"这种考察方法不是没有前提的。它从现实的前提出发，它一刻也不离开这种前提。它的前提是人，但不是处于某种虚幻的离群索居和固定不变状态中的人，而是处于现实的、可以通过经验观察到的、在一定条件下进行的发展过程中的人。只要描绘出这个能动的生活过程，历史就不再像那些本身还是抽象的经验论者所认为的那样，是一些僵死的事实

---

① 刘俊祥：《"人本政治"的研究方法与分析视角》，《武汉大学学报》（哲学社会科学版）2006 年第 5 期。

② 何祚庥、段若非：《关于"以人为本"的对话》，《当代思潮》2004 年第 2 期。

③ 《马克思恩格斯文集》第 1 卷，人民出版社 2009 年版，第 516—519 页。

的汇集，也不再像唯心主义者所认为的那样，是想象的主体的想象活动"①。这一观点进一步表明，现实的人构成了政治社会的前提。王沪宁认为，"马克思主义对人的规定的首要原则，是从现实社会活动着的人出发去分析人和观察人，而不是从抽象的人的概念或臆想的人的概念出发。马克思把与社会和自然界发生密切关系的人确定为'现实的人'，并确定'现实的人'是人类社会生活的前提，自然也就是政治生活的前提"②。因此，现实的人构成了政治社会的前提，也自然地成为民生政治的前提。

既然现实的人构成了政治社会的前提，那么人就成为人类社会历史发展的主体，"在马克思看来，在实际生产中，'主体是人，客体是自然'；而除了作为客体的自然即劳动的材料是一个出发点之外，'作为主体的人必须是出发点'。马克思的这一思想很深刻、很科学。它说明在这个世界上，只有人才能作主体、作主人，其他自然物只能作客体、为人所利用，而人又离不开作为客体的自然"③。但是随着人类生产实践的发展，特别是进入阶级社会以来，人作为社会历史发展的主体被划分为不同的阶级、阶层及其群体，因而，在人类社会历史发展进程中表现出了构成人这个主体的不同主体地位的变迁。马克思恩格斯在《共产党宣言》中认为，"在过去的各个历史时代，我们几乎到处都可以看到社会完全划分为各个不同的等级，看到社会地位分成多种多样的层次"④。因此，在阶级统治的社会表现出了人民大众这一人类社会发展的主体地位被边缘化的形态，即人民大众从属于政治、人民大众被统治阶级所统治和利用的形态。因此，把人本分析法作为民生政治的分析方法，正是对人民大众主体地位回归的回应，也是人作为人类社会历史发展主体的回归，更为重要的是把人作为人的本质的回归。

二 劳动人本分析法

整个人类社会的发展是以人为核心的社会实践，人本分析法实现了人作为人的回归，但是人又是以什么样的存在方式而实践呢？马克思主义创

---

① 《马克思恩格斯文集》第 1 卷，人民出版社 2009 年版，第 525—526 页。

② 王沪宁：《政治的逻辑——马克思主义政治学原理》，上海人民出版社 2004 年版，第 31 页。

③ 李为善、刘奔：《主体性和哲学基本问题》，中央文献出版社 2002 年版，第 11 页。

④ 《马克思恩格斯文集》第 2 卷，人民出版社 2009 年版，第 31 页。

始人认为劳动是整个人类生活的第一个基本条件，是人的基本的存在方式，因此，民生政治的研究应该进一步说明劳动人本性，应该运用劳动人本分析法研究民生政治。恩格斯认为，"政治经济学家说：劳动是一切财富的源泉。其实，劳动和自然界在一起才是一切财富的源泉，自然界为劳动提供材料，劳动把材料转变为财富。但是劳动的作用还远不止于此。劳动是整个人类生活的第一个基本条件，而且达到这样的程度，以致我们在某种意义上不得不说：劳动创造了人本身"①。因此，劳动是人的本质，是人的第一个活动，从而开创了马克思主义关于劳动人本的分析方法即从劳动人本的角度分析人类社会的政治生活。刘德厚教授认为，"后来，恩格斯就是根据马克思《1844年经济学——哲学手稿》关于'劳动异化'理论、人类劳动形态发展的理论和《资本论》关于人类一般劳动和劳动价值理论，专门撰写了《劳动在从猿到人的转变中的作用》，全面论述了什么是历史唯物主义的'劳动人本'学说，彻底批判了'理性人本主义'，为建立现代科学的新'人本学'奠定了基础。正是马克思主义科学的劳动人本理论，为我们在政治学领域提出用'劳动人本政治观'代替'理性人本政治观'，完成政治学科学体系的马克思主义政治哲学的改造，开辟了先河"②。因此，所谓的劳动人本分析法就是运用马克思主义主义关于劳动的规定性来解读人与政治间的关系问题、人与社会间的关系问题、人与人之间的关系问题，是"广义政治论及其劳动人本观在研究人的政治主体性和人本政治问题方面的具体体现"③。劳动人本分析法在本质上试图说明人类社会的政治生活为什么发生和产生的问题。刘德厚认为，"历史唯物主义的人的劳动本性观告诉人们，人的政治关系发生，人对政治的诉求，并不是由人的自然禀性（或天生本性）决定的，也不是说明上帝的赐予，而是与人直接从事劳动生存活动、解决相互利益矛盾有关。我们知道，人与其他生物物种的生存方式根本不同，是现实的人在劳动中产生，又通过劳动而发展起来的。人的进化与其他生物物种的进化不同，不仅仅是生物性的自然进化，在人成为了人之后，现代人的进化主要表现为劳动的进化。人的政治生活，同样也是劳动生产活动的产物，在劳

---

① 《马克思恩格斯文集》第9卷，人民出版社2009年版，第550页。

② 刘俊祥：《人本政治论：人的政治主体性的马克思主义研究》，中国社会科学出版社2006年版，第5—6页。

③ 同上书，第43页。

动中产生，又通过劳动和活动而发展。只有在人的劳动实践活动过程中把握人——社会——政治三者的内在必然关系，才能真实地了解人的政治关系的终极本质"①。因此，"把人类社会产生政治活动的根源，归结为人的劳动生存利益关系，这一理论为解开人类社会的政治生活本源之谜，提供了一种较为接近于古往今来政治史实的科学设定"②。因此，马克思主义的劳动人本观及其分析视角为我们研究民生政治提供了研究方法和视角。

劳动人本分析法首要的原则的是对"劳动人"的界定。"从政治本体论来看，劳动人本政治观，是以'劳动人'为本的马克思主义政治观念与思想，它表现为以劳动（实践）来界定人的本质属性，以'劳动人'作为社会政治的逻辑起点，以人的劳动实践作为社会政治的历史起点，以劳动人民作为政治生活的现实起点、实践主体和价值目的"③。劳动人本分析法强调劳动人本论即把人性置于以劳动实践为基础的必然性的社会利益关系中。刘德厚认为，"马克思在创立历史唯物主义的基础上，提出用'劳动人本理论'解释人的本性，就是人的自然性、社会性和意识性三者在劳动活动中的统一。因为人只有在劳动生存活动中，才能实现人的经济性、社会性与政治性的有机结合，现实性的人性才能被造就。人的劳动生存利益把每个单个人必然地组成为社会，并在交互作用过程中，人与人之间发生必然的社会关系"④。马克思关于劳动人本观的规定，对人类政治哲学作出了巨大的贡献，为我们研究人的政治主体性提供了科学的方法论基础。所以，"从人的劳动生存利益关系解释社会政治生活发生的根源，为说明政治存在的普遍性奠定了理论基础"⑤。为民生政治的人本化和人民化研究提供了方法论基础。

从劳动人本分析法的角度出发，我们发现民生仍然是阶级社会关注的问题，究其原因主要是"人类社会在由低级向高级发展的过程中，出现

---

① 刘德厚：《广义政治论：政治关系社会化分析原理》，武汉大学出版社 2004 年版，第4 页。

② 同上书，第 5 页。

③ 刘俊祥：《"人本政治"的研究方法与分析视角》，《武汉大学学报》（哲学社会科学版）2006 年第 5 期。

④ 刘德厚：《广义政治论：政治关系社会化分析原理》，武汉大学出版社 2004 年版，第119 页。

⑤ 同上书，第 14 页。

了无阶级社会和阶级社会螺旋式地交替发展。作为社会关系的人性，在阶级产生之后，自然就受着阶级利益和阶级关系的直接影响和支配，自觉不自觉地以维护本阶级的利益为出发点。这就使人性不能不打上阶级关系的烙印，产生阶级的偏见，最后形成本阶级的重大、根本的利益而斗争。但是，任何阶级都必须以一定社会为基础，人的阶级性又不能全部吞没人的社会性。作为社会的人，在复杂多变的社会关系中，即使处在不同阶级地位上，也需要谋求一定的社会合作和共生。没有社会合作和共生，任何阶级都不会单独存在下去"①。因此，体现劳动人本的民生问题被阶级社会所关注，但是其本质上是阶级关系的体现。然而，在社会主义形态的政治现象中，人民已经取得了主体性地位，即人民群众已经真正成为劳动的主体，已经把劳动的人本性恢复为劳动本身，不存在异化劳动现象，此时的政治本质上是人民主体性的政治，是以人为本的政治。"我们论述以上各点的目的，就是要指明政治本源于人的劳动生存的需要。因此，社会生活中，政治对每个人说来，就必然具有其亲民性。要加强政治关系社会化的进程，实现民主、法制秩序；回归到人民，服务于人民，使政治真正成为保护人的生存和发展的力量。"② 而人的政治主体性的实现，首先就是民生政治的实现，"在社会主义基本制度已经建立的条件下，夺取政治统治的基本任务已经解决，实现人的政治主体性，就是要使人民政权有步骤地逐步转移到保障劳动者的劳动权和劳动成果方面上来，并使其合法落实。人的劳动生存本性，是人民利益中的根本利益，人民政治权利中的最高权利，'以民为本'新的解释，就是首先要保证人民衣、食、住、行，安居乐业，民以食为天，食以劳为本"③。因此，在社会主义形态中实现人的政治主体性、摆脱人对物的依赖、促进人的自由劳动是民生政治的本质要求，需要从劳动人本的视角分析民生政治，进而成为民生政治的研究方法。

三　利益分析法

人作为劳动的人，在劳动过程中必然形成一定的利益，结成一定的利

---

① 刘德厚：《广义政治论：政治关系社会化分析原理》，武汉大学出版社 2004 年版，第120 页。

② 同上书，第132 页。

③ 同上书，第130 页。

益关系，因而民生政治的研究需要从利益角度分析人们在衣食住行过程中形成的利益和利益关系，进一步说明民生政治的一般性规律。马克思主义认为政治的分析必须从利益的角度来揭示政治现象和政治发展规律，"必须到生产关系中间去探求社会现象的根源，必须把这些现象归结为一定阶级的利益"①。刘德厚认为，"对政治事实进行利益分析，从来就是马克思主义的历史唯物主义基本的政治分析方法论"②。因此，研究民生政治必然运用马克思主义利益分析方法。所谓利益分析方法就是马克思主义利益分析方法。王浦劬认为，"马克思主义政治学的利益分析方法从利益角度分析人们结成经济关系、阶级关系和政治社会关系的动因和现实体现，分析政治的内容和特性，分析不同社会背景，不同社会阶级、社会群体、社会集团乃至个人之间的政治关系及其发展变化，它是马克思主义唯物辩证法、经济分析方法、阶级分析方法的进一步具体化和现实化"③。而在马克思主义者看来，利益与经济、阶级是紧密相连的，利益是经济关系和阶级关系的基础，因此，在本质上看来，经济分析方法和阶级分析方法都是利益分析方法。"马克思主义利益分析方法实际上是与阶级分析方法、经济分析方法紧密结合在一起。就其本质内容而言，阶级分析方法和经济分析方法都是利益分析方法。"④ 因此，在研究民生政治过程中需要从利益角度出发解释民生政治实践，利益分析方法构成了民生政治的研究方法，但是，利益分析方法不能等同于经济分析方法和阶级分析方法。这是因为：

首先，利益分析方法不能等同于经济分析方法。利益同经济并不是同一个概念，当然我们应该承认，经济利益是一切社会利益的基础，是产生政治利益的根源。所谓经济分析方法就是"从经济角度分析社会政治产生、发展和演化的深层的经济动因，从而揭示社会政治的本质及其运动规律"⑤。马克思主义经济分析方法是从经济关系意义上来理解经济范畴的，即把经济看作是人与人之间生产关系的总和。恩格斯认为，"政治经济

---

① 《列宁全集》第 1 卷，人民出版社 1984 年版，第 464 页。

② 刘德厚：《广义政治论：政治关系社会化分析原理》，武汉大学出版社 2004 年版，第 170 页。

③ 王浦劬：《政治学基础第二版》，北京大学出版社 2006 年版，第 36 页。

④ 张铭、严强：《政治学方法论》，苏州大学出版社 2003 年版，第 107 页。

⑤ 同上书，第 112 页。

学，从最广意义上说，是研究人类社会中支配物质生活资料的生产和交换的规律的科学"①。马克思认为，"经济范畴只不过是生产的社会关系的理论表现，即其抽象"②。因此，"马克思主义经济分析方法的着眼点是人们的社会关系中的经济关系，而这种经济关系，实际上是由生产力发展水平决定的人们在社会生产中的法权关系，包含生产资料的所有权、生产过程中的地位和生产成果的分配权"③。马克思主义经济分析方法遵循的首要原则也是最基本的原则是政治是经济的集中体现，经济决定政治。完整表述为"以往的全部历史，都是阶级斗争的历史；这些相互斗争的社会阶级在任何时候都是生产关系和交换关系的产物，一句话，都是自己时代的经济关系的产物；因而每一时代的社会经济结构形成现实基础，每一个历史时期的由法的设施和政治设施以及宗教的、哲学的和其他的观念形式所构成的全部上层建筑，归根到底都应由这个基础来说明"④。因而，经济关系的产生必然同利益产生关系，但是利益的形成并不一定同物发生关系，"因为在社会中，不论过去、现在还是将来，任何的利益都是在人们之间发生的，而不是在人与物之间发生的。人类社会中所有人与物的关系无不都是在人与人的关系范围内产生的，或者通过物表现出来。现在，世界上发生了对有用的自然资源的争夺，造成了人的生存环境的恶化。但这并不是人与物直接发生了利益冲突，而恰恰是通过环境表现了人与人之间利益关系的扩展"⑤。因此，从利益角度出发的分析方法不等同于从经济角度出发的分析方法，反而证明了经济分析方法是以利益为基础的分析方法。

其次，利益分析方法也不等同于阶级分析方法。马克思主义认为阶级的存在是人类社会发展到一定阶段的产物，但在整个人类历史发展长河中，曾经有过不存在阶级的社会。在阶级存在的社会历史发展过程中，阶级分析方法的运用成为必然，所谓阶级分析法，"就是要运用阶级学说说明政治现象，要'把政治冲突归结于由经济发展所造成的现有各社会阶

---

① 《马克思恩格斯文集》第9卷，人民出版社2009年版，第153页。

② 《马克思恩格斯文集》第1卷，人民出版社2009年版，第602页。

③ 王浦劬：《政治学基础》，北京大学出版社2006年版，第35页。

④ 《马克思恩格斯文集》第9卷，人民出版社2009年版，第29页。

⑤ 刘德厚：《广义政治论：政治关系社会化分析原理》，武汉大学出版社2004年版，第176页。

级以及各阶级集团的利益的斗争'，就是在分析阶级社会中的阶级力量的构成状况、各阶级的基本特性、政治要求和主张等的基础上，把握社会政治走向和规律"①。因此，在整个无产阶级运动过程中，阶级分析方法占了绝大部分时间和空间，但是随着无产阶级取得国家政权、社会主义形态的实践，阶级分析方法已经不能完全概括社会主义形态的政治生活，但是阶级分析方法在社会主义形态中的长期存在，导致了人的属性阶级化，忽视了利益在政治生活中的作用。王浦劬认为，"以阶级斗争为纲的政治形态把人的阶级属性唯一化。把马克思主义关于人的本性是社会关系的总和的论断，简单化为唯一的阶级属性论断，从而把人的社会属性简单化和绝对化为阶级属性。与此同时，反过来，把人的阶级属性泛化，以人的阶级属性和阶级关系代替一切社会关系和社会属性，把复杂多样的人的社会关系和社会联系，简单化绝对化为阶级对立和斗争关系"②。因此，阶级分析方法在社会主义形态全过程中的运用，把马克思主义政治学分析方法简单化，不符合政治事实，也不符合马克思主义阶级分析方法的基本原则。因此，在社会主义形态的政治生活中，利益分析方法不能等同于阶级分析方法。

利益分析方法在民生政治中的运用，不排除经济和阶级的因素，是阶级分析方法和经济分析方法的辩证统一。运用利益分析方法分析民生政治，使民生政治同统治阶级占统治地位的民生思想区别开来，也同中华人民共和国 1949—1999 年的民生建设区别开来，能够运用利益分析方法分析苏联解体的原因，表达了民生政治在当代中国实践的重要性，因此，利益分析方法是民生政治研究的一个视角和分析方法。

四　历史唯物主义分析法

人本分析法、劳动人本分析法、利益分析法都统一于历史唯物主义分析法，是历史唯物主义分析方法的具体体现和具体运用。这是因为，在人类历史发展全过程的分析视角中，历史唯物主义分析方法是根本的方法，它所揭示的原理和方法分至今仍然是不变的真理。马克思恩格斯在《共产党宣言》1872 年德文版序言中认为，"不管最近 25 年来发生了多大的

---

①　王浦劬：《政治学基础》，北京大学出版社 2006 年版，第 36 页。

②　王浦劬：《论中国社会公共政治的形成与实现》，《国家行政学院学报》2010 年第 4 期。

变化，这个《宣言》中所阐述的一般原理整个说来直到现在还是完全正确的"①。作为在马克思主义历史唯物主义指导下的人本分析方法、劳动人本分析方法和利益分析方法，从根本上来说是历史唯物主义方法在政治分析过程中的具体体现和具体运用，而人本分析方法、劳动人本分析方法和利益分析方法恰好再次证明了历史唯物主义分析方法的正确性，因此，在民生政治研究过程中应该以历史唯物主义分析方法为根本，具体运用人本分析法、劳动人本分析方法、利益分析方法，实现研究方法和视角的有机统一。王沪宁认为，"一般而论，历史唯物主义是运用唯物主义和辩证法来分析和解释社会历史的发展过程，以及解释社会历史运动和发展规律。社会政治现象是社会整个发展的一个组成部分，脱离了社会的整体发展和运动，人们不可能理解社会政治现象。所以，历史唯物主义方法是马克思主义理解社会政治现象的根本的方法论"②。而历史唯物主义方法论和基本原理是马克思发现的，奠定了整个马克思主义的科学性，正是对历史唯物主义的发现，为科学社会主义从空想成为科学奠定了基础。从恩格斯关于历史唯物主义的描述中我们可以看到历史唯物主义包含民生意蕴，即人们首先必须解决衣食住行，然后才能从事政治的、科学的、宗教的活动，等等。因此，历史唯物主义分析方法是民生政治研究的根本的方法，也只有运用历史唯物主义分析方法，民生政治的本质才能够得到充分说明，而人本分析方法、劳动人本分析方法和利益分析方法应该为这一根本方法而服务。在马克思主义看来，历史唯物主义分析方法是这样的方法，恩格斯在《社会主义从空想到科学的发展》中认为，"唯物主义历史观从下述原理出发：生产以及随生产而来的产品交换是一切社会制度的基础；在每个历史地出现的社会中，产品分配以及和它相伴随的社会之划分为阶级或等级，是由生产什么、怎样生产以及怎样交换产品来决定的。所以，一切社会变迁和政治变革的终极原因，不应当到人们的头脑中，到人们对永恒的真理和正义的日益增进的认识中去寻找，而应当到生产方式和交换方式的变更中去寻找；不应当到有关时代的哲学中去寻找，而应当到有关时代的经济中去寻找"③。所谓历史唯物主义分析方法就是运用历史唯物

---

① 《马克思恩格斯文集》第 2 卷，人民出版社 2009 年版，第 5 页。

② 王沪宁：《政治的逻辑——马克思主义政治学原理》，上海人民出版社 2004 年版，第24 页。

③ 《马克思恩格斯文集》第 3 卷，人民出版社 2009 年版，第 547 页。

主义原理分析政治现象和人类社会现象及其发展规律的方法，是正确认识整个人类社会历史发展的根本途径。

运用历史唯物主义分析方法分析民生政治从根本上表明民生政治是遵循历史唯物主义的政治形态，而不是唯心主义范畴内的民生政治，表明我们所说的民生政治同统治阶级占统治地位的民生建设具有本质上的区别，正因为如此，从历史纵向的角度来看，民生政治是不同于奴隶社会、封建社会、资本主义社会的政治形态，是对统治阶级占统治地位的民生思想的超越。从横向角度来看，当今世界是多元社会形态共存的历史形态，既存在以资本主义为基础的国家政治形态，又存在前资本主义社会形态的政治形态，同时还存在社会主义形态的政治形态。因此，运用历史唯物主义分析方法分析民生政治，一方面可以从社会性质的角度来区别不同国家政治形态下的民生建设，说明民生政治与其他社会形态的民生建设具有本质区别；另一方面，运用历史唯物主义分析方法分析民生政治，利于利用先进的资本主义国家的民生建设成功的经验，为我国的民生政治建设提供有益的借鉴。历史唯物主义在说明整个人类社会历史发展的同时，也对处于同一社会形态下的不同发展时期作出了说明，因为具体的不同条件下的社会实践随着社会实践的变化而变化，历史唯物主义不仅对分析整个人类社会历史具有根本方法论的意义，也对处于具体的特定阶段的实践具有根本的方法论意义。因此，历史唯物主义分析方法能够分析处于同一社会形态下的不同的政治形态，在社会主义形态下的政治形态可以划分为不同表现形式的政治形态。在中国，科学运用历史唯物主义分析方法，把民生政治界定为在社会主义形态下特定阶段的政治形态具有深远的意义，把民生政治与我国1949—1999年的民生建设区别开来就具有方法论上的意义和依据。

第四节　本书的基本逻辑以及可能创新之处与不足

民生政治的构建总有一个逻辑过程。该部分阐述了本文的基本逻辑以及研究的基本内容，简要回答了本书所要论证的观点和研究的内容，为全文的展开提供了基本线索，勾勒了全文的基本面貌。创新是文章写作的灵魂，也是笔者追求的目的，但是本书的逻辑建构也有不足，这是笔者进一步研究的重点。

一　本书的基本逻辑

本书以民生政治是在人民主体性基础上中国社会走向国家富强、民族振兴、人民幸福的中国梦的政治形态为立足点，以人民当家作主为根本前提，从中国政治的当代转向和发展以及民生政治的全球性趋势入手，主要考察和分析了民生政治的应然诉求、基本内涵、实现类型及其民生政治的未来发展样态，从多个角度回答了民生政治在当代中国实践的一般性逻辑，重点回答了民生政治是历史发展的必然和全球政治发展的趋势，民生政治是什么、怎么实践、为了谁及其走向何处的问题，试图揭示构建民生政治的一般性规律，为民生政治的发展作出自己的努力。正是在这一基本思路的引导下，笔者把本书共分为六个部分，基本内容及其逻辑如下。

（1）中国梦语境下民生政治的学理解读。民生政治是人类历史发展的必然，也是当今世界发展的主流。民生政治在特定环境下具有特定的内涵，民生政治既不同于以往人类社会发展中存在的民生思想，也不同于以往社会主义国家的民生建设实践，它是人类社会特定时期、特定背景下的政治理论、意识形态以及政治实践形态。民生政治主要是指在人民主体性的根本前提条件下，以经济发展为基础，集中力量保障和改善民生，寻求共同发展、共同享有、公平正义、增进人民福祉、以人的解放为价值追求的政治实践过程和理论范式。民生政治内涵的规定表明民生政治与奴隶社会、封建社会和资本主义社会形态的民生思想以及实践具有本质的区别，这集中体现在民生政治与传统民生观、孙中山先生的民生思想及其生活政治理论的本质区别，与世界范围的民生政治趋势作了本质上的比较，也与世界范围的民生政治实践从本质上区别开来。虽然社会主义形态的民生建设取得了巨大的成绩，但是由于长期以来民生本位的缺失和社会公平正义的缺失，社会主义的民生建设也并不是真正的完全意义上的民生政治。随着社会主义建设的深入发展，国家政权建设、经济发展为中心的政治形态逐渐让位于以民生为本的政治形态。民生政治在本质上要求实现以民生为本、以人为本、以公平正义为基础的政治形态，体现出了以人为本、人民为主体、公民为主体的政治实现类型。本章概括了民生政治的基本内涵、应然诉求及其实现的类型，回答了什么是民生政治、民生政治具有哪些应然的诉求及其实现类型。

（2）民生如何成为民生政治及其在中国梦语境下的当代发展。从历史纵向的角度来看，民生问题是人类有史以来就存在的问题，如果说政治是人的天性的话，那么民生问题一直都是政治问题。因此，民生问题便同政治联系起来。随着人类社会的发展，阶级的出现及其政治的发展促使民生问题逐渐与阶级政治联系起来，作为人类社会历史创造者的人民群众被边缘化，使本属于人民群众自身问题的民生被统治阶级所利用，此时所谓的民生问题就是统治阶级用来缓和阶级矛盾的方式和手段。但是随着社会主义形态的实践促使人民作为人类社会历史发展主体的回归，恢复了民生政治实践的人民主体地位。人民主体性在人类历史上的确立表明人民群众自己掌握自己的命运，人民群众自身的民生问题自己说了算。因此，民生政治实践主体的人民性转向意味着此时的民生政治是没有剥削没有压迫的人民群众自己的政治形态。在人民主体性基础上的是真正的民生政治，是由全体民众自己决定的政治形态，而不是某个阶级或者集团控制的政治。总之，该部分试图从人类社会历史发展的一般形态中提炼出民生政治一般性规律，重点回答民生政治在当代的本质和历史必然。

（3）中国梦语境下民生政治资源审视。民生政治与以往的人类社会历史形态的政治意识有所区别，与中国1949—1999年的民生建设既有区别又有联系。民生政治资源在中国梦语境下的当代审视试图说明民生政治与封建社会的民生思想、孙中山先生的民生思想以及生活政治理论的本质区别与联系，从理论的角度回答不同社会形态对民生问题解读的本质及其区别与联系，进一步回答民生政治的本质及其价值取向。在我国，虽然1949—1999年的民生建设取得了巨大的进步，也奠定了民生政治的政治基础、经济基础，使民生政治与历史上的奴隶社会、封建社会、资本主义社会从本质上区别开来，但是由于历史的原因，民生建设发展出现了曲折，直至十一届三中全会的召开，民生建设才得以正常发展。从新世纪开始，党中央领导集体明确提出了保障和改善民生的政治理念和政治方略，至此，民生政治的实践逻辑清晰明确起来。党十八大以来，以习近平为总书记的党中央领导集体承载一代代中国人的梦想，从国家、民族、人民、个人四个维度拓展了民生政治的科学意蕴，全面开启了新的民生政治时代。总之，民生政治资源在中国梦语境下的当代审视主要回答的是不同时代的民生思想与中国梦语境下的民生政治之间的区别与联系，进一步阐述中国梦语境下的民生政治的科学内涵和意蕴。

（4）中国梦语境下民生政治的多维建构。理论研究要关照现实生活，这是理论研究的主要目的和意义。笔者试图从经济、政治、文化和社会发展四位一体的角度全景式地展现民生政治在中国梦语境下的构建过程，回答民生政治在当代中国如何实践和怎样实现的问题。重点是寻求民生政治在中国梦语境下的普遍规律，提出普遍性建议，就政府决策和公民的政治行为、政治生活和政治实践提出一些肤浅的观点和看法。希望能够引起更多读者思考民生政治问题，把民生政治研究与实践引向深入，确实为民生政治建设作出自己的努力。

（5）民生政治的全球性趋势。横向看，无论是发达国家，还是发展中国家，对民生问题的关注和改善民生的渴望已成为世界发展的一个潮流。需要特别说明的是，由于全球各国社会历史形态处于不同的发展阶段，它们的民生建设与社会主义类型的民生政治具有本质区别，它们对民生建设的关注是为统治阶级服务的，它们关注民生向民众的局部性让步表明以人民大众为基础的民生政治是全球性的发展趋势。民生政治的全球性趋势说明全球政治发展由统治阶级或者部分政治集团决定的政治态势已经成为过去，而由民众决定的政治及其对民众的公平正义的关注成为当今世界政治发展的一个主流。特别需要指出的是，曾经存在的苏联虽然是社会主义类型的国家，其政治生活实践由无产阶级及其人民群众决定，但是由于其长期忽视人民大众的民生状况以及对公平正义的缺失和信仰教育的失误，导致苏联的解体。因此，苏联民生政治转向的失败表明，即使是社会主义类型的国家，如果忽视对民生政治的实践，可能会导致无产阶级政治形态的垮台，应该从苏联民生政治转向失败中吸取有益的经验及教训。

（6）中国梦语境下民生政治未来发展样态。作为人类寻求改善自身的生存和发展以及生活状态的民生政治理论，民生政治将走向何方、目的何在等问题是迫切需要回答的问题，而民生政治的未来发展样态正是对这一问题的回应。虽然民生政治在本质上是人民群众自己的政治，是没有剥削没有压迫，实现国家富强、民族振兴和人民幸福以及人的解放的理论与实践，但是由于生产力发展水平的限制、全球化时代国际环境的约束等因素的综合作用，使民生政治无法超越这个时代的限制，因此，民生政治的未来实践模式需要实事求是。从根本上来说，民生政治寻求的是人的解放，实现人自由而全面的发展，因此，人的解放是民生政治的终极目标。民生政治的构建既要把民生政治的终极目标与当下的实践相结合，又要符合人类历史发展的总趋势，因此，中国梦语境下民生政治的未来发展样态既要立足于现实，又要超越于现实，实现理想与现实的高度结合。

二　本书可能的创新之处与不足

创新是文章写作的追求，但是创新又是一个难度比较大的问题。笔者不敢奢望本书的写作具有一定的创新性，但至少对这一研究课题的一些体会以文字的方式表达出来，发表自己的看法，希望更多的人关注民生政治，把民生政治推向前进，为人的解放作出自己的努力。

民生是人类社会永恒的话题，在不同的社会历史时期，有着不同的民生观。在剥削阶级占统治地位的社会历史形态中，集中体现为奴隶社会、封建社会和资本主义社会的民生观，但是在阶级统治的社会中，民生问题解决的目的是为了维护统治阶级的利益及其阶级统治，因此，此时的民生观带有强烈的阶级政治的特性。随着人类社会的发展，特别是社会主义形态的实践，人民群众成为社会发展的主体，此时的政治生活实践的主体已经是人民群众，在人民主体性确立条件下的民生政治成为真正的人民群众自己的政治形态，因此，社会主义形态的实践确立了人民主体性地位开始，民生政治便同以往社会历史形态的民生建设从本质上区别开来。正是在这一逻辑的指导下，笔者系统地比较了不同社会历史形态的民生政治。

社会主义实践形态确立人民主体性地位开始，便开始了真正意义上的民生建设，但是人民主体性条件下的民生建设并不是真正的完全意义上的民生政治。这是因为社会主义实践形态的确立是在生产力不是充分发展的基础上建立的社会形态，夺取政权和巩固政权在相当长的时期内仍然是社会主义国家的政治生活中占主导地位的政治形态，而此时的政治合法性来源和支撑主要是经济发展和国家政权建设，体现为革命政治或者经济政治的政治形态。随着国家政权建设和经济的发展，国家政权形态的政治和经济形态的政治已经不能满足政治合法性的要求，苏联民生政治转向的失败就证明了这一点，需要建立以人的发展、民生本位和公平正义为政治合法性需要支撑和来源的政治形态即民生政治形态。可喜的是，在中国，随着人民主体性的确立、社会主义制度的确立和发展以及改革开放以来经济发展的基础上，真正的民生政治时代已经来临，促使当代中国步入了民生政治时代，民生政治时代表明政治合法性主要来源于促进人的发展、保障和改善民生、实现公平正义。由于政治合法性来源和支撑的不同，使民生政治与中国 1949—1999 年的民生建设区别开来。正是从这个意义上来说，民生政治是新的理论范式和实践形态，具有特定的内涵，也正是基于中国民生政治发展的基本历程，笔者提出了民生政治的内涵。随着中国梦语境的凸显，开启了全新的民生政治时代，如何思考中国梦语境下的民生政治、中国梦语境卜的民生政治与以往的民生政治具有什么样的联系与区别等需要进一步研究和探索，也是亟须回答的时代性课题，但是由于笔者的学识有限，对这一部分的思考还不够深入，需要继续研究和思考。另外，民生政治与中国 1949—1999 年的民生建设的区别与联系正是笔者对学界把 1949—1999 年的民生建设作为民生政治范畴的回应，笔者对这一问题的思考还不够深入，将来需要进一步深入研究和思考。

党的十八大以来，以习近平为总书记的党中央领导集体承载一代代中国人对改善自身的生存和发展环境以及生活状态的梦想，引领了实现伟大梦想的征程，形成了更为完整的民生政治理论，开启了以提升人自身的生存和发展质量与生活状态为基础的全面实现民生政治愿景的新时代。中国梦语境的呈现，使人们全面审视以改善人的自身的生存和发展环境以及生活状态为核心内容的民生政治梦想，但是目前并未见到相应的理论成果，笔者对中国梦语境下的民生政治逻辑的探索，希望有助于人们关注这一问题。

本书既从历史纵向和横向比较，系统分析了不同社会形态、不同发展程度中的民生政治，又从理论的角度对不同民生思想进行了中国梦语境下的当代审视；既关注当代中国民生政治实践的现实，又对民生政治的未来发展样态作出了笔者的思考；既给出了民生政治内涵的体会，又分析了民生政治内涵的变迁。笔者试图回答民生政治的一般性规律，为研究民生政治的基础性理论研究作出努力和思考。由于笔者知识结构的限制及能力的不足，使民生政治一般性规律的思考呈现比较肤浅，笔者希望更多的人关注这一问题的研究。

第二章

中国梦语境下民生政治学理解读

民生是人类社会永恒的话题，实现美好的民生理想是人类孜孜以求的梦想。近代以来，每一个中国人都渴望能够改善自身的生存和发展环境以及生活状态，过上国家富强、民族振兴和人民幸福的生活，一代代中国人也为此进行了不懈的努力，涌现了以孙中山为代表的民生思想和以中国共产党为代表的民生观。党的十八以来，以习近平为总书记的党中央领导集体承载一代代中国人的梦想，引领了实现伟大梦想的征程，形成了更为完整的民生政治理论，开启了以提升人自身的生存和发展质量与生活状态为基础的全面实现民生政治愿景的新时代，为此，如何进一步全面改善中国人的生存和发展环境以及生活状态的民生问题成为人们进一步讨论的热点话题。正是在这样的背景下，人们在新形势下深入探索怎样实现民生梦的问题，取得了丰硕的成果。民生政治概念的提出与实践要求人们明确回答民生政治是什么、为了谁以及怎么办的问题，民生政治的研究首先要回答的是民生政治是什么以及为了谁的问题。马克思恩格斯在《德意志意识形态》中认为，"德国哲学从天国降到人间；和它完全相反，这里我们是从人间升到天国。这就是说，我们不是从人们所说的、所设想的、所想象的东西出发，也不是从口头说的、思考出来的、设想出来的、想象出来的人出发，去理解有血有肉的人。我们的出发点是从事实际活动的人，而且从他们的现实生活过程中描绘出这一生活过程在意识形态上的反射和反响的发展。甚至人们头脑中的模糊幻象也是他们的可以通过经验来确认的、与物质前提相联系的物质生活过程的必然升华物。因此，道德、宗教、形而上学和其他意识形态，以及与它们相适应的意识形式便不再保留独立性的外观了。它们没有历史，没有发展，而发展着自己的物质生产和物质交往的人们，在改变自己的这个现实的同时也改变着自己的思维和思维的产物。不是意识决定生活，而是生活决定意识。前一种考察方法从意识出

发，把意识看做是有生命的个人。后一种符合现实生活的考察方法则从现
实的、有生命的个人本身出发，把意识仅仅看做是他们的意识"①。因此，
从现实的从事实际活动的人出发，民生政治是在人民主体性的前提条件
下，以公平正义为基础的政治实践过程和理论范式。可以说民生政治在本
质上是以人民为主体地位的政治形态，其实质是为了人民群众从不发达的
生产状态下解放出来、从异化劳动中解放出来，不断地实现人的解放的
过程。

第一节　民生政治的要义

　　王沪宁认为，"任何政治学说体系的逻辑起点和现实起点都应该是人
本身。可以说有什么样的人的观念，便有什么样的政治学说"②。因此，
民生政治作为政治学说体系的一部分，也应该从人本身出发进行思考和阐
述。马克思、恩格斯在《德意志意识形态》中提出马克思主义考察问题
的前提是现实的人，是活生生的处于现实生活中的人，并认为全部人类历
史的第一个前提是有生命的个人的存在。因此，在马克思主义者看来，现
实的人的是人类历史的前提，其本质是"要求人们从一定社会中从事一
定活动的人出发来认识其政治现象和政治生活。而从现实的人出发分析社
会现象和政治现象，是马克思主义政治学的一条最基本的原理"③。马克
思主义基本原理的这一规定性赋予了民生政治的思考的基本向度即应该从
现实的人出发。在当代中国，现实的人主要是指社会主义社会中从事一定
活动的人，一般而言，我们称之为人民。从政治与人的主客体关系而言，
人民处于主体性地位，即人民是当代政治生活及其政治实践的主体，或者
称之为当代政治生活和政治实践的人民主体性，而"对于人民与政治之
间的现实实践关系，马克思肯定了人民具有实践政治主体性，强调不是人
民从属于政治，相反，是政治从属于人民，人民是政治现象和政治关系的

　　① 《马克思恩格斯文集》第1卷，人民出版社2009年版，第525页。
　　② 王沪宁：《政治的逻辑——马克思主义政治学原理》，上海人民出版社2004年版，第
31页。
　　③ 刘俊祥：《人本政治论》，中国社会科学出版社2006年版，第25页。

主体"①。同时，纵观中国社会的发展历史，随着中华人民共和国的成立，人民便开始了自己决定自己命运的历史，人民开始了真正的当家作主，即人民成为政治实践的主体，从本质上改变了人民从属于政治实践主体地位的历史，"中国革命的胜利，在我国结束了极少数剥削者统治广大劳动人民的历史，结束了帝国主义、殖民主义奴役中国各族人民的历史。劳动人民成了新国家新社会的主人……建国三十二年来，我们取得的主要成就是：一、建立和巩固了工人阶级领导的、以工农联盟为基础的人民民主专政即无产阶级专政的国家政权。它是中国历史上从来没有过的人民当家作主的新型政权，是建设社会主义的富强民主文明的现代化国家的根本保证"②。因此，从政治实践主体人的阶级地位变迁的角度来看，中华人民共和国的成立确立了人民主体性的地位开始，便开始了真正的民生建设，也正因为如此，民生建设具有历史意义和当代意义。

一　民生政治问题的提出

自中华人民共和国成立确立人民主体性地位开始，便开始了真正的民生建设，但是由于历史的原因，民生建设发展出现了曲折，直至十一届三中全会的召开，民生建设才得以正常发展。郑功成教授认为，"中华人民共和国成立后，民生问题开始真正受到关注。……改革开放以来，中国翻天覆地的变化早已世所瞩目。在我看来，近二十多年来的改革与发展进程，其实就是不断重视民生、改善民生的过程"③。新世纪以来，党的领导集体明确提出了保障和改善民生的政治理念和政治方略，至此民生政治的实践构建逻辑清晰明确起来。党的十八大以来，在以往民生建设经验总结的基础上，全面改善人自身的生存和发展状态及其生活状态的中国梦成为主流，全面开启了民生政治时代，中国进入了民生政治全面发展阶段。在我国，民生政治从人民主体性的确立开始到真正建立历经了一个不断深化的实践过程。

中华人民共和国的成立确立了人民当家作主的政治基础，赋予了民生政治的人民主体性原则。从主客体关系而言，人民当家作主意味着人民是政治

①　刘俊祥：《人本政治论》，中国社会科学出版社 2006 年版，第 199 页。

②　中共中央文献研究室：《改革开放三十年重要文献选编》（上），中央文献出版社 2008 年版，第 185—186 页。

③　郑功成：《关注民生——郑功成访谈录》，人民出版社 2004 年版，第 2—3 页。

实践的主体且在政治生活中人民具有决定性的地位即人民主体性。人民主体性主要是指"人民是国家的主体、是社会价值判断的主体；政府必须以维护人民利益而作为获得合法性唯一标准、侵害人民利益（精神利益和具体利益）和忽视人民的心声将是政府公信力消解的根源；重视人民的主体地位是解决社会一切弊病的根本出路"①。在中国，人民主体性的确立是通过无产阶级及其广大人民群众在中国共产党的领导下，通过无产阶级革命取得国家政权的成果。随着生产力的发展，人类历史已经发展到了这样的历史阶段，即无产阶级及其无产阶级政党的产生。恩格斯在《共产党宣言》1888 年英文版序言中认为，"人类的全部历史（从土地公有的原始氏族社会解体以来）都是阶级斗争的历史，即剥削阶级和被剥削阶级之间、统治阶级和被压迫阶级之间斗争的历史；这个阶级斗争的历史包括有一系列发展阶段，现在已经达到这样一个阶段，即被剥削被压迫的阶级（无产阶级），如果不同时使整个社会一劳永逸地摆脱一切剥削、压迫以及阶级差别和阶级斗争，就不能使自己从进行剥削和统治的那个阶级（资产阶级）的奴役下解放出来"②。因此，"共产党人的最近目的是和其他一切无产阶级政党的最近目的一样的：使无产阶级形成为阶级，推翻资产阶级的统治，由无产阶级夺取政权"③。正因为如此，在中国，无产阶级及中国共产党于 1949 年取得了革命的胜利，成立了中华人民共和国。中华人民共和国的成立意味着人民是国家的主人，意味着人民群众自己掌握自己的命运，意味着我国政治生活的本质是人民群众自己的政治，使民生建设具有人民主体性，也正因为民生建设的人民主体性这一本质规定，促使新中国成立后的民生建设与其他社会历史类型（奴隶社会、封建社会、资本主义社会）的民生建设具有本质上的区别，即无产阶级及其政党掌权后的民生建设是真正的人民群众自己的民生建设，是没有剥削、没有压迫、没有被统治的真正的人民群众自己的民生建设。总之，人民当家作主的确立开始了真正的民生建设，也为民生政治的全面展开奠定了根本的政治前提。

由于历史及其现实的原因，主要是由于长期以来形成的阶级斗争思维方式的影响，促使新中国成立至改革开放前的中国政治发展体现出了以政治权力为核心的政治形态，使民生建设深深地烙上了权力政治斗争的痕迹，导致

---

① 邱仁富：《强化人民主体性，克服核心价值体系"边缘化危机"》，《广西大学学报》（哲学社会科学版）2011 年第 4 期。

② 马克思、恩格斯：《共产党宣言》，人民出版社 1997 年版，第 12 页。

③ 同上书，第 40—41 页。

了民生建设的曲折发展，但是十一届三中全会的召开扭转了这一趋势，使民生建设实现了正常发展。在我国，以政治权力为核心的政治形态集中体现为以阶级斗争为纲，而以阶级斗争为纲的政治形态的一个缺陷是使民生建设过度政治化，破坏民生建设的正常发展。因此，以阶级斗争为纲形态下的民生建设并不是真正的完全意义上的民生政治。随着中国共产党由革命党向执政党的转型，中国共产党及其人民群众逐渐意识到发展民生建设的重要性和紧迫性。十一届三中全会，党决定放弃以阶级斗争为纲的政治思维，逐渐以经济建设为中心积极发展社会主义经济，促使民生建设得以正常发展。在笔者看来，改革开放以来的经济发展过程其实就是一个不断改善民生和发展民生的过程，也是民生建设在人民主体性前提下不断实践深化的过程。因此，从现实发展的角度来看，改革开放以来的经济发展，在一定程度上反映了民生建设的成就，也为民生政治的实践奠定了坚实的经济基础。

随着中国社会工作重心转移的深入，中国社会已经走向了富裕，但是在走向富裕过程中贫富差距过大的问题逐渐凸显，集中体现为社会的公平正义的缺失，因此，在坚持人民主体性的前提条件下和改革开放以来经济发展的基础上，新世纪以来，明确提出保障民生和改善民生的政治理念，推动了民生建设的发展，中国政治步入了民生政治时代。随着改革开放以来的经济发展，我国的社会生产得到极大发展，人民群众的生活日益改善，社会主义制度更加完善，社会主义国家政权更加巩固。但是，随着社会经济的发展、生活方式的变迁和市场经济的深入发展，影响整个社会进一步发展的因素逐渐增多，具体表现为经济发展成果并未公平正义地实现共享、公民权利并未完全意义地实现公平正义、游戏规则中公平正义的缺失等。因此，为了解决中国社会公平正义缺失的问题，党中央提出了构建以公平正义为基础的民生政治，中国社会步入了民生政治时代，促使民生政治成为近年来研究政治生活的一个热点话题，也促使不同的学者从不同的角度研究民生政治。

党的十八大以来，以习近平为总书记的党中央领导集体承载着近代以来的一代代中国人的梦想，在吸收前人优秀成果基础上，把对改善人自身的生存和发展以及生活状态为核心内容的民生梦大大地向前推进了一步，形成了更为完整的民生政治理论，赋予了民生政治更为丰富的内容，完善和丰富了公平正义的内容。研究民生政治问题的提出需要把党的十八大以来的成果完整地纳入民生政治发展的全过程。党的十八大以来，以习近平为总书记的党中央领导集体以中国梦为切入点，全面阐述了民生政治的丰富内容，即人们的生存和发展环境以及生活状态的梦想已经指向了国家富强、民族振兴、人民幸福和每个人都有人生出彩机会四个维度的追求，更为完整地表述了民生政治理论，丰富和发展了民生政治理论。中国已经进入了民生政治全面发展时代。

一　民生政治的内涵

在中华人民共和国的成立确立了人民主体性地位、改革开放以来的经济发展、党中央领导集体全面建设民生政治理念的实践背景下，人们逐渐以民生政治概念研究当代中国的政治生活。民生政治概念的提出，促使人们进一步思考什么是民生政治、民生与政治具有什么样的本质相关性等关于民生政治核心要素问题的研究。简单而言，民生就是人民群众的衣食住行等问题，恩格斯《在马克思墓前的讲话》中对马克思评价道：马克思发现了人类历史的发展规律即人们首先解决衣食住行问题，然后才能从事其他的活动，比如政治的、宗教的、艺术的等活动，并提出人们所进行的这些活动都是以衣食住行为基础的人类活动，应该从这一基础出发来解释人类活动。而民生问题简单来说就是人们的衣食住行等问题，因此，民生问题不是一个简单的问题，而是人们进行政治、科学、艺术活动的基础，也应该从这一基础出发解释人类的政治问题。具体来说，民生包含三个层面的含义，即"其一，民生是一个涉及社会和谐与发展的问题，因此，民生的内容应包含民生供给的产出与社会财富的分配两个层面，应强调社会制度建设，尤其是社会分配制度、社会保障与社会福利、公共服务等方面的内容；其二，民生是一个发展的概念，随着时代的发展与进步，民生的内涵和改善民生的方式方法是不尽相同的；其三，当前我们强调的民生是立足于总体小康基础之上的。与全面建设小康社会要求相对应的更高水平的民生，其内涵的丰富性、立足点的高起点性、着眼点的前瞻性是不言而喻的，因此，民生不再局限于物质层面，而是上升为以物质层面为基础、以精神层面为支撑、以制度层面为保障的系统工程"①。因此，民生的核心是政治问题，民生与政治本质具有相关性，从这个意义上来说，民

---

① 赵中源、梅园：《回顾与反思：理论界关于民生若干问题的研究》，《当代世界与社会主义》2010 年第 4 期。

生问题是政治问题,应该把民生上升到政治的高度来理解。正因为民生与政治的本质相关性,促使人们从不同的视角研究民生政治问题,形成了各种各样的关于民生政治内涵的界说。前文阐述过,民生政治从本质上区别于以往社会历史形态的主要标志是人民主体性的确立,因此,民生政治的逻辑起点应该是人民主体性基础上中国梦的实现过程。民生政治主要是指在人民主体性的前提条件下,以经济发展为基础,集中力量保障和改善民生,寻求共同发展、共同享有、公平正义、增进人民福祉、以人的解放为价值追求的政治实践过程和理论范式。具体来说,它具有以下基本内涵。

首先,民生政治应该在人民主体性的前提条件下展开。当代中国社会的一个客观现实是中国已经处于社会主义社会,且人民群众自己决定自己的命运,人民群众自己自由地创造自己的历史。因此,随着中华人民共和国的成立,无产阶级及其政党掌握国家政权开始,政治生活就具有了人民性,此时的政治性质和社会性质就与以往的政治形态和社会形态具有了本质上的不同,也与当今资本主义社会的民生政治建设具有了本质上的区别。在马克思主义者看来,以往的社会历史(奴隶社会、封建社会和资本主义社会)都是压迫人民群众的历史,此时的民生建设在本质上是剥削阶级的民生政治。随着无产阶级及其政党在政治上的胜利,意味着此时的民生政治是真正的人民群众自己的政治。因此,在人民当家作主的社会历史条件下,此时的民生政治建设应该在人民主体性这一前提下进行。也应该坚持人民主体性,民生政治建设才会有正确的政治保障。坚持人民主体性这一前提,符合社会发展规律,符合人民群众的根本利益,符合无产阶级及其政党的整体利益。

其次,民生政治应该以经济发展为基础,集中力量保障和改善民生。恩格斯认为,"根据历史唯物主义观点,历史中的决定性因素,归根结底是直接生活的生产和再生产。但是,生产本身又有两种。一方面是生活资料即食物、衣服、住房以及为此所必需的工具的生产;另一方面是人自身的生产,即种的繁衍"[1]。而这种生产构成了人类社会的第一个前提,也是一切社会历史发展的前提,"因此我们首先应当确定一切人类生存的第一个前提,也就是一切历史的第一个前提,这个前提是:人们为了能够'创造历史',必须能够生活。但是为了生活,首先就需要吃喝住穿以及

---

① 恩格斯:《家庭、私有制和国家的起源》,人民出版社 1999 年版,第 3 页。

其他一些东西。因此第一个历史活动就是生产满足这些需要的资料，即生产物质生活本身，而且这是人们从几千年前直到今天单是为了维持生活就必须每日每时从事的历史活动，是一切历史的基本条件。即使感性在圣布鲁诺那里被归结为像一根棍子那样微不足道的东西，它仍然必须以生产这根棍子的活动为前提。因此任何历史观的第一件事情就是必须注意上述基本事实的全部意义和全部范围，并给予应有的重视"①。因此，直接生活的生产和再生产是民生政治的根本问题，民生政治的构建逻辑应该是大力发展生产，满足人民群众日益增长的物质文化需要。从中国社会现实发展的角度来看，改革开放以来，人民民主专政的国家政权得到巩固，经济生产得到了极大发展，但是，物质资料的生产与人民群众日益增长的物质需要之间的矛盾仍然是当代社会的主要矛盾，因此，民生政治应该以经济发展为基础，集中力量保障和改善民生。

再次，民生政治应该是寻求共同发展、共同享有、公平正义、增进人民福祉、最终实现人的解放的价值追求过程。改革开放以来，由于社会生产发展状况及其历史条件的限制，改革开放的成果并没有公平公正地普遍地惠及全体人民。党的领导集体根据历史发展趋势和现实社会发展的需要，提出了全面改善人自身的生存、发展以及生活状态的中国梦，其中一个重要的出发点就是要使全体人民公平正义地共同享有改革开放的成果，赋予了民生政治丰富的内涵即赋予民生政治建设具有共同发展、共同享有、公平正义和增进人民福祉的内涵特征。"新一届中央领导集体提出建立和谐社会的一个重要出发点就是要让人民群众共享改革开放的成果，即共同建设、共同享有，民生政治的理念和发展模式就是以共同建设和共同享有为基本原则，才能符合构建和谐社会要求。"② 因此，寻求共同发展、共同享有、公平正义、增进人民福祉应该是民生政治的一个主要理念，也应该是民生政治最重要的目的，它不仅体现在人们的思维过程中，更为重要的是体现在人们的劳动实践过程中。寻求共同发展、共同享有、公平正义、增进人民福祉这一理念和实践内容不仅符合社会发展规律，符合人民群众根本利益的要求，而且是中国共产党为人民服务宗旨的重要体现。而人的解放是民生政治建设的终极价值追求，共同发展、共同享有、公平正

---

① 马克思、恩格斯：《德意志意识形态》（节选本），人民出版社 2003 年版，第 22—23 页。

② 田新文：《民生政治：理解政治生活变化的新视角》，《社会主义研究》2008 年第 4 期。

义、增进人民福祉寓于人的解放这一价值理念中。而共同享有、共同发展、增进人民福祉、人的解放体现了公平正义，因此，公平正义构成了民生政治的主题。

最后，民生政治是政治实践过程和理论范式。民生政治是政治实践过程具有两个层面的含义，一方面是指党和政府在日常工作中，无论是在立法、执法、制定政策等方面还是在资金投入、行政过程等方面都重视和改善民生，将当代民生政治理念贯彻到平时的工作中；另一方面是指人民群众在生产劳动实践活动中，发挥人民主体地位，在自己力所能及的范围内自觉发展生产，提高主人翁意识，积极地改善自己的生活、生产等。而民生政治作为一种理论范式，意味着全社会将保障和改善民生，寻求共同发展、共同享有、公平正义、增进人民福祉看成是民生政治建设的重点，树立民生问题无小事的新的价值理念，改变旧的思维方式，真正树立民生政治是研究和实践当前政治生活的一个集体认识的理念范式，同时，民生政治是理论范式意味着以民生政治理论研究政治生活的变化及其政治现象，以民生政治视角研究和处理当代政治生活和政治现象。

三　民生政治的实现

民生政治内涵的提出，不仅规定了人民主体性原则，而且还肯定了改革开放以来经济发展的成就，同时还规定了未来民生政治发展的总体方向。然而民生政治概念术语的提出不是从人民主体性确立开始的，因而民生政治是一种新型的理论范式，要求人们进一步思考如何实现的问题。而我国目前正处在经济发展方式转变、生活方式变迁及其社会发展方式转变的关键时期，在此过程中，急需采取有效措施实践民生政治和研究民生政治理论，加快推进民生政治全面发展，以此来"填补科学社会主义理论的空白，实现马克思主义中国化新的理论创新；推进马克思主义的大众化；使执政党的执政为民的理念具体化；增强国家凝聚力与推动和谐社会的构建"①。因此，在现阶段，民生政治的实现需要从以下几个环节入手。

首先，大力宣传民生政治理念和重视民生政治理论的研究是民生政治实现的路径选择之一。民生政治是在坚持人民主体性的前提下，寻求共同发展、共同享有、公平正义、增进人民福祉的政治理论和政治实践，其概

---

① 龙佳解、蒋晓东：《构建民生理论的价值意义》，《云南社会科学》2010 年第 3 期。

念的提出是最近几年的事情，由于长期以来形成的以阶级斗争为纲的斗争思维、传统社会形成的不利于民生政治建设的思维方式等的惯性的影响，民生政治理论作为一种新型的理论和思维方式，被人们所接受需要一个过程，特别是各级领导干部思想的转变需要一个过程。因此，有必要通过政治学习、理论宣讲、科学研究和实践示范等方式加强宣传民生政治，重点是宣传民生政治与社会建设、经济发展和巩固政权之间的关系，宣传民生政治对中国梦的重要意义；宣传民生政治对于保障和改善人民群众生活，巩固党的执政基础的意义；宣传民生政治对经济发展方式的转变和实施以人为本理念的意义；大力宣传民生政治，树立正确的政绩观，增强公务员和人民群众实践民生政治的自觉性和主动性，使整个社会形成利于实现中国梦的社会氛围。

其次，按照习近平总书记系列讲话精神，以中国梦为指导通过转变经济发展方式和社会体制改革，保障和改善民生是民生政治实现的路径选择之二。一方面，加快经济发展方式的转变。民生政治发展的一个根本因素是经济发展，经济发展为民生政治发展提供了物质基础。从经济发展角度来看，民生政治发展需要解决的一个问题是粗放式的经济发展方式导致的自然资源的过度开发、生态环境的严重破坏、产业的科技含量比较低、卫生安全等问题，这些问题的存在严重制约了民生政治的健康发展。因此，民生政治要求转变经济发展方式，而经济发展方式的转变应该把保障和改善民生作为加快转变经济发展方式的根本出发点和落脚点。另一方面是加快社会体制改革，转变社会发展方式，同时推进公共服务均等化。社会体制改革相对滞后于经济体制改革是不争的事实，社会发展急需改革社会体制。当前，在积极借鉴国际先进经验，尤其是发达国家改善民生，推进社会建设的有效经验的同时，清醒认识我国的具体国情，把国际先进经验同我国具体国情相结合，积极稳妥地推进我国社会体制改革，促进社会发展方式的转变。由于历史条件的限制，城乡差距、地区差距、阶层差距等问题存在于人们的现实生活中，这些问题的存在和发展制约了民生政治的发展，因此，民生政治发展要求公共服务均等化。

再次，坚持人民主体性原则，有效发挥人民群众的积极性是民生政治实现的路径选择之三。民生政治的全面发展归根结底是全体人民群众自己的事情，一切政治生活的核心都应该围绕人民主体的政治实践来展开，也应该为人民群众的发展和利益要求而服务。在社会主义社会，人民群众是国家的主人，而中华人民共和国的成立，在政治上保证了人民当家作主的政治权力，此时的民生政治建设已经不是旧社会的民生政治类型，而是人民群众自己决定自己命运，自己发展自己的生产、生活的开始，因此，民生政治在本质上是人民群众自己决定自己命运的事情。在当代中国政治社会，人民群众应该意识到自己是政治生活的主体，应该大胆地喊出自己的民生政治建设的口号，也应该积极发挥自己的积极性，为整个社会的民生政治建设做出主人翁的贡献。

最后，把人类解放始终贯穿于民生政治建设的全过程是民生政治实现的路径选择之四。人类解放是马克思主义的宗旨，而民生政治建设是在马克思主义指导下且在人民当家作主的历史前提下的民生政治建设，王沪宁认为，"马克思思想体系的宗旨是达到人类的解放，而不是个人、集体或某个阶级的解放"①。因此，民生政治建设的宗旨也应该是人类解放。马克思在《论犹太人问题》中高喊任何一种解放都是把人的世界还给人自身，因此，马克思关于人的解放的这一原则性规定表明作为新型的民生政治理论和实践应该把人的世界和人的关系还给人自己，而不是相反，即在民生政治建设的全过程中，无论是经济的发展，还是保障和改善民生、寻求共同发展、共同享有的过程都应该是为了实现人类解放，而不是为了经济发展或是其他而使人本身被异化。从民生政治的形成过程及其基本内涵来看，民生政治建设过程本身就是一个不断实现人类自身解放的过程，也应该是为了实现人类自身的解放，民生政治建设才具有更为深远的意义。因此，应该把人类解放始终贯穿于民生政治建设的全过程。

第二节 民生政治的应然诉求

马克思恩格斯在《德意志意识形态》中认为，"思想、观念、意识的生产最初是直接与人们的物质交往活动，与人们的物质交往，与现实生活的语言交织在一起的。人们的想象、思维、精神交往在这里还是人们物质行动的直接产物。表现在某一民族的政治、法律、道德、宗教、形而上学

---

① 王沪宁：《政治的逻辑——马克思主义政治学原理》，上海人民出版社2004年版，第499页。

等的语言中的精神生产也是这样。人们是自己的观念、思想等的生产者，但这里所说的人们是现实的、从事活动的人们，他们受自己的生产力和与之相适应的交往的一定发展——直到交往的最遥远的形态——所有制。意识在任何时候都只是被意识到了的存在，而人们的存在就是他们的现实生活过程。如果在全部意识形态中，人们和他们的关系就像在照相机中一样是倒立成像的，那么这种现象也是从人们生活的历史过程中产生的，正如物体在视网膜上的倒影是直接从人们生活的生理过程中产生的一样"①。因此，民生政治作为一种被意识到了的存在，与人们的物质交往活动，与现实生活的语言交织在一起，是人们物质行为的直接产物。民生政治最为直接的是反映了当代人们的物质交往活动即人们的生产劳动过程，与现实的从事实际活动的人们的劳动行为具有紧密的联系，是人们在从事实际活动过程中的意识存在，体现了从事实际活动的人们的集体智慧，因此，民生政治是现实的人从事实际活动的直接的产物，从这一视角出发，通过考察人们的直接的物质的生活资料的生产及其经济发展，民生政治的应然诉求集中体现为：主体的人民性，前提是人民政权，公平正义的价值追求，实践指向以人为本。

一　主体的人民性

从马克思主义方法论的角度来看，民生政治具有人民性，民生政治的人民性既是马克思主义方法论的体现，也体现了马克思主义的人民性。在马克思主义者看来，意识形态的前提是一些现实的人，即现实的人是一切意识形态的前提条件，要求人们从现实的人出发来分析政治现象和政治生活。因此，从现实的人出发来分析民生政治这一现象和实践是马克思主义最为基本的原理的要求，而民生政治在一定程度上可以说是当代中国最为重要的意识形态。"进入 21 世纪之后，中国政治的主题由单纯的发展、发展是硬道理，转变为以人为本的科学发展，执政党由关注物质财富的生产本身转向关注、解决民生问题，实行民生政治实际上成为当今中国最为基本的意识形态。"② 因此，作为意识形态表现形式的民生政治形态应该

---

① 《马克思恩格斯文集》第 1 卷，人民出版社 2009 年版，第 524—525 页。

② 赵丽江、马广博、刘三：《民生政治：当代中国最重要的意识形态》，《武汉大学学报》（哲学社会科学版）2012 年第 3 期。

从现实的人出发来分析，体现了马克思主义方法论的基本原则。从民生政治作为一种政治理论体系的角度来看，民生政治应该从现实的人出发来分析。因为任何政治学说体系的逻辑起点和现实起点都应该是人本身，作为政治学说体系的民生政治应该从现实的人出发来分析，关于这一视角的分析已在前文阐述过，这里不再重复。马克思恩格斯在《德意志意识形态》中认为从现实的人出发来分析政治现象，政治发展或者历史就不再像那些经验主义者所认为的那样，是一些僵死的事实的汇集，也不再像唯心主义者所认为的那样，是想象的主体的想象的活动。从现实的人出发来分析民生政治，可以发现从事实际活动的现实的人在当代中国是人民群众，这是客观存在的事实，是不争的事实，因此，民生政治具有人民性，而这一本质特征体现了马克思主义方法论原则。马克思恩格斯认为有文字记载以来的人类历史都是阶级斗争的历史，阶级斗争始终贯穿于阶级社会的始末。因此，在过去的各个历史时期即奴隶社会、封建社会、资本主义社会的各个历史时期，政治生活深深地烙上了剥削阶级的痕迹，而作为人口多数的人民群众总是处于被统治、被剥削、被压迫的地位，"我们已经看到，至今的一切社会都是建立在压迫阶级和被压迫阶级的对立之上的。但是，为了有可能压迫一个阶级，就必须保证这个阶级至少有能够勉强维持它的奴隶般的生存条件"①。因此，奴隶社会、封建社会、资本主义社会的民生政治形态不具有人民性。而民生政治是在人民主体性条件下的政治形态，因此，民生政治具有人民性。总之，从马克思主义方法论的角度来看，民生政治是具有人民性的，是马克思主义方法论的体现，而民生政治的人民性也是马克思主义人民性的体现，符合人民群众的利益要求，符合马克思主义的要求，符合共产党人的要求。

从中国政治发展的实践过程来看，中国人民为了摆脱被剥削、被压迫的命运，在中国共产党的领导下进行了长期的艰苦的奋斗。按照马克思主义的分析，在中华人民共和国成立以前的相当长的时期内，中国人民都处在被剥削、被压迫的条件下，即使实践了特定条件下的民生建设，但那也不过是人民处于边缘化条件下的民生建设，因此，在中华人民共和国成立以前的民生建设不具有人民性。但是1949年随着中华人民共和国的成立，人民群众真正实现了人民当家作主，中国的政治生活就具有人民性，而此

---

① 《马克思恩格斯文集》第2卷，人民出版社2009年版，第43页。

时的民生建设必然地具有人民性。《中华人民共和国宪法》明确指出：
"一九四九年，以毛泽东主席为领袖的中国共产党领导中国各族人民，在
经历了长期的艰难曲折的武装斗争和其他形式的斗争以后，终于推翻了帝
国主义、封建主义和官僚资本主义的统治，取得了新民主主义革命的伟大
胜利，建立了中华人民共和国。从此，中国人民掌握了国家的权力，成为
国家的主人。"① 因此，在我国，中华人民共和国的成立意味着人民群众
成为国家的主人，此时的政治生活在本质上是人民群众自己的政治生活，
是人民群众自己掌握自己的命运的政治生活，人们的政治生活就具有人民
性，而民生政治的实践正是在中华人民共和国框架内的政治实践，因此，
民生政治必然具有人民性。

　　无论是从中国政治发展的实践过程来看，还是从马克思主义方法论的
角度来看，或是从马克思主义人民性的角度来看，民生政治是具有人民性
的，而人民性是区别于一切民生政治形态的最为本质的区别，因此，可以
说人民性是民生政治最为根本的本质特征，也正因为这一本质特征，民生
政治同以往的历史形态即奴隶社会、封建社会、资本主义社会的民生建设
从本质上区别开来，赋予了民生政治实践的历史意义和全球意义。

二　前提是人民政权

　　任何政治形态的存在与发展都是建立在一定的政治基础和政治前提之
上的，但是以往的统治阶级为了维护统治阶级的利益和维护统治阶级统治
的需要，往往掩饰政治形态的政治前提和政治基础，"过去一切阶级在争
得统治之后，总是使整个社会服从于它们发财致富的条件，企图以此来巩
固它们已经获得的生活地位"② 。把自己的政治形态或者所提倡的政治理
念打造成一种世人所公认的真理，往往以维护大多人的利益要求的面目出
现，而无产阶级及其政党从来不掩饰这一政治前提和政治基础，明确提出
并实践自己的政治主张就是实行无产阶级专政即人民民主专政，一切政治
形态的实践都是以人民政权为基础和政治前提的，马克思恩格斯认为，
"共产党人不屑于隐瞒自己的观点和意图。他们公开宣布：他们的目的只
有用暴力推翻全部现存的社会制度才能达到。让统治阶级在共产主义革命

① 《中华人民共和国宪法　中国共产党章程》，中国法制出版社 2008 年版，第 2 页。
② 《马克思恩格斯文集》第 2 卷，人民出版社 2009 年版，第 42 页。

面前发抖吧。无产者在这个革命中失去的只是锁链。他们获得的将是整个世界"①。因此，无产阶级从来不掩饰人民政权这一政治基础和政治前提，在已经实现了人民民主专政的社会里，将继续巩固和发展这一政治前提和政治基础。把人民政权是民生政治的前提和政治基础明确说出来，并不是什么丢人的事情，反而在目前世界范围内坚持和强调这一政治前提和政治基础，是社会主义国家应该保持的特色，也应该坚信在人民政权这一政治基础和政治前提上的民生政治实践，能够实现和保证人民当家作主，能够真正地实现人的解放。因此，民生政治的政治前提和政治基础是人民政权，也应该在人民政权这一政治前提和政治基础上探索民生政治实践的正确道路和方法，更好地为人民服务，为人的解放而服务。

人民政权是马克思恩格斯一贯坚持和强调的主张。马克思恩格斯认为，过去的一切历史即从原始公有制解体以来的历史都是阶级斗争的历史。因此，无产阶级必须争得政权，上升为统治阶级，而"共产党人的理论原理，决不是以这个或那个世界改革家所发明或发现的思想、原则为依据的。这些原理不过是现存的阶级斗争、我们眼前的历史运动的真实关系的一般表述。废除先前存在的所有制关系，并不是共产主义所独具的特征"②。因此，无产阶级必须争得统治，夺取国家政权即实现人民民主专政，如果不能够使无产阶级争得统治，则无法实现无产阶级从它被统治的阶级下解放出来，无产阶级必须实现人民民主专政，这是过去人类阶级斗争的历史向人们所展示的原理，而不是像那些争得统治地位后的剥削阶级为了维护阶级统治的地位和实现他们的剥削、压迫而所说的那样。明确说明民生政治的政治基础和政治前提是人民政权是马克思恩格斯一贯坚持和强调的主张，也是人类阶级斗争的历史向人们所展示的一个基本原理，已经实现了人民民主专政的国家和社会应该坚持和强调这一政治基础和政治前提而不是相反，作为马克思主义者不应该忽视这一原则。

在中国，1949 年中华人民共和国的成立意味着人民民主专政的确立。毛泽东在《新民主主义论》中认为，"无论如何，中国无产阶级、农民、知识分子和其他小资产阶级，乃是决定国家命运的基本势力。这些阶级，或者已经觉悟，或者正在觉悟起来，他们必然要成为中华民主共共和国的

---

① 《马克思恩格斯文集》第 2 卷，人民出版社 2009 年版，第 66 页。

② 同上书，第 44—45 页。

国家构成和政权构成的基本部分，而无产阶级则是领导的力量。现在所要建立的中华民主共和国，只能是在无产阶级领导下的一切反帝反封建的人们联合专政的民主共和国，这就是新民主主义的共和国，也就是真正革命的三大政策的新三民主义共和国"①。"国体——各革命阶级联合专政。政体——民主集中制。这就是新民主主义的政治，这就是新民主主义的共和国，这就是抗日统一战线的共和国，这就是三大政策的新三民主义的共和国，这就是名副其实的中华民国。"② 新民主主义革命的性质就是实现人民民主专政的革命，也是中国人民及其中国共产党坚持和强调的主张。在中国共产党和中国人民的努力下于1949年取得了新民主主义革命的胜利，成立了中华人民共和国，实现了人民民主专政，人民成为国家的主人。《中国共产党中央委员会关于建国以来党的若干历史问题的决议》中明确提出"中国共产党在领导中国各族人民为新民主主义而斗争过程中，经历了国共合作的北伐战争，土地革命战争，抗日战争和全国解放战争这四个阶段，其间经受了一九二七年和一九三四年两次严重失败的痛苦考验。经过长期武装斗争和各个方面、各种形式的密切配合，终于在一九四九年取得了革命的胜利……中国革命的胜利，在我国结束了极少数剥削者同时广大劳动人民的历史，结束了帝国主义、殖民主义奴役中国各族人民的历史。劳动人民成了新国家新社会的主人"③。《中华人民共和国宪法》提出"一九四九年，以毛泽东主席为领袖的中国共产党领导中国各族人民，在经历了长期的艰难曲折的武装斗争和其他形式的斗争以后，终于推翻了帝国主义、封建主义和官僚资本主义的统治，取得了新民主主义革命的伟大胜利，建立了中华人民共和国。从此，中国人民掌握了国家的权力，成为国家的主人……中华人民共和国是工人阶级领导的、以工农联盟为基础的人民民主专政的社会主义国家"④。因此，中华人民共和国的成立确立了人民政权的政治前提和政治基础，胡锦涛在中国共产党第十八次全国代表大会上的讲话中认为"以毛泽东同志为核心的党的第一代中央领导集体带领全党全国各族人民完成了新民主主义革命，进行了社会主义改造，确

---

① 《毛泽东选集》第2卷，人民出版社1991年版，第674—675页。

② 同上书，第677页。

③ 中共中央文献研究室：《改革开放三十年重要文献选编》（上），中央文献出版社2008年版，第182—185页。

④ 《中华人民共和国宪法　中国共产党章程》，中国法制出版社2008年版，第2—5页。

立了社会主义基本制度，成功实现了中国历史上最深刻最伟大的社会变革，为当代中国一切发展进步奠定了根本政治前提和制度基础"①。因此，人民政权是民生政治的政治基础和政治前提。

总之，人民政权是中国一切发展进步的政治基础和政治前提，民生政治是以人民政权为政治前提和政治基础的政治形态，对这一政治基础和政治前提的确认有利于人们认识历史上的各种各样的关于民生问题的理论与实践，也有利于认识当代资本主义社会条件下的民生建设问题的认识，因此，民生政治是在人民政权这一政治前提和政治基础上的政治形态，不仅符合马克思主义基本原理，也符合人类历史发展规律，符合人民群众的利益要求，符合人的解放要求。

三　公平正义的价值追求

民生政治反映了当代中国社会发展的态势，是中国政治当代转向的必然逻辑，是全球性政治发展趋势在中国的反映。从民生政治构建的前提条件来看，根本前提是人民当家作主；从民生政治内涵来看，共同富裕、共同享有、共同发展、公平正义、增进人民福祉、人的自由而全面发展构成了民生政治的主题，而这一主题是以公平正义为理念基础的价值追求，因此，民生政治是以公平正义为价值追求的政治形态，它必然对公平正义有所诉求。

民生政治以公平正义为价值追求是中国社会发展的必然逻辑，是当代中国社会力量配置结构走向均衡的结果。改革开放以来，我国的社会得到了全面的发展，经济建设取得了巨大的成就，但是在这一过程中出现了一些问题，甚至是比较严重的问题，集中体现为公平正义的缺失。吴忠民认为，"从中国改革开放所取得的巨大成就当中，我们可以发展，中国的发展已经成为不可逆转的历史大势，任何人、任何事情已经不可能改变这种趋势。同时，还需要看到的是，中国发展过程中出现了一些问题，甚至出现了一些比较严重的问题。一个突出的问题是，中国的社会发展明显地滞后于经济发展，社会与经济之间出现了明显的不平衡的状况。其中的关键症结在于，社会公正问题已经成为一个影响中国社会经济发展全局、影响

---

① 胡锦涛：《胡锦涛在中国共产党第十八次全国代表大会上的报告》，2013 年 11 月，新华网（2012 – 11/17/c_ 113711665_ 3. htm）。

中国社会各个阶层的大问题"①。因此，公平正义的缺失是当代中国存在的一个客观现实，而在当代中国公平正义的缺失不只是民众对公平正义的渴求，而且还涉及社会、国家、政府能否实现公平正义的机制问题，"当代中国，正义问题已经涉及到经济生活、政治生活等各个领域，成为社会各阶层的普遍呼声，房价、医疗卫生、养老保障、就业、打官司等……使整个社会普遍面临着程度不同的正义焦虑。其普遍蔓延，透射出一个真实的社会心理，即公众真正担忧的已经不只是'公平'，更是整个社会、政府和国家是否具备一种实现公平的能力和机制问题"②。因此，构建以公平正义为价值追求的民生政治是当代中国社会发展的必然逻辑。从当代中国社会力量配置结构的角度来看，平均主义、缺乏限制的公权扩张以及没有任何约束的资本扩张的负面拉动力量的负面影响，使整个社会公平正义的缺失，在一定程度上导致了体现公平正义的权利政治的失范。在当代中国，实现了人民当家作主的民众应该被赋予了公平正义地生活的政治环境、社会环境、制度环境，但是由于长期以来平均主义的盛行、资本的无限制扩张和公权的滥用，导致了人们对公平正义的渴求，比如当下拼爹、富二代、农二代、煤二代等语言的出现和状态的存在，而这些客观的存在从社会结构的角度来看就是社会力量配置结构不均衡的体现，吴忠民认为，"中国社会结构层面上所存在的问题是多方面的。其中，有三个比较严重的问题应当引起我们特别的关注。第一个问题，从基础阶层或是从民众层面来看，是社会主要群体的弱势化趋向……第二个问题，从较高位置的阶层层面来看，是精英群体之间利益结盟的苗头。尽管是苗头，但扩张的速度很快……第三个问题，从国家层面上来看，是公共投入优先顺序的明显颠倒"③。因此，社会结构层面的公平正义的缺失也是导致民生政治以公平正义为基础的一个重要原因，是带有基础性、根本性的因素。"社会结构层面上的这些问题如果得不到解决的话，那么中国社会公正外在的指标只能是不断地恶化。相比之下，中国社会结构层面上所存在的问题是更加深层、基础性和本源化的事情，也是更让人们担忧的事情。"④ 以公

---

① 吴忠民：《走向公正的中国社会》，山东人民出版社 2008 年版，第 3 页。

② 袁祖社：《"富裕社会"的正义信仰何以可能——社会"公共价值"的实现逻辑》，《甘肃理论学刊》2012 年第 4 期。

③ 吴忠民：《走向公正的中国社会》，山东人民出版社 2008 年版，第 5—6 页。

④ 同上书，第 95 页。

平正义为基础的民生政治的构建正是对社会结构力量不均衡的回应，因此，民生政治的构建是社会结构力量均衡的体现，是当代中国社会结构力量走向均衡的结果。

民生政治是当代中国以公平正义为基础构建的良好秩序，这一形态的构建意味着中国社会的公平正义的实现，其出发点"应当是站在社会整体利益的立场上，以维护每一个社会群体和社会成员的平等权利与合理利益为基本出发点，帮助遇到不公正对待的一方解决问题，而且在解决某一社会群体所面临的不公正对待问题时，不能损害另外社会群体的合理利益"①。所遵循的原则应该是"（1）每一个对于一种平等的基本自由之完全适当体制都拥有相同的不可剥夺的权利，而这种体制与适于所有人的同样自由体制是相容的；（2）社会和经济的不平等应该满足两个条件：第一，它们所从属的公职和职位应该在公平的机会平等条件下对所有人开放；第二，它们有利于社会之最不利成员的最大利益（差别原则）"②。其中第一个原则优先于第一个原则，而在第二原则中，公平的机会平等优先于差别原则。以公平正义为基础的民生政治的构建在当代中国集中体现在两个方面，一方面是物质财富公平正义的实现，意味着消除贫富差距过大问题。在我国，贫富差距过大是不争的事实，民生政治的构建以公平正义为基础意味着在物质财富不断实现增加的过程中，不断地实现物质财富创造过程的公平正义、分配的公平正义、享有的公平正义。总之，由于贫富差距过大问题，以公平正义为基础的民生政治的构建就是实现共同富裕。另一方面是政治权利的公平正义。人生而自由平等，都享有自由平等的权利，这是政治权利的核心理念。在已经实现了人民当家作主的当代中国，民众已经从宪法和政治体系上赋予了应该享有的政治权利，民众是自由平等和良好社会秩序的理念的集合，"公民（那些从事合作的人们）作为自由和平等的人的理念以及一个秩序良好的社会的理念，而所谓秩序良好的社会就是公共的正义观念加以有效调节的社会"③。因此，以公平正义为价值追求的民生政治形态是权利政治，需要保障和体现公民的权利，实现权利政治的公平正义。

---

① 吴忠民：《走向公正的中国社会》，山东人民出版社 2008 年版，第 30 页。

② ［美］约翰·罗尔斯：《作为公平的正义——正义新论》，姚大志译，上海三联书店 2002 年版，第 43 页。

③ 同上书，第 6 页。

四　实践指向以人为本

党中央提出并实践以人为本的发展理念，促使中国的政治生活实践指向了以人为本，实现了人本化的转向，政治生活人本化的转向意味着人们的政治生活实现了人从神的统治下解放出来，意味着人从阶级统治和剥削、压迫的状态下解放出来，意味着人从被物统治的状态下解放出来，总之，政治生活人本化的转向意味着人的本质向人自身的回归，民生政治作为一种关于人的解放的学说，必然具有人本性的特征。正如前文指出的那样，从人本身发展的角度来看，人首先必须解决衣食住行等民生活动，然后才能从事政治的、经济的、艺术的、宗教的活动，但是随着人类社会历史的发展，政治的、宗教的、艺术的、经济的等逐渐成为统治人本身的存在形态，使人本身被异化或者说民生的主体地位被政治的、宗教的、经济的、艺术的等所替代，集中表现为民生服务于其他的一切活动，但是在实现了以人为本理念指导下的民生政治实践，必然促使人的世界还给人自身，因此，在以人为本理念指导下的民生政治的提出与实践正是把人的世界还给人自己，而不是被人类自身所创造的存在物所异化。

马克思、恩格斯从现实的人出发规定了人的本质就是一切社会关系的总和，逐渐建立起了关于人的解放的劳动人本学说，其实质是实现人的解放。刘德厚认为，"人是自然进化的产物，又能创造人化的自然；社会是人的社会，又是人社会化的结果。新唯物主义把'社会化的人类'作为自己的立足点，因此，马克思主张把现实性的人作为自己学说的出发点"[①]。因此，马克思恩格斯正是通过对现实的人的考察，规定了马克思主义关于人本性的学说首先就是要以现实的人出发来分析人类社会的政治生活，明确指出了现实的人是全部人类历史的第一个前提，正是从这一前提来考察人类社会历史的发展过程，马克思恩格斯描绘出了人类历史的生动画面。纵观整个人类社会发展的历史过程可以发现：人的解放过程就是不断地从自然界中解放出来的过程，不断地从宗教统治的状态下解放出来的过程，不断地从阶级统治的状态下解放出来的过程，不断地从不发达的经济状态下解放出来的过程，总之全部人类历史的过程就是不断地从异化劳动的状态下解放出来的过程，实现人的自由联合体，实现人的解放，而

---

① 刘俊祥：《人本政治论》，中国社会科学出版社 2006 年版，第 3 页。

马克思恩格斯的这些观点基本上构成了马克思恩格斯关于人本性的规定的内容。在人类历史发展的过程中，人的解放过程，首先就是把人从自然状态中解放出来，而这种区别人们的劳动生产过程，"可以根据意识、宗教或随便的什么来区别人和动物。一当人开始生产自己的生活资料，即迈出由他们的肉体组织所决定的这一步的时候，人本身就开始把自己和动物区别开来。人们生产自己的生活资料，同时间接地生产着自己的物质生活本身。"① 其次，是把人从宗教统治的状态中解放出来。由于生产力的不发达及其对自然条件的不了解，人类在相当长的时期内被人类自身所创造的宗教所统治。因此，人的解放过程就是不断地摆脱宗教对人的统治，而马克思恩格斯实现了把人从宗教统治状态下解放出来。马克思在《关于费尔巴哈的提纲》中认为，"费尔巴哈把宗教的本质归结于人的本质。但是，人的本质不是单个人所固有的抽象物，在其现实性上，它是一切社会关系的总和……社会生活在本质上是实践的。凡是把理论诱入神秘主义的神秘东西，都能在人的实践中以及对这种实践的理解中得到合理的解决"② 再次，把人从阶级统治的状态下解放出来。人类进入阶级社会以来，人的解放过程就是不断地从阶级统治的状态下解放出来的过程，而无产阶级的产生及其斗争在本质上就是把人从阶级统治的状态下解放出来的过程。随着无产阶级革命的胜利，无产阶级已经实现了从阶级统治状态下解放出来的过程，因此，在实现了无产阶级专政状态下的人的解放过程其实就是把人不断地从各种束缚状态下解放出来的过程，即不断实现人的自由联合及其全人类解放的过程。因此，在实现了无产阶级专政状态下的人的解放过程就是不断地增进人的自由，把人的世界还给人本身的过程，最终实现全人类的解放。在中国，已经实现了无产阶级专政状态下的人的解放过程其实质就是不断地把人从各种束缚条件下解放出来的过程，但是由于生产条件及历史条件的限制，人的解放过程历经了一个曲折发展的进程，纵观中国社会发展历程，基本上历经了一个从阶级斗争为纲到以经济建设为中心再到以人为本的发展过程。以人为本的提出与实践，把中国的政治生活向人本化转变，实现了中国政治人本化的转变过程。"20 世纪 70 年代末，历时十年的'文化大革命'结束。1978 年，党的十一届三中全

---

① 《马克思恩格斯文集》第 1 卷，人民出版社 2009 年版，第 519 页。

② 同上书，第 505—506 页。

会的召开，冲破了长期'左'倾错误的严重束缚，彻底否定了'以阶级斗争为纲'的错误理论和实践，重新确立了马克思主义的思想、政治和组织路线，作出了把党和国家的工作重点转移到社会主义现代化建设上来和实行改革开放的战略决策。由此，我国社会开始了从'以阶级斗争为纲'到以经济建设为中心、从封闭半封闭到改革开放、从计划经济到市场经济的深刻历史转变。"① 然而"我国在改革开放之后取得了举世瞩目的伟大成就，但在发展过程中也存在着一些严重的问题。毋庸讳言，当代中国存在着'以物为本'的情况。这已是政界和学界几乎公认的不争之事实"②。因此，党中央明确提出与实践以人为本的科学发展，使中国的政治生活实践指向了以人为本。"实际上，改革的根本目的还是为了人，即解放人，发展人的能力。这个发展战略发展下来是有一定逻辑的。应当说中国现在遇到的问题与25年前是大不一样的。25年前中国是一个比较公平的社会，基本解决了饥荒、饥饿等发展中国家长期不能解决的问题，人类发展指标也取得了显著的进步。同时中国解决了如农村教育、公共卫生等一系列问题。当然当时中国还有2亿多绝对贫困人口。经过20多年发展，中国实际上社会越来越不公平了，一部分地区、一部分城市、一部分人口确实富裕起来了，同时还有一部分地区、一部分人口、一部分农村相对滞后。实际上改革到底为了什么，现在的提法较明确，就是'以人为本'，而过去20多年是'以物为本'。"③ 而民生政治的提出与实践正是在中国政治生活转向人本化时期的政治形态，因此，民生政治必然具有人本性，其实践指向必然是以人为本，并进而使民生政治存在的表征生活化。

　　民生简单来说就是人们衣食住行等人类活动的基本问题，孙中山先生认为，"民生就是人民的生活——社会的生存，国民的生计，群众的生命"④。"事实上，一谈到民生人们往往首先想到的是衣食住行问题。简单

---

① 王浦劬：《从阶级斗争到人民共和——我国政治学研究的逻辑转换析论》，《北京大学学报》（哲学社会科学版）2009年第1期。

② 陈向义：《物本与人本——发展理论的迷失与重建》，上海交通大学出版社2008年版，第137页。

③ 胡鞍钢：《从"以物为本"到"以人为本"是个战略转向》，《政工研究动态》2004年第7期。

④ 《孙中山选集》，人民出版社1981年版，第802页。

地说，就是与百姓生活密切相关的问题，主要包括就业、分配、教育、医疗、社保、住房、安全等具体内容，就是老百姓能吃得起肉，买得起房，看得起病，上得起学，就是老百姓过日子安心、舒心、放心，也就是群众的日子一天比一天好，人们安居乐业。"① 因此，有学者把民生界定为，"民生既是一个关涉民众的生存、生活、生计的概念，又是一个与人权、与需求、与责任有关的概念。在现代社会中，民生和民主、民权相互倚重，而民生之本，也由原来的生产、生活资料，上升为生活形态、文化模式、市民精神等既有物质需求也有精神特征的整体样态。从人权角度看，民生就是人的全部生存权和普遍发展权。从需求角度看，民生是指与现实人的生存权利有关的全部需求和与实现人的发展权利有关的普遍需求。前者强调的是生存条件，后者追求的是生活质量，即保证生存条件的全部需求和改善生活质量的普遍需求"②。有学者总结说，"目前学界主要有七种阐释：一是均利说。陈媚林认为，民生问题往往就是一个国家中利益均衡的问题，也就是利益和谐的问题。二是状态说。吴忠民认为，所谓民生，主要是指民众的基本生存和生活状态以及民众的基本发展机会、基本发展能力和基本权益保护的状况，等等。三是需求说。王国发从经济学角度给出了民生概念的内涵，那就是老百姓的主观需求。四是权益说。何玉春认为，民生就是人民的生存和发展，它关系到人们在经济、文化、社会等各方面的现实权益和未来权益。五是法权说。邓慧强认为，民生权利是民生的法治表达。六是整体样态说。黄克亮认为，民生之本，也由原来的满足人们的衣食住行等物质层面的东西，上升为政治形态及民众精神文化等非物质需求层面的整体样态。七是根本利益说。民生问题即有关国民生计与生活、生存和发展等广大人民群众的根本利益问题"③。通过对民生概念的阐述，笔者发现，其实无论从什么角度来看民生问题，其基本问题是民生具有生活性即人们衣食住行等问题本身构成了人们的生活，因此，从民生所包含的内容及其内涵来看，民生问题本身就是生活问题，这在一定程度上是成立的，生活化是民生政治存在的表征。

根据历史唯物主义的要求，人们首先必须首先解决衣食住行等问题，

---

① 柳礼泉：《新中国民生60年》，湖南大学出版社2009年版，第4—5页。

② 同上书，第5页。

③ 赵中源、梅园：《回顾与反思：理论界关于民生若干问题的研究》，《当代世界与社会主义》2010年第4期。

然后才能从事其他，比如政治、艺术、宗教等，而人们必须首先解决的衣食住行的过程本身构成了民生的基本内容，民生是与人们的日常生活密切相联系的活动，因此，从一定意义上来说，民生问题就是生活问题。然而，由于由于生产条件的限制和社会发展状态的影响，人们的民生问题被异化，集中体现为民生的生活属性被神化或被阶级化或被经济化或被政治化，因此，民生问题的生活属性被人们所遗忘。在人类社会发展的历史长河中，在相当长的时间里，民生问题的生活属性都处于被异化状态之中。在原始社会，由于生产的极度不发达，人们的衣食住行等过程被披上了宗教色彩的外衣。随着生产的进一步发展，人们的生活逐渐得到改善，但是由于私有制的出现、阶级及其国家的出现，人们的日常生活被阶级化所代替，此时的民生问题不仅没有削弱宗教的色彩，反而受到了宗教和阶级的双重压迫，因此，在统治阶级占统治地位的社会里，人们的日常生活被宗教和阶级所异化，人们的民生问题更为严重地被异化。在资本主义社会，特别是进入工业社会以来，人们的日常生活被工业文明所异化、被资本所异化，人性被资本所侵蚀，人们的劳动成为一种异化劳动，人们衣食住行等生活过程也被异化。在我国，社会主义形态的实践从根本上改变了以往的生活状态，使民生问题的生活属性从根本上实现了质的改变，但是由于生产的发展、国际国内形势的影响，在相当长的时间里人们的日常生活被过度政治化，集中表现为人们的日常生活中的民生问题上升为政治任务，人们的日常生活成为政治的附属物。随着改革开放向经济发展重心的转移，改善了过度政治化的弊端，经过改革开放的实践，人们发现在经济发展的基础上，人们的日常生活又陷入了另一个弊端即日常生活的经济化，集中体现在人们的日常生活被金钱所腐蚀和异化，把人们的生活世界还给人们的生活世界的任务并未真正完全地完成。可喜的是，随着政治实践的发展，党中央提出了全面保障和改善民生的执政理念和执政方针，把人们的生活世界还给人们自己，促使民生问题的生活属性从众多繁杂的形态下解放出来，使人们的日常生活世界和关系还给生活世界，而不是被异化。因此，民生政治的存在表征是生活化。

第三节　民生政治的实现类型

民生政治作为一种新型的理论范式和实践，同以往的民生建设有区别。与原始社会的民生建设形态相比，最为根本的区别在于是否以人为本；而同阶级统治占据主导地位的民生建设形态相比，最为本质的区别是是否坚持人民主体地位，但是也并不排除是否以人为本这一区别。进入现代社会以来，随着公民社会的发展，公民作为与国家相对应的概念成为政治生活的主角，以公民为主体的政治形态必然成为民生政治的一种实现类型。从纵向的和横向的角度来看，新型的民生政治的实现类型大概可以划分为以人为本的政治、以人民为主体的政治和以公民为主体的政治，而民生政治实现类型的划分统一于人的解放的全过程，立足于现实世界向人们所展示的政治规律。

一　人本政治

刘德厚认为，"研究人本政治，简言之，就是研究'以人为本的政治'。我们可以从两个层面上加以理解：一是从'人本'即人的本质性意义上，所谓人本政治就是关于'人的政治本质性'的研究；二是从'人本'即人进行活动的目的就是为了人本身的意义上，所谓人本政治就是一切政治活动要坚持'以人为本'，以人为出发点。在中国社会主义现代化的历史进程中，政治家提出了坚持'以人为本'的科学发展观，实质上是要坚持人民群众创造历史的观念，实现人的自主创新和自我解放，在现实性的政治生活实践中，贯彻'以人为本'的历史唯物主义基本原则……人类社会的一切政治现象，说到底都是以人为本的政治。一方面，人通过对政治关系的内在化而生成为人的政治性；另一方面，人又通过政治实践，使人的政治主体性外在化为人的实现自我的手段。人的政治性所表明的是政治人的自我与非自我之间的一种必然的特定关系，在政治学理上，我们把它称为'人的政治主体性'"①。这段话表明了三层含义：第一层含义就是人本政治的本质含义；第二层含义就是以人为本的科学发展观的提出与实践实现了我国政治生活向人本化的转向；第三层含义表明人类的一切政治活动，在本质上来说是以人为本的政治。因此，可以把以人为本的政治界定为以人为主体的政治或者以人为本的政治，可以把以人为本的政治称之为人本政治，而所谓的人本政治"从一般意义上讲，'人本'就是以人为本，即以人为主体，人本政治就是以人为本的政治或以人为主

---

① 刘俊祥：《人本政治论》，中国社会科学出版社 2006 年版，第 1—2 页。

体的政治。具体而言，所谓人本政治，就是人与政治之间具有本质相关性的政治，它一方面意味着人具有政治主体性，另一方面意味着政治以人为本，即以人为本的政治"①。因此，以人为本的政治就是人本政治。而任何政治学说的理论逻辑起点和现实起点就是从现实的人出发，民生政治作为政治学说体系的一部分，必然也是从这一逻辑起点和现实起点为基础。以人为本的政治是民生政治的一个基本的类型，而民生政治在本质上来说就是一种关于人的解放的学说，必然地，民生政治在存在形式的表现形式上必然地以人本政治的形式表现出来，因此，人本政治是民生政治的一个实现类型。

以人为本的政治作为民生政治的一种重要的存在形式和表现形式，是马克思主义人本观的具体实践和体现，是人本性作为民生政治最为鲜明的特征的实践表现。马克思恩格斯认为现实的人是人类社会的前提，也是政治生活的前提，马克思恩格斯正是从这一前提出发描绘出了人类活动的生动画面，正如他们自己所指出的那样，通过对这一前提的考察，人类社会就不再是一幅僵死的画面。马克思主义要求人们从现实的人出发来认识人类社会的政治现象和政治生活，因此，把以人本政治作为民生政治一种重要的表现形式和存在形式，是马克思主义人本观的体现和内在要求。"不仅不能说马克思主义一般地超越了'人本'，而且从马克思主义的创始人马克思的思想形成、主要内容和宗旨来看，还不能不说，'以人为本'体现了马克思主义的基本观点，以人为本的唯物史观才是马克思的本真思想"②。"正是马克思主义科学的劳动人本理论，为我们在政治学领域提出用'劳动人本政治观'代替'理性人本政治观'，完成政治学科体系的马克思主义政治哲学的改造，开辟了先河"③。因此，将人本政治作为民生政治的类型符合马克思主义人本观的实践要求，是马克思主义人本观的具体实践和表现形式。总之，把人本政治作为民生政治的一种类型符合马克思主义分析范式和本质要求，符合人类政治生活发展规律。把人本政治作为民生政治的一种重要的存在形式和表现形式或者当做一种民生政治的类型，是合理的。

---

① 刘俊祥：《人本政治论》，中国社会科学出版社 2006 年版，第 52 页。

② 同上书，第 128 页。

③ 同上书，第 6 页。

人本政治作为民生政治的存在形式意味着民生政治的构建始终坚持以人为核心，彰显人本精神，体现人本关怀、人文情怀。在当代，人本政治意味着无论是在人与自然的关系、人与物的关系中，还是人与人之间的关系中，始终都以人为核心，一切事情的出发点都是为了人。在以往的发展过程中，人类社会往往体现出了以物为本的状态，这集中体现在对自然环境的利用过程中，把自然环境作为人类活动的主体，把人当作自然的附属物，当然这同当时的生产力低下具有紧密联系，因此，在改造自然界的过程中把人作为自然界的客体，人是自然界在人类社会的反映。随着生产的发展，私有制、国家等的出现，人又被异化为国家、私有制等的产物，特别是资本的出现，人被资本所异化，各种拜金主义、拜物主义盛行起来，人与人之间的关系被资本所扭曲。人本政治的出现，颠覆了以往社会发展中对人的缺失现象，实现了人的世界和人的关系回归了人自身。因此，人本政治作为民生政治的存在形式意味着民生政治是人本政治，而不是物本政治。

二 人民政治

人民政治就是在人类政治生活中坚持和强调人民主体地位的政治存在形式，在这一政治存在形式中人民是国家的主人，人民决定政治生活的发展及其走向，简言之，人民政治就是一切政治活动都是为了人民。"所谓人民政治，是以人民为政治主体的人本政治，即以人民为本位的政治。或者说，人民政治就是实现人民主体性的政治形式。人民政治首先是'人民'的政治，其次是人民为'主体'的政治或'人民本位'的政治。"①在中国，人民政治存在形式于1949年中华人民共和国的成立就开始了，因此，作为人民主体性条件下的新型的民生政治形态必然是以人民为主体的政治类型的方式体现出来，其实践是为了实现人民为主体地位的政治形态，民生政治实践的存在形式是人民为主体的政治，其实现类型仍然是人民政治。

人民政治是民生政治人民性这一最为根本的本质特征及其人民民主专政这一政治基础在实践过程中的体现，是民生政治区别于奴隶社会、封建社会、资本主义社会民生政治形态的最为根本的实践形态。前文指出：在

---

① 刘俊祥：《人本政治论》，中国社会科学出版社2006年版，第94页。

我国，中华人民共和国的成立意味着人民群众成为国家的主人，此时的政治生活在本质上是人民群众自己的政治生活，是人民群众自己掌握自己的命运的政治生活，人们的政治生活就具有人民性，而民生政治的实践正是在中华人民共和国框架内的政治实践。因此，在我国，人民性是我国政治生活的本质，即人民政治是我国政治生活的实践方式，也是政治实践的本质所在。胡锦涛在中国共产党第十八次全国代表大会上的报告中指出："必须坚持人民主体地位。中国特色社会主义是亿万人民自己的事业。要发挥人民主人翁精神，坚持依法治国这个党领导人民治理国家的基本方略，最广泛地动员和组织人民依法管理国家事务和社会事务、管理经济和文化事业、积极投身社会主义现代化建设，更好保障人民权益，更好保证人民当家作主。"① 再次强调和坚持了人民是国家的主人，我国的政治是人民政治的本质。因此，自中华人民共和国成立以来，以人民为主体的政治是我国政治生活的本质，而民生政治作为人民政治基础上的新型的政治理论范式和实践必然建立在人民政治这一基础之上，民生政治的类型是之一是人民政治。从人民民主专政是民生政治的政治基础和政治前提的角度来看，民生政治的实践是以人民民主专政为政治基础和政治前提的政治。前文指出：无产阶级从来不掩饰人民民主专政这一政治基础和政治前提，在已经实现了人民民主专政的社会里，将继续巩固和发展这一政治前提和政治基础。把人民民主专政是民生政治的前提和政治基础明确说出来，并不是什么丢人的事情，反而在目前世界范围内坚持和强调这一政治前提和政治基础，是社会主义国家应该保持的特色，也应该坚信在人民民主专政这一政治基础和政治前提上的民生政治实践，能够实现和保证人民当家作主，能够真正地实现人的解放，能够实现全人类的解放，因此，民生政治的政治前提和政治基础是人民民主专政，也应该在人民民主专政这一政治前提和政治基础上探索民生政治实践的正确道路和方法，更好地为人民服务，为人的解放而服务。因此，民生政治的政治基础和政治前提是人民政权，民生政治的类型是以人民为主体的政治是人民民主专政这一政治前提和政治基础的本质要求。总之，民生政治的类型之一是人民政治是人民民主专政这一政治前提和政治基础的本质要求，也是民生政治人民性这一最

---

① 胡锦涛：《胡锦涛在中国共产党第十八次全国代表大会上的报告》，2012 年 11 月，人民网（http://cpc.people.com.cn/n/2012/1118/c64094 – 19612151 – 2. html）

为根本的本质特征的实践要求。

总之，人民政治是社会主义的本质要求，是民生政治人民性的内在逻辑体现，是马克思主义基本原理的要求和体现。人民政治是民生政治的实现类型意味着民生政治维护人民的根本利益，彰显人民性。构建民生政治就是要坚持人民性原则，在人民性原则基础上不断实现公平正义，不断实现人的解放。人民政治作为民生政治存在的类型意味着民生政治的构建是一个不断实现人民权利的过程，不断实现宪法赋予人民权利的过程，不断实现人民当家作主的过程。

三　公民政治

人类历史进入现代社会以来，特别是 20 世纪 90 年代以来，公民政治成为全世界范围内政治发展的一种趋势和潮流。"纵览人类历史演进的长河，自亚里士多德提出'人是天生的政治动物'的命题之后，公民政治在古希腊城邦时代就开始萌芽。近代，随着人的解放和真正意义上'公民'的诞生，公民政治顺应时代的要求发展起来。二战之后，尤其是 20 世纪 60、70 年代，公民政治在全球变革社会中再掀波澜。90 年代至今，公民政治在全球化进程加快的背景下呈现浩浩荡荡之势。可以说，公民政治是现代社会发展的内在要求，因而也是世界范围政治发展的总体趋势。从根本上说，这是人的主体地位确立和主体性提升的内在动力使然。"[1]因此，公民政治作为一种政治的存在形式成为当今世界范围内的总体趋势和潮流，而所谓的公民政治一般可以理解为以公民为主体、以公民为本位的政治。刘俊祥在《人本政治论——人的政治主体性的马克思主义研究》中认为，"与'人民政治'相对应，所谓'公民政治'，就是指以公民作为主体的政治，即是以公民的个体政治主体性为价值追求的政治"[2]。强调并指出了公民的主体性。而铁锴通过对公民政治概念的考察，从主体性的角度给公民政治下了一个定义，"立足当代中国政治发展的现实，放眼于未来与全球，从政治主体性的视角来给出公民政治的定义：公民政治是具有政治主体资格的公民，在社会政治意义上的基础上，通过不断提升政

---

① 铁锴：《公民政治及其在当代中国的逻辑建构——主体性视域下的理性思考》，人民出版社 2010 年版，第 1 页。

② 刘俊祥：《人本政治论——人的政治主体性的马克思主义研究》，中国社会科学出版社 2006 年版，第 106 页。

治主体性，来实现公共治理的生活方式与行动过程"①。铁锴在其后所发表的论文中进一步认为，"从政治主体性的视域来定义，公民政治是具有政治主体资格的公民，在社会政治意义的基础上，通过不断提升政治主体性来实现公共治理的生活方式与行动过程。公民政治以现实的、普遍的、平等的公民为目的，通过权利保障、权力限制、政治参与，保证和实现人的政治主体性，体现政治为人的正义性，从而使公民政治成为民主民生的权利政治、自主平等的参与政治、理性协商的文明政治、信任合作的责任政治和自由公平的正义政治"②。公民政治是一种权利政治，是向政治本真回归的政治，正如铁锴自己所描述的那样"面对日益严峻的社会风险和全球性问题，对人类自身前途命运的思考、对个人生存状态与现实生活的关注，引发了学者对传统政治理论的哲学反思和批判。他们从政治正义向度对偏执于国家本位的权力政治的核心观念提出了修正，从重新理解国家与公民的关系中，改变了阶级统治、国家权力、政治精英、大众解放为主导的政治话语，通过强调公民权利、公共治理、日常生活加快了向本真政治的回归"③。公民政治的实践意味着公民成为政治的主体，意味着以公民为本位的政治实践，意味着政治生活向政治社会本真的回归，促使公民政治具有很强的生活性、人本性、社会性。前文指出政治关系社会化、人本性及其生活性是民生政治的特征，而民生政治的这些特征恰好与公民政治的生活性、人本性、社会性是相通的，二者都统一于人本性或者统一于人的解放这一本质过程，"公民政治的核心是扩展和保障公民权利，归根结底在于提高公民的生活质量；限制公权的目的不在于消弱国家，而是为了保证公民生活的广阔的社会空间。公民政治关注的不是国家权力，而是公民权利，是公民的日常生活状况和社会生活秩序。保障民生是政府义不容辞的责任，吃穿住行的民生改善与社会稳定和谐发展是公民政治的主题"④。可以说民生政治实践的存在形式或者实现方式是公民政治，因此，

---

① 铁锴：《公民政治及其在当代中国的逻辑建构——主体性视域下的理性思考》，人民出版社2010年版，第43页。

② 铁锴：《公民政治：概念、价值及其特征——基于主体性的界说》，《宝鸡文理学院学报》（社会科学版）2011年第6期。

③ 铁锴：《公民政治及其在当代中国的逻辑建构——主体性视域下的理性思考》，人民出版社2010年版，第37页。

④ 同上书，第64页。

以公民为主体的政治是民生政治的又一个实现类型。

民生政治的又一实现类型是以公民为主体的政治是中国政治发展的逻辑延伸，是民生政治实践的内在逻辑体现及其存在形式。铁锴描述道："以时代的大视角纵观中国数千年的历史发展，政治社会经历了三次总体性转型。以1840年鸦片战争为起点，在工业化完成后强大起来的西方列强的枪炮下，中国第一次被强行推入近代社会的转型之中。辛亥革命结束了两千多年的封建专制，标志着中国人从帝国的臣民转向共和国的公民成为可能。但由于民主革命的失败与共和梦想的破灭，公民对于中国人来说仍徒有虚名。以人民的名义通过暴力革命重建民主共和的努力开启了中国的第二次社会转型，人民共和国的建立确立了人民的主体地位。然而，革命后全能主义体制的盛行消融了人的主体性，国家政治权力对社会的全面掌控违背了主体性成长的内在规律，最终酿成十年内乱，社会主义建设事业遭受重大挫折。20世纪70年代末，以市场经济和民主政治为导向的改革开放引发了中国社会的第三次转型……市场经济促发的多元社会为公民主体的发展开拓着自主的空间。人的主体性在提高的同时，交互主体也在加深。公民意识逐渐觉醒，公民社会已处在发育之中。尽管历史给走向公民政治的道路留设下沉积已久的屏障，但走向公民政治是谁也无法阻挡的潮流。"① 公民政治以不可阻挡的趋势在中国发展起来，而与此同时，在公民政治发展进程中，民生政治形态也逐渐凸显，二者以交互的方式共同发展起来，但是民生政治形态在本质上来说不是公民政治，从发生学的角度来看，民生政治是对公民政治的超越与发展，从民生政治所涵盖的内涵来看，民生政治涵化了公民政治，因此，公民政治是民生政治的存在形式，是民生政治的一种类型。

公民政治作为民生政治的存在类型意味着民生政治的构建是不断追求和实现现代公民应该享有的各种权利。现代公民是随着现代化发展而逐渐出现的群体，是相对于国家概念而存在的人们。在现代社会看来，公民是与现代国家相伴生的过程，国家的发展赋予了公民相应的责任和义务，使公民成为一个全世界都使用的概念，公民政治的存在要求不仅需要重视作为群体概念的公民的各种权利和义务的实现，而且还要实现作为个体存在

① 铁锴：《公民政治及其在当代中国的逻辑建构——主体性视域下的理性思考》，人民出版社2010年版，第131—132页。

的公民的各种权利和义务，因此，公民政治作为民生政治实现的类型不仅是公民群体的权利和义务的实现，而且是公民个人的权利和义务的实现，使民生政治更有普遍意义和世界意义。

第三章

民生如何成为民生政治及在中国梦
语境下的全面发展

　　民生是人类社会永恒的话题，在原始社会，人们为了满足自身动物属性方面的需要，形成了原初的民生含义即民生主要是人们的衣食住行等，如果政治从原始社会就存在的话，那么我想此时的民生政治主要解决的是人从自然界中解放出来的问题，此时的民生政治是原始的民生政治形态。历史唯物主义原理表明，除原始社会和社会主义形态之外至今的一切社会历史形态都是阶级斗争的历史，形成的政治形态是统治阶级占统治地位的政治形态，人民群众的主体性地位被边缘化。因此，在统治阶级统治的社会，民生政治的主体地位变成了统治阶级，而不是人民群众，民生政治的本质在阶级社会里是统治阶级的政治形态，其民生建设只是为了维护统治阶级的利益和维护统治阶级的统治。但是随着社会主义的发展，人民群众在人类社会发展进程中占据了主体地位，人类政治形态的发展由人民群众自己决定，因此，在社会主义形态中的民生政治是真正的人民群众自己的政治形态。虽然中华人民共和国的成立便开始了真正的民生建设，但是由于客观条件的限制，真正的完全意义上的民生政治并未构建起来，改革开放使中国社会真正走向了发展的新阶段。我们认为从 1978 年到 1999 年的 20 年间，中国经济建设的飞速发展同时带来的贫富差距过分拉大现象使政治转向民生时代成为必需。应该说新世纪也开启了中国民生政治的进程。就总体而言，十七大以来党和政府以民生问题解决来引导社会发展的新决策是民生政治时代开始的标志。因为"深入贯彻落实科学发展观，要求我们积极构建社会主义和谐社会……构建社会主义和谐社会是贯穿中国特色社会主义事业全过程的长期历史任务，是在发展的基础上正确处理各种社会矛盾的历史过程和社会结果。要通过发展增加社会物质财富、不断改善人民生活，又要通过发展保障社会公平正义、不断促进社会和谐。

实现社会公平正义是中国共产党人的一贯主张，是发展中国特色社会主义的重大任务。要按照民主法治、公平正义、诚信友爱、充满活力、安定有序、人与自然和谐相处的总要求和共同建设、共同享有的原则，着力解决人民最关心、最直接、最现实的利益问题，努力形成全体人民各尽其能、各得其所而又和谐相处的局面，为发展提供良好社会环境"①。"必须在经济发展的基础上，更加注重社会建设，着力保障和改善民生，推进社会体制改革，扩大公共服务，完善社会管理，促进社会公平正义，努力使全休人民学有所教、劳有所得、病有所医、老有所养、住有所居，推动建设和谐社会"②。党的十八大以来，以习近平为总书记的党中央领导集体从国家、民族、人民、个人的维度全新阐述了民生政治的时代诉求，赋予了民生政治更为广阔的空间，开启了民生政治全面发展新时代。以公平正义为基础的民生政治形态是中国政治当代转向的必然，是中国历史发展的必然，是人类历史发展的必然结果，是对原始民生政治形态的扬弃和升华，是实现公平正义的政治形态，是实现人的解放过程的政治形态。中国政治的当代转向意味着民生政治形态从原始民生政治形态向真正的民生政治形态转向，意味着公平正义的实现，意味着人作为人的回归。

第一节　当代中国政治的转向表征

人们衣食住行等为基本内容的民生必然同政治发生联系，在政治社会，民生集中体现为民生政治形态，但是民生政治形态在不同社会历史时期、不同社会生产条件下表现出了不同的民生政治形态，正是从这个意义上来说，民生政治是一个不断演变的动态过程。从历史纵向的角度来看，民生是人类社会永恒的话题，但是随着人类社会的不断进步和生产的不断发展，在不同社会历史时期、不同生产条件下民生政治表现出了不同的政治形态。在原始社会，由于生产力的极度低下，人们的主要矛盾是作为社会实践主体的人从自然界中解放出来，此时的民生政治的对象是自然界，

①　胡锦涛：《高举中国特色社会主义伟大旗帜，为夺取全面建设小康社会新胜利而奋斗——在中国共产党第十七次全国代表大会上的报告》，《求是》2007 年第 21 期。

②　同上。

笔者把它叫作原始民生政治形态。但是随着生产力的发展，阶级及其国家的出现成为必然，此时的民生政治形态被简单化为阶级之间的斗争，民生政治形态被深深地烙上了阶级斗争的痕迹，作为社会实践主体的人们被强制性地划分为不同的群体，而处于主体地位的人们被统治阶级异化，此时的人们为了维护代表各自阶级的利益而斗争。因此，在统治阶级占统治地位的社会里，民生政治被统治阶级所利用，民生政治形态被深深地烙上了阶级统治的痕迹，促使人们从阶级统治下解放出来成为民生政治形态的必然要求。随着人类历史的发展和进步，社会主义破天荒地出现在了历史发展的长河中，社会主义形态的实践和发展表明：人们作为社会实践的主体回归，为实现人的世界和人的关系回归自己奠定了政治基础。因此，社会主义形态的民生政治是人民群众自己的政治，是占人口多数的劳动者决定政治取向的政治，是由人民大众说了算的政治形态，是人们自己的政治形态，是没有剥削没有压迫的政治形态。随着社会主义的发展，中国社会已经走上了富裕，人民当家作主的权利已经实现，此时的中国政治转向了对人的关照、走向了对人的日常生活的关照、发展成果由人民共享。党的十八大以来，从国家、民族、人民、个人维度全面改善人的生存和发展以及生活状态成为主题，以习近平为总书记的党中央领导集体开启了民生政治全面发展时代，丰富和发展了民生政治理论。

一　政治转向对人的关照

从实践主体人的阶级地位变迁角度来看，作为实践主体的人一直都处于主体地位，但是由于生产发展的原因，人被划分为不同的群体，因而，实践的主体从原初的人逐渐被划分为不同的阶级、不同的阶层、不同的群体，因此，在人类历史发展长河中，由于生产发展的原因，民生实践的主体的人被划分为不同的群体。在原始社会，主要是以氏族、部落为主体的人成为民生实践的主体，但是由于生产发展的原因，此时的人们所进行的衣食住行等为基本内容的民生是原始意义上的民生建设。随着生产的发展，人类社会被私有制、阶级、国家等打破了原始社会的民生建设，此时的民生建设被赋予了剥削阶级统治的意义，也正因为如此，民生建设被深深烙上了阶级统治的痕迹，此时的民生建设主要是维护阶级统治和阶级利益，体现出了人民作为主体地位的削弱，因此，此时的民生建设中占主体地位的是统治阶级，而不是人民大众。随着社会主义形态的实践和发展，人民群众作为民生实践主体的回归，开始了真生意义上的民生建设。

从人类社会历史发展的角度来看，民生实践主体由原始社会的人群为主体向人民大众的转向，实现了民生实践主体的螺旋式上升，实现了民生实践主体的历史转向。从主体性角度而言，民生实践的主体是人，但是由于生产的发展和人类社会的不断进步，人被划分为不同的群体，呈现出了主体地位的不断变迁和演变过程。马克思主义认为人类社会历史类型演变的基本过程是原始社会、封建社会、资本主义社会和社会主义社会直至共产主义社会的实现，民生实践的主体由于群体的划分而体现为原始社会的人、以统治阶级为主体、以人民大众为主体及其共产主义的人为主体的变迁。在原始社会，由于生产发展的限制，人们结成了简单的社会关系，此时民生实践的主体是简单的处于原始状态的人，其目的是从自然界中解放出来，原始民生建设是把人从自然界中解放出来的政治，是原始的民生政治形态，具有民生政治的原始意义。随着人类社会的不断进步、社会生产的发展，私有制、阶级、国家的产生成为必然，打破了原始民生政治形态，促使原始民生政治形态具有了阶级性，民生实践的主体由原始社会的人变成了占统治地位的统治阶级，所谓主体即统治阶级占统治地位、政治取向和政治形态由统治阶级决定，人民大众充当的只是统治阶级实现统治的对象。因此，进入阶级社会以来，统治阶级居于主体地位，而人民大众被边缘化，是统治阶级这一主体实施政治实践的客体。统治阶级占主体地位的民生建设从本质上来说是由统治阶级决定的政治形态，而人民大众只是服务于统治阶级的工具，在统治阶级占主体地位的阶级社会里，民生实践的主体地位被颠倒过来，所以在统治阶级占主体地位的社会里，民生建设的本质是统治阶级的政治形态，其民生建设只不过是用来维护统治阶级的利益和统治而不得不进行的政治活动，与此相适应而形成的民生思想也是为了维护统治阶级的利益和统治而服务。随着生产的发展、人类社会的进步，无产阶级及其人类解放斗争成为历史发展的必然，即以无产阶级为主体的社会形态的实践成为必然。人类社会进入19—20世纪以来，人们为了实现人民大众主体地位的回归进行了不屈不挠的斗争，先后出现了空想社会主义者的实践，以马克思、恩格斯为核心的巴黎公社的实践以及后来的社会主义社会的实践，而社会主义从空想到科学再到实践的发展表明人民群众已经成为政治生活的主体，已经成为人类历史发展的主体，是历史的创造者和拥有者，民生实践的主体实现了历史性转向即从统治阶级占主体地位的历史形态向人民大众占主体地位的社会历史类型的转向，实现了民生实践主体的当代转向。民生实践主体的当代转向意味着人们自己的民生政治形态向人民大众自己的回归，是真正的民生政治形态，是没有剥削没有压迫的民生政治形态。

在我国，随着中华人民共和国的成立，社会主义改造的基本完成，人民群众成为民生实践的主体，实现了民生实践主体的当代转向。1949 年10 月 1 日，毛泽东宣布中华人民共和国的成立，从此中国的政治生活进入了全新的发展时代，人民群众成为政治生活实践的主体，开始了真正的民生政治。但是由于生产条件的影响，人民群众作为政治生活实践的主体虽然取得了政治上的地位，但并未取得全面发展，随着 1956 年社会主义改造的基本完成，社会主义在我国取得了巨大的发展，民生实践的主体具有社会形态的保障。社会主义在中国的实践表明我国的社会生活从此进入了社会主义发展时代，民生实践的主体不仅具有政治上的保障，而且还具有社会历史类型的保障，"正是新民主主义革命和社会主义革命'两次革命'的胜利，为解放民生提供了基本政治前提"①。因此，中华人民共和国的成立和社会主义改造的基本完成意味着人民群众主体地位的确立，实现了民生实践主体在中国的当代转向，民生政治与中国以往社会形态的民生建设从本质上区别开来，赋予了民生政治伟大的历史意义。

从本质上来说，民生是人的问题，因为民生简单来说就是人们衣食住行，而这些问题本身就是人的问题，是人的本质属性在行为方面的具体体现，因此，民生的本质是人的问题。但是由于生产条件的限制，关于民生的本质是人的问题被一切形式所掩盖，在生产极度不发达的社会，民生被神化，而在阶级社会，民生的本质被阶级化。因此，在以往的历史形态中，民生本质的人本性被人们所遗忘，成为被物统治的民生问题。人类社会进入工业社会以来，民生问题又被人们所创造的工业文明所掩盖，促使人们的衣食住行成为人们生存的一种手段，被工业社会所异化。在西方，对工业社会这一现象批判最为深刻的是欧文、普鲁东、托尔斯泰等，他们指出在工业社会，人失去了他的中心地位。"欧文和普鲁东、托尔斯泰和巴枯宁、杜尔凯姆和马克思、爱因斯坦和施韦策，他们讨论的是人以及工业制度中的人的问题。虽然他们是用不同的概念来表述的，但他们都发

---

① 柳礼泉：《新中国民生 60 年》，湖南大学出版社 2009 年版，第 121 页。

现，人已经失去了他的中心地位，他成了实现经济目标的工具，人与他人和自然的关系被疏远了，人失去了同他人和自然的具体联系，人不再过着富有意义的生活"①。随着生产的发展，在西方发达国家，随着后工业社会或者后资本主义社会的出现，民生的人本性逐渐被人们提及，实现了民生本质的人本化转向。法国的埃德加·莫兰这样描述道，"一个世纪以来，特别是在最近几十年中，政治被新的冲积地的形成弄得膨胀起来……这个政治把它的网络向众多的方面张开，趋于逐渐地包含人类存在的全部，因此是综合性的和总体化的……它到处代替了往昔的严格意义的政治。它已经是生活在社会中的人的政治。另一方面政治在演变为世界性的政治的时候，不仅其视域扩展到全球范围，而且它被与人类生死存亡有关联的最重要的、根本的问题所侵入：第三世界突然走上世界舞台，使饥饿、食物、健康、人口出生率等问题涌现为世界政治的关键问题；而在世界政治的另一极，技术发展、热核武器也提出了人类生死存亡的问题。这使得过去一直是人的哲学问题的生与死问题现在以政治的形式被提出来"②。因此，在西方发达国家中，民生的人本化问题被提出来和所实践，实现了民生本质的人本化转向。

在中国，十一届三中全会确定以经济建设为中心以来，一方面确实扭转了以阶级斗争为纲的局面，把人从过度政治化中解放了出来。另一方面由于经济发展的需要，陷入了"以物为本"的陷阱，其主导价值观念必然是拜物主义。此问题前文已经论述过，所以在这里不再重复。因此，在"以物为本"的社会环境中，民生本质必然被物化，人们必然对金钱具有一种倾向，从而使人被物化。新世纪以来，党中央实践了以人为本的科学发展观，科学发展观的提出与实践，政治转向了对人的关照。"当然，作为一个国家来说，谋求社会发展一般具有双重目标，即发展经济和扩大内部平等。在以物为本的发展理论看来，这两重目标或者是一枚钱币的正反面，或者是两种平行的矢量。也就是说，这种理论并不是不考虑社会平等，而是坚定地认为：只要经济增长了，社会平等就可能达到。凡是对经济系统有益的事，就会促进全体人的福利。而这实际上就是把这两重目标

---

① ［美］埃里希·弗罗姆：《健全的社会》，王大庆、许旭虹等译，国际文化出版公司2007年版，第217页。

② ［法］埃德加·莫兰：《人本政治导言》，陈一壮译，商务印书馆2010年版，第4—5页。

简约为一个，即经济增长，因而它首要考虑的就是如何实现经济增长……于是，整个社会便笼罩在以物为本的发展主义意识形态的氛围之下，经济的力量和价值成为社会的首位目标。同时，由于交换的重要媒介——金钱的作用，那些对社会来说很重要的东西都要用金钱的多少来衡量，对'物'的崇拜直接转化为对金钱的推崇，拜物主义必然与拜金主义联在一起。"① 因此，在"以物为本"的社会环境中，民生本质必然被物化，人们必然对金钱具有一种倾向，从而使人被物化。新世纪以来，党中央实践了以人为本的科学发展观，科学发展观的提出与实践，政治转向了对人的关照。石仲泉认为，"从人类历史发展的实际过程看，社会的发展在许多方面又是以牺牲人的发展来实现的。这不仅在过去的阶级社会很明显，就是在我们所处的社会主义社会初级阶段，在相当长时期也很难不以社会发展为本……但是，随着世界进入科技飞快发展的时代，也随着我国经济体制的转型和经济增长方式的转变，人才的作用和知识的力量空前提高，人的发展对社会发展的作用更加凸显出来。科学发展观的提出，开始实现由以社会为本的发展观到以人为本的发展观的巨大转变"②。中国政治转向对人的关照意味着我国的政治生活实现了以人为本政治发展形态的转向，政治生活人本化的转向意味着人的本质向人自身的回归。因此，在中国，进入新世纪以来，中国政治形态已经向人本化转向，以人为本意味着民生政治始终是把人作为万物的尺度，而不是以物来作为判断标准，实现了人的世界向人本身的回归。总之，实践主体的当代转向过程本身就是人们不断解放自身的过程，体现了实践主体由原始社会的人向人民大众不断转向的历史图景，是一个不断地从自然界中解放出来的过程，是一个不断地从阶级统治状态下解放出来的过程，是一个把人的世界和关系还给人自身的过程。实践主体的当代转向意味着人的世界和关系的不断回归及其把人的解放过程继续推向前进。

　　政治转向对人的关照是马克思主义方法论的基本体现，也是马克思主义方法论的必然要求。王振亚教授认为，"马克思主义对人的主体性价值的证明，确立了人在一切价值中的核心地位，是人类认识史

---

　　① 陈向义：《物本与人本——发展理论的迷失与重建》，上海交通大学出版社 2008 年版，第 17 页。

　　② 石仲泉：《当代中国特色社会主义理论和实践的新发展——学习党的十八大报告》，《中国延安干部学院学报》2013 年第 1 期。

上的一个重大突破。以此为出发点，马克思科学地揭示了人的主体性实现的历史向度即人的解放和人的全面自由发展的历史大趋势"①。因此，从这个意义上来说，马克思主义是从现实的人出发即以人为本的角度出发分析问题和处理问题，是马克思主义基本的方法论。王沪宁认为，"从现实的人出发分析社会现象和政治现象，是马克思主义政治学的一条最基本的原理。马克思恩格斯正是运用这一原理来分析和解释社会政治生活和政治现象的"②。而民生政治的构建是在马克思主义为指导思想的政治形态，政治生活实践的分析应该从现实的人出发也即从实践的人出发，以人为本，因此，政治转向对人的关照是马克思主义基本原理的体现，是马克思主义方法论的体现，也是马克思主义方法论的要求。

政治转向对人的关照中国政治转向的必然要求。前文指出，在中国，已经实现了无产阶级专政状态下的人的解放过程，其实质就是不断地把人从各种束缚条件下解放出来的过程，但是由于生产条件及其历史条件的限制，人的解放过程历经了一个曲折发展的进程。纵观中国社会发展历程，基本上历经了一个从阶级斗争为纲到以经济建设为中心再到以人为本的发展过程。以人为本的提出与实践，把中国的政治生活向人本性转变，实现了中国政治人本化的转变过程。纵观新中国成立以来中国政治发展的历史，由于历史条件的原因，在相当长的时期内把人的解放过程简单化为阶级解放，表现出了以阶级斗争为纲的政治形态。十一届三中全会以来，我国的政治生活实现了从阶级斗争为纲到以经济建设为中心的转向，实现了阶级解放过程向经济解放过程的转向，促使人的解放过程向前推进了一步，但是由于不发达的生产状态，促使经济解放关于人的解放本质过渡经济化或者物化。"20世纪70年代末，历时十年的'文化大革命'结束。1978年，党的十一届三中全会的召开，冲破了长期'左'倾错误的严重束缚，彻底否定了'以阶级斗争为纲'的错误理论和实践，重新确立了马克思主义的思想、政治和组织路线，作出了把党和国家的工作重点转移到社会主义现代化建设上来和实行改革开放的战略决策。由此，我国社会

---

① 王振亚：《人的政治主体性建构的理性自觉——解读社会主义政治文明的另一种视角》，《政治学研究》2005 年第 3 期。

② 王沪宁：《政治的逻辑——马克思主义政治学原理》，上海人民出版社 2004 年版，第 34 页。

开始了从'以阶级斗争为纲'到以经济建设为中心、从封闭半封闭到改革开放、从计划经济到市场经济的深刻历史转变。"① 实践以人为本的科学发展观，正是对新中国成立以来政治发展过程的深化与发展，使中国的政治生活实现了向以人为本的科学发展的转向，促使政治生活向人本性本真的回归。因此，政治转向对人的关照是中国政治转向的必然要求。

政治转向对人的关照不仅意味着中国的政治生活已经实现了人本化的转向，更为重要的是把人从各种异化状态下解放出来，把人看作是自为的自在的劳动过程，"从人的追求来说，人不可能变成人以外的其他什么存在，人其实最想做的、只能做的就是人自己"②。从现实性的角度来看，以人为本意味着把人从物本的状态下解放出来，把人从过度经济化的状态下解放出来，把人从资本的异化逻辑中解放出来。以人为本的实现，意味着对公平正义的渴求，意味着对自由劳动的诉求。

总之，政治转向对人的关照不仅意味着中国社会已经实现了人本化转向，而且还意味着对公平正义的追求。是当代中国政治发展的使然，也是马克思主义基本原理的体现，是社会主义的内在要求和体现。

二　政治转向了对人的日常生活的关照

人的本质是一切社会关系的总和，作为人类社会范畴中的政治关系从本质上来说必然是社会化的政治关系，是社会中从事实际活动的人，而不是某种理论或者想象中存在的人。政治生活在本质上来说是社会性的，也只有从人类社会或社会化的人类这一立足点出发来分析政治关系才能把握政治关系的本真，因此，人们的政治关系从本质上来说是社会性的。在实现了人民当家作主的社会里，政治关系已经转向了社会化。马克思恩格斯在《共产党宣言》中认为，"当阶级差别在发展进程中已经消失而全部生产集中在联合起来的个人的手里的时候，公共权力就失去政治性质。原来意义上的政治权力，是一个阶级用以压迫了一个阶级的有组织的暴力。如果说无产阶级在反对资产阶级的斗争中一定要联合为阶级，通过革命使自

---

① 王浦劬：《从阶级斗争到人民共和——我国政治学研究的逻辑转换析论》，《北京大学学报》（哲学社会科学版）2009 年第 1 期。

② 袁祖社：《"人本文化"的公共性价值逻辑：按照"人的方式"把人实现为人》，《思想战线》2008 年第 3 期。

已成为统治阶级，并以统治阶级的资格用暴力消灭旧的生产关系，那么它在消灭这种生产关系的同时，也就消灭了阶级对立的存在条件，消灭了阶级本身的存在条件，从而消灭了它自己这个阶级的统治。代替那存在着阶级和阶级对立的资产阶级旧社会的，将是这样一个联合体，在那里，每个人的自由发展是一切人的自由发展的条件"①。因此，在无产阶级已经取得胜利且社会主义制度已经实现的条件下，人们的政治关系已经不是原来意义上的政治关系。马克思在后来在总结巴黎公社的论述中即在《法兰西内战》中再次强调，"这就是公社——社会解放的政治形式，把劳动从垄断着劳动者自己所创造的或是自然所赐予的劳动资料的那批僭取的权力（奴役）下解放出来的政治形式。正如国家机器与议会制度只是统治阶级进行统治的有组织的总机构，只是旧秩序在政治上的保障、形式和表现，而不是统治阶级的真正生命，公社也不是工人阶级的社会运动，从而也不是全人类复兴的运动，而只是有组织的行动手段。公社并不取消阶级斗争，工人阶级正是通过阶级斗争致力于消灭一切阶级，从而消灭一切阶级统治（因为公社并不代表一种特殊利益；它代表着'劳动'的解放，而劳动是个人生活和社会生活的基本的、自然的条件，唯有靠僭权、欺骗、权术才能被少数人从自己身上转嫁到多数人身上），但是，公社提供合理的环境，使阶级斗争能够以最合理、最人道的方式经历它的几个不同阶段。公社可能引起激烈的反动和同样激烈的革命。劳动的解放——公社的伟大目标——是这样开始实现的：一方面取缔国家寄生虫的非生产性活动和胡作非为，从根源上杜绝把巨量国民产品浪费于供养国家这个魔怪，另一方面，公社的工作人员执行实际的行政管理职务，不论是地方的还是全国的，只领取工人的工资"②。因此，已经实现了人民民主专政及其社会主义制度的条件下，政治已经不是原来意义上的政治形态，人们之间的政治关系也已经不是原来意义上的政治关系，而是被社会主义的政治关系所替代即表面上凌驾于社会之上的政治权力逐渐向社会本身的回归，已经向社会政治转变了。但是在中国，由于历史条件的原因，虽然毛泽东在1958年1月明确提出了社会化的社会政治思想，但未能完全真正地在实践中向政治关系社会化方向转变，刘德厚认为，"毛泽东在1958年1月明

①　《马克思恩格斯文集》第 2 卷，人民出版社 2009 年版，第 53 页。

②　同上书，第 197—198 页。

确提出了非阶级政治的思想……这些是至今见到的马克思主义文献中关于在社会的阶级完全消灭之后共产主义社会还会产生出新的政治关系最详尽、最明确、最彻底的阐述。这些非阶级性的政治，当然只能是社会化了的社会政治"①。在社会主义进入改革开放阶段以来，邓小平创造性地继承和发扬了毛泽东关于政治关系社会化的思想和论断，并把中国政治实践引向政治关系社会化发展方向，实现了政治关系的社会化。从政治实践发展的角度来看，改革开放以来的政治关系已经实现了政治关系的社会化。

政治关系社会化意味着政治关系向社会关系本真的回归，把人的政治关系从国家权力关系或者阶级关系或者经济关系的状态下解放出来，将表面上凌驾于社会之上的政治权力逐渐回归于社会，不断地把人从不发达的经济状态下解放出来，摆脱物对人的统治，在社会关系领域逐渐实现全体社会成员的高度社会化和高度自治化。而政治关系的社会化集中体现在公民权利的拓展与保障，王俊拴教授认为，"保障和拓展公民权利是民生政治发展主题的价值追求"② 政治关系社会化转向意味着限权、法治和对公平正义的追求，构建法治社会、构建公民社会和公平正义的社会，"由此可见，从以往对政治解读的习惯性思维走向民生政治，就会使政治的民主、法治和公平正义的价值成为自然而然的追求"③。因此，政治关系社会化要求公民社会的成长及其实现，实现以公民权利为主要内容的政治即公民政治的成长及其实现，政治关系社会化要求政治转向对人的日常生活的关照。

其实，从民生问题生成的角度来看，民生问题就是生活问题，但是由于生产条件的限制和社会发展状态的影响，民生的生活属性被神化或被阶级化或被经济化或被政治化，民生问题的生活属性被人们所遗忘。我们不得不承认日常生活的政治化有利于日常生活秩序的正常发展，但是日常生活的过度政治化，也会带来一定的负面影响，"尽管由于日常生活的过度政治化而导致了社会灾难，但是，完全缺乏政治化的日常生活，完全被世

---

① 刘德厚：《广义政治论：政治关系社会化分析原理》，武汉大学出版社 2004 年版，第 69—70 页。

② 王俊拴：《从强国到民生：新世纪我国政治发展主题的确立及其意义》，《陕西师范大学学报》（哲学社会科学版）2012 年第 6 期。

③ 同上。

俗化的日常生活就是我们所需要的吗？我们应该享有的可能既不是过度政治化的日常生活，也不是彻底世俗化的日常生活，而是适度政治化的日常生活"①。因此，所谓的政治转向了对人的日常生活的关照主要是指涉及人们日常生活的民生问题从过度的经济化、政治化、宗教化、或者意识形态化的形态向民生问题的日常生活属性的转向，促使民生问题的生活属性从众多繁杂的形态下解放出来，使人们的日常生活世界和关系还给生活世界，而不是被异化。

政治转向了对人的日常生活的关照是一个复杂的过程。在人类社会发展的历史长河中，在相当长的时间里，民生问题的生活属性都处于被异化状态之中。在原始社会，由于生产的极度不发达，人们衣食住行等过程披上了宗教色彩的外衣，一方面反映了人们对自然界的敬畏，一方面反映了人们对民生解决的渴望，在生产极度不发达的状态下，民生问题的宗教化有其合理的一面。随着生产的进一步发展，人们的生活逐渐得到改善，但是由于私有制的出现、阶级及其国家的出现，人们的日常生活被阶级化所代替，此时的民生问题不仅没有消弱宗教的色彩，反而受到了宗教和阶级的双重压迫，因此，在统治阶级占统治地位的社会里，人们的日常生活被宗教和阶级所异化，人们的民生问题更为严重地被异化。在资本主义社会，特别是进入工业社会以来，人们的日常生活被工业文明所异化，人们曾一度认为工业文明给人类社会发展带来了巨大的进步，但是随着工业的发展，人们被资本所异化，人性被资本所侵蚀，人们的劳动成为一种异化劳动，人们衣食住行等过程也被异化，而这种异化导致人们衣食住行等过程形成了一种手段、一种被资本奴役的过程，使人变成单向度的人。随着生产的发展，人们日常生活中的异化现象有所改变。在西方发达国家，人们逐渐开始对日常生活有所关注，比如逐渐反思工业文明的后果，出现了所谓的后工业、生活政治、消费社会等词及其运动，逐渐把生活世界的民生问题回归给社会，把人的生活世界向人的生活世界逐渐回归。

在我国，社会主义形态的实践从根本上改变了以往的生活状态，使民生问题的生活属性从根本上实现了质的改变，但是由于生产的发展、国际

---

① 赵司空：《对新中国前三十年日常生活政治化的思考——兼谈马克思主义中国化与大众化》，《马克思主义研究》2010 年第 10 期。

国内形势的影响，在相当长的时间里人们的日常生活被过度政治化，集中表现为人们的日常生活中的民生问题上升为政治任务，人们的日常生活成为政治的附属物。随着改革开放向经济发展重心的转移，改善了过度政治化的弊端，实现了政治关系社会化转向，但是经过改革开放的实践，人们又发现在经济发展的基础上，人们的日常生活又陷入了另一个弊端即日常生活的经济化，集中体现在人们的日常生活被金钱所腐蚀和异化，把人们的生活世界还给人们的生活世界的任务并未真正完全地完成。新世纪以来，党中央提出了全面保障和改善民生的执政理念和执政方针，从此把人们的生活世界还给人们自己，促使民生问题的生活属性从众多繁杂的形态下解放出来，使人们的日常生活世界和关系还给生活世界，而不是被异化。王俊拴教授认为，"解决民众生活的基本问题是民生政治发展主题的指向"①。因此，科学发展观的提出与实践，中国政治转向了对人的日常生活的关照。

政治转向了对人的日常生活的关照意味着政治生活本真的回归。从广义政治的角度来看，"政治的本质是关于人的生存利益关系的调控，是人的个性与社会性整合的必然结果"②。而人的生存利益同每个人具有紧密相关性，同人的生活具有紧密联系，因此，作为观念的政治形态或者被意识到了的政治意识在本质上来说是生活性的；从民生政治作为一种被意识到了的政治形态的角度来看，民生政治具有生活性。这是因为，被人们意识到了的政治形态在本质上是现实生活过程在意识形态中的反映，正如物体在视网膜上的倒影是直接从人们生活的生理过程中产生的一样，因此，被意识到了的政治形态从本质上来说是生活性的。王俊拴教授认为，"长期以来我们一直认为政治只与国家权力相关联，它是围绕国家权力的取得、分配、运用和维护而形成的政治制度、政治主体、政治关系及其文化与行为的总和。对政治的这一理解没什么错，揭示了其实质之所在。但是，这一理解毕竟过于狭窄。将政治等同于国家权力，使其始终被限制在'权力政治'的范围，这在实践中带来了一系列的问题，如易于使人把政治等同于权力之争，将其庸俗化；或者看成是精英的事情而与民众的日常

---

① 王俊拴：《从强国到民生：新世纪我国政治发展主题的确立及其意义》，《陕西师范大学学报》（哲学社会科学版）2012 年第 6 期。

② 刘德厚：《广义政治论：政治关系社会化分析原理》，武汉大学出版社 2004 年版，第9 页。

生活无关，以至于把政治神秘化；或者认为政治仅仅是一部分人对另一部分人的统治与支配，等等。因此，作为观念的政治和实践的政治都必须从狭隘的'权力政治'中摆脱出来，走向生活政治或民生政治"①。因此，民生政治的实践意味着政治生活向生活本真的回归。"对于普通民众而言，当政治发展主题体现在教育、就业、收入分配、医疗卫生、社会保障、住房安居、公共安全和环境保护等民生问题的方方面面时，民众就会认为政治是关于自己衣食住行和喜怒哀乐的事情，既不神秘，也不是没有感情；政治是可感知、可操作和可把握的事情，是民众的生活实践。"②因此，政治转向了对人的日常生活关照意味着此时的政治已经不是不可触摸的、不可感知的实践，而是活生生的现实生活，实现了政治生活向生活本真的回归。

　　政治转向了对人的日常生活的关照意味着人们衣食住行等现实生活问题已经不是简单的生活问题，要求人们在政治实践过程中树立以下观念：其一是生活中的每一件事情都是涉及政治合法性的根本问题，特别是人民群众的衣食住行等问题，改变了以往对人们的生活问题不是政治问题的看法。在民生政治形态下，人们的衣食住行等问题是关系到政治合法性的带有根本性的问题，促使人们在寻求政治合法性中带有根本性的如政治制度、国家权力因素的同时，必然将人民群众的衣食住行等问题纳入政治合法性的范畴，拓宽了政治合法性的范畴。其二是政治是关系到每个人的生存利益的问题，政治已经不是少数人的问题，促使每个人都关心政治，参与政治，体现了民主政治的基本要求，因此，在民生政治形态下，有利于民主政治的发展，有利于实现每个公民的政治利益，使民主政治向更加健康方向发展。最后是促使精英政治走向民众、走向生活。从历史纵向来看，以往的政治形态除了原始社会条件下的政治形态都是少数人的政治，或者是精英政治形态，把少数人或者精英神秘化，促使政治呈现出远离生活的状态，但是随着民生政治的实践，少数人或者精英的政治逐渐生活化，政治家或者政治人物已经不那么神秘，而是呈现出了生活性的特征。因此，在民生政治形态下，少数人的或者精英的政治呈现出了生活性的一

---

① 王俊拴：《从强国到民生：新世纪我国政治发展主题的确立及其意义》，《陕西师范大学学报》（哲学社会科学版）2012 年第 6 期。

② 同上。

面，即政治人物或者政治家都是活生生的有血有肉的平凡的个人，而不是圣人。

三　发展成果由人民共享

王伟光认为，"目前贫富差距已经出现明显加大的趋势，各地群体性事件的发生从根源上来说与之有关。世界各地出现的动荡，实际上也是因为贫富悬殊、两极分化所致。解决好共同富裕的问题，就是解决中国特色社会主义发展的中心问题，解决好这个问题有助于巩固和发展党的领导和社会主义制度。要利用各种手段、各种方案、各种方法解决好分配问题，坚定不移地走共同富裕之路，这是推进中国特色社会主义发展的重大战略抉择"[①]。而共同富裕是马克思主义基本原理的体现，是社会主义的重要本质所在，是区别于资本主义社会的重要特征，因此，中国政治转向了发展成果由人民共享。从中国现实状况来看，富裕中国贫富差距过大问题的存在是不争的事实，因而共同富裕是构建民生政治的题中应有之义，"虽然中国改革开放 30 多年来已经成为世界上经济发展最快的国家，但中国也是世界上贫富差距扩大速度最快的国家和贫富差距最大的国家之一，这已经成为越来越多的人的共识，也成为许多突发性事件、群体性事件等社会问题爆发的根源。而这些问题如果不能尽快地、很好地加以解决，将对我们中国共产党的执政能力、执政地位提出严峻挑战，而共同富裕则是一把解决好诸多社会问题的金钥匙，也是从源头上巩固执政地位、提高执政能力的治本之策"[②]。简单来说，共同富裕就是人们在物质财富上实现公平、正义的过程，因此，共同富裕作为民生政治意味着解放和发展生产力，不断地把人从不发达的生产状态下解放出来；意味着不断地把人从异化劳动状态下解放出来，实现人的自由劳动的过程；意味着人们在生产劳动过程中不断地实现公平、正义的过程。共同富裕集中体现在一定的生产发展条件下不断实现公平、正义的过程，具体而言就是物质财富分配的公平和正义、物质财富生产过程的公平和正义及其在文化享有上的公平、正义。根据唯物主义观点，直接生活的生产和再生产是历史中的决定因素，

---

①　王伟光：《走共同富裕之路是发展中国特色社会主义的战略选择》，《红旗文稿》2012 年第 1 期。

②　朱继东：《中国为何要坚定不移地走共同富裕道路》，《马克思主义研究》2012 年第 2 期。

而物质财富作为生产领域的直接体现，直接体现了历史中的决定因素即直接生活的生产和再生产过程，因此，民生政治的构建必然回到生产发展领域，人们的物质生产活动决定了以人为本、政治生活化、政治关系社会化的程度和质量。现阶段民生政治构建的实现程度和质量在很大程度上取决于共同富裕的程度和质量，而且是带有根本性的、全局性的因素。

共同富裕是马克思主义基本原理的体现，是社会主义本质所在。从历史唯物主义基本原理出发，符合马克思主义基本原理，体现了马克思主义基本原理的要求。朱继东认为，"马克思、恩格斯首次将共同富裕理想建立在唯物史观的基础上，将其进一步升华，并努力通过现实论证使其由空想走向科学，为社会主义的实现和发展指明了前进的方向"①。因此共同富裕体现了马克思主义基本原理的要求，是马克思主义基本原理的内在要求。同时，社会主义的本质是解放和发展生产力，消灭剥削，消除两极分化，最终达到共同富裕，而共同富裕是社会主义与资本主义区别的重要特点，王伟光认为，"共同富裕是社会主义的重要本质，是社会主义与资本主义的不同特点，是社会主义制度不能动摇的基本原则"②。因此，共同富裕是社会主义本质的体现。现阶段，共同富裕意味着三个层面的含义：其一，共同富裕并不意味着均富，现阶段民生政治追求共同富裕需要同均富区别开来。其二共同富裕意味着对物质财富的占有和精神文化的享有是公平的、正义的、平等的。其三共同富裕意味着人们的劳动是自由劳动，而不是异化劳动。因此，在现阶段将共同富裕规定为民生政治的内在规定意味着：其一，不断地解放和发展生产力，不断地把人从不发达的生产状态下解放出来。不断地解放和发展生产力，不断地把人从不发达的生产状态下解放出来是共同富裕这一民生政治的理论旨趣之一。其二，共同富裕是在公平正义基础上的共同富裕，解放和发展生产力过程始终以公平正义贯穿于其中。胡锦涛在中国共产党第十八次全国代表大会上的报告中指出："必须坚持维护社会公平正义。公平正义是中国特色社会主义的内在要求。要在全体人民共同奋斗、经济社会发展的基础上，加紧建设对保障

---

① 朱继东：《中国为何要坚定不移地走共同富裕道路》，《马克思主义研究》2012 年第 2 期。

② 王伟光：《走共同富裕之路是发展中国特色社会主义的战略选择》，《红旗文稿》2012 年第 1 期。

社会公平正义具有重大作用的制度，逐步建立以权利公平、机会公平、规则公平为主要内容的社会公平保障体系，努力营造公平的社会环境，保证人民平等参与、平等发展权利。必须坚持走共同富裕道路。共同富裕是中国特色社会主义的根本原则。要坚持社会主义基本经济制度和分配制度，调整国民收入分配格局，加大再分配调节力度，着力解决收入分配差距较大问题，使发展成果更多更公平惠及全体人民，朝着共同富裕方向稳步前进。"① 共同富裕意味着生产的发展是公平正义的发展，因此，在现阶段，共同富裕意味着在解放和发展生产力的过程中体现公平正义。公平正义是共同富裕的内在要求和具体体现。

无论从马克思主义基本原理的要求，还是从社会主义的本质要求来看，共同富裕都是当代中国政治发展的内在诉求，但是中国在走向富裕过程中产生了贫富差距过大的问题，对社会公平正义的缺失。胡锦涛指出："进入新世纪新阶段，我国发展呈现一系列新的阶段性特征，主要是：经济实力显著增强，同时生产力水平总体上还不高，自主创新能力还不强，长期形成的结构性矛盾和粗放型增长方式尚未根本改变；社会主义市场经济体制初步建立，同时影响发展的体制机制障碍依然存在，改革攻坚面临深层次矛盾和问题；人民生活总体上达到小康水平，同时收入分配差距拉大趋势还未根本扭转，城乡贫困人口和低收入人口还有相当数量，统筹兼顾各方面利益难度加大；协调发展取得显著成绩，同时农业基础薄弱、农村发展滞后的局面尚未改变，缩小城乡、区域发展差距和促进经济社会协调发展任务艰巨；社会主义民主政治不断发展、依法治国基本方略扎实贯彻，同时民主法制建设与扩大人民民主和经济社会发展的要求还不完全适应，政治体制改革需要继续深化……社会活力显著增强，同时社会结构、社会组织形式、社会利益格局发生深刻变化，社会建设和管理面临诸多新课题。"② 面对新世纪新阶段贫富差距过大和社会公平正义的缺失，胡锦涛在党的十七大报告中提出"要始终把实现好、维护好、发展好最广大人民的根本利益作为党和国家一切工作的出发点和落脚点，尊重人民主体地位，发挥人民首创精神，保障人民各项权益，走共同富裕道路，促进人

① 胡锦涛：《胡锦涛在中国共产党第十八次全国代表大会上的报告》，2012 年 11 月，人民网（http://cpc.people.com.cn/n/2012/1118/c64094-19612151-2.html）。

② 胡锦涛：《高举中国特色社会主义伟大旗帜，为夺取全面建设小康社会新胜利而奋斗——在中国共产党第十七次全国代表大会上的报告》，《求是》2007 年第 21 期。

的全面发展，做到发展为了人民、发展依靠人民、发展成果由人民共享"①。从此中国政治转向了发展成果由人民共享的时代。发展成果由人民共享就是人民公平正义地享有政治权利、经济权利、生存权利、发展权利、公平正义地享有宪法赋予的一切权利，简单来说就是无论是来自平民家庭还是富有家庭，无论是来自五湖四海的中国人，无论是来自哪个民族的中国公民，无论是来自哪个阶层的中国公民在就业、教育、住房、医疗、安全、环境、食品等方面都享有公平正义的权利、享有公平正义的机会、享有公平正义的竞争规则，总之，发展成果共同享有就是公平正义地享有宪法赋予的权利，公平正义地享有经济的、政治的、文化的、艺术的、社会的等成果。

中国政治转向发展成果由人民共同享有，在政治上意味着公平正义地享有升迁的机会、公平正义地享有宪法赋予的一切权利、政治游戏规则的公平正义、享有公平正义的政治机会，总之，发展成果由人民共享在政治上体现为政治的公平正义；在经济上意味着每个人都有公平正义地致富的机会、利益分配的公平正义、利益格局的公平正义、经济过程和经济结果的公平正义，总之，发展成果由人民共享意味着在经济上体现为整个经济过程是公平正义的；在教育和就业上，发展成果由人民共同享有意味着每个人都公平正义地享有教育资源、教育机会，在就业过程和结果中每个人都享有公平正义的就业机会、升迁机会等。总之，发展成果人民共享的转向意味着公平正义是当下乃至将来社会发展的主题，并进一步深化到社会的每一个角落，深入到每一个人的内心深处，确实构建公平正义的社会，使整个社会形成和谐发展的局面。

第二节　民生政治在中国梦语境下的全面发展

在现代话语体系中，民生改善是个系统工程，简单来说，民生涉及的是人自身的生存环境、发展环境和生活状态等基本问题，改善民生意味着改善人自身生存、发展和生活的国家环境、民族环境、人民环境、家庭环

①　胡锦涛：《高举中国特色社会主义伟大旗帜，为夺取全面建设小康社会新胜利而奋斗——在中国共产党第十七次全国代表大会上的报告》，《求是》2007年第21期。

境和个人环境等的问题，因此，民生政治应该包含更为广阔的外延，从国家层面、民族层面、人民层面、家庭层面、个人层面来探索民生政治是题中之意，也应该全方位的考察民生政治的实现问题。党的十八大以来，以习近平为总书记的党中央领导集体承载一代代中国人梦想，开启了实现伟大中国梦的历史征程，从中国梦的高度来审视人类社会的民生理想问题，全方位地回应了人对改善人自身的生存环境、发展环境和生活状态的诉求，从国家层面、民族层面、人民层面、家庭层面和个人层面全面阐述了中国梦语境下的民生梦，全面开启了新的民生政治时代。习近平指出："现在，大家都在讨论中国梦，我以为，实现中华民族伟大复兴，就是中华民族近代以来最伟大的梦想。这个梦想，凝聚了几代中国人的夙愿，体现了中华民族和中国人民的整体利益，是每一个中华儿女的共同期盼。"[1]中国梦的实践，全面发展了民生政治境界，民生政治的实现指向了国家、民族、人民、家庭、个人四个层面的诉求，开启了民生政治全面发展新时代。

一　对国家富强的追求

作为改善人自身的生存环境、发展环境和生活状态的民生政治，在国家作为一种常态的情况下，对国家有着什么样的追求和诉求是民生政治应该思考的范畴。党的十八大以来，以习近平为总书记的党中央领导集体全面阐述了中国梦，从历史的高度阐述了对国家富强的追求是近代以来中国人的梦想，至此，改善中国人自身的生存、发展和生活状态的国家环境逻辑便清晰起来，为改善中国人自身的国家环境提出了新的要求和高度，开拓了民生政治的视野，因此，对国家富强的追求应该是民生政治的题中之意，离开国家层面思考民生政治是不完善的。

国家不是从来就有的，而是人类社会发展到一定阶段的产物，国家的产生表明这个社会陷入了一种不可调和的矛盾状态，人们为了解决这种不可调和的矛盾，国家便出现。国家从本质上来说是阶级矛盾不可调和的产物，国家的本质是哪个阶级占统治地位的问题，因此，国家的本质是阶级问题，但是，国家作为一种社会存在，国家的产生意味着人们已经过上了有国家的生活，从国家的高度来治理本国事物

---

① 习近平：《习近平谈治国理政》，外文出版社 2014 年版，第 36 页。

和以国家来区分不同人群的身份和信仰等成为一种普遍的心理，直至今天，人们依然在以国家来区分不同的人群，国家是当代社会的人群相互交流交往的一张名片，在现代社会，以国家姿态在全世界交流和生活成为一种常态，因此，国家是现代人生存和发展的大环境，是人们生活的一种常态，从国家高度来概括国家整体的梦想是一种必须，国家好、民族好、个人才能好是人类共同的记忆和认识，但是，在整个国家发展历程中，不同国家的人们对国家生活有着不同的记忆，也就有了不同的国家诉求。环视当今世界各国，每个国家的人们对其生活的国度有着不同的诉求，美国有美国自己的美国梦、俄罗斯有着俄罗斯自己的国家梦，中国有着中国自己的梦想，对中国而言，国家富强就是近代以来中国人的共同梦想。

近代以来，中国这个古老的国家深受帝国主义、封建主义的压迫，外有来自西方列强的欺负，内则是没落的封建统治，此时的中国面临着亡国的危险，面对积贫积弱的中国，国家富强成为中国人的梦想，涌现出了为国家富强的梦想而奋斗的浪潮，涌现了以封建开明地主为代表的洋务运动、以农民阶级为代表太平天国运动、以资产阶级改良派为代表的维新变法、以资产阶级革命派为代表的辛亥革命，但都以失败而告终，国家富强的梦想并没能实现。十月革命的成功给中国带来了马克思主义，从此中国的面貌出现了崭新的局面，毛泽东认为"帝国主义的侵略打破了中国人学西方的迷梦。很奇怪，为什么先生老是侵略学生呢？中国人向西方学得很不少，但是行不通，理想总是不能实现。多次奋斗，包括辛亥革命那样全国规模的运动，都失败了。国家的情况一天一天坏，环境迫使人们活不下去。怀疑产生了，增长了，发展了。第一次世界大战震动了全世界。俄国人举行了十月革命，创立了世界上第一个社会主义国家。过去蕴藏在地下为外国人所看不见的伟大的俄国无产阶级和劳动人民的革命精力，在列宁、斯大林领导之下，像火山一样突然爆发出来了，中国人和全人类对俄国人都另眼相看了。这时，也只是在这时，中国人从思想到生活，才出现了一个崭新的时期。中国人找到了马克思列宁主义这个放之四海而皆准的普遍真理，中国的面目就起了变化了"[①]。十月革命的成功和马克思主义在中国的传播与运用，为国家富强梦想的实现找到了正确的道路，得出的

---

① 《毛泽东选集》第 4 卷，人民出版社 1991 年版，第 1470 页。

结论就是走俄国人的路。一代代中国共产党人为实现国家富强的梦想进行了不息的奋斗，从而找到了正确的道路。党的十八以来，以习近平为总书记的党中央领导集体承载国家富强的梦想，在新的历史起点上开启了新的征程。

人民对国家富强梦想的期盼意味着，中国人对近代以来中国历史的深刻记忆，意味着对国家富强的强烈愿望，意味着人们对国家富强的深刻认识和共同记忆。人民对国家富强的追求表明人民对只有国家好人民才能好的共识。

二 对民族振兴的向往

在当代社会，民族与国家是相伴生的两个概念，民族作为一种人们生存的状态和生活的方式是常态，民族环境如何和民族自身的发展状态如何是人自身改善生存环境、发展环境和生活状态的题中之意，因此，在民族国家，民族环境和民族自身发展状态是民生政治思考的题中之意。党的十八大以来，以习近平为总书记的党中央领导集体开拓了民生政治的视野。习近平指出："在五千多年的文明发展历程中，中华民族为人类文明进步作出了不可磨灭的贡献。近代以后，我们的民族历经磨难，中华民族到了最危险的时候。自那时以来，为实现中华民族伟大复兴，无数仁人志士奋起抗争，但一次又一次地失败了。中国共产党成立以后，团结带领人民前仆后继、顽强奋斗，把贫穷落后的旧中国变成日益走向繁荣富强的新中国，中华民族伟大复兴展现出前所未有的光明前景。"[1] 中华民族伟大复兴承载着一代代中华民族的梦想，承载着每一个中华儿女的期盼和向往，对中华民族伟大复兴的向往反映了中国人改善自身的生存环境、发展环境和生活状态的诉求。

首先，民族振兴是中华民族的伟大复兴，是整个中华民族的振兴。简单来说，中华民族就是生活在中国境内的 56 个民族的集成体，中华民族是一个大家庭，生活在其中的各族是这个大家庭中的一员，而中华民族的根本特点是你中有我、我中有你的多元一体，其形成过程是一个长期的历史过程。马克思主义者认为，民族不是从来就有的，而是人类社会发展到一定阶段的产物。在中国，可以考察的人类生活的痕迹主要是元谋人、北

---

[1] 习近平：《习近平谈治国理政》，外文出版社 2014 年版，第 4 页。

京人等，但在那个时代并未形成民族形态，而是零星的人类活动。随着人类生产的发展和交往的频繁，中国境内的人类活动逐渐扩展开来，形成了你中有我、我中有你的特点，在此基础上逐渐形成了民族形态，从这个意义上来说，民族形成过程本身就是一个你中有我、我中有你的形成过程。随着民族形态的逐渐形成，构成民族成分的因子变得更加复杂、更加多元，此时的民族已经不是单纯的原来意义上的人们共同体，而是人们长期交往发展中融入了你我因子的结晶，正是从这个意义上来说，一部中华民族史是你中有我、我中有你、彼此相互不分离的历史过程，一部中国历史就是生活在中国大地的各族人民群众共同创造的历史，一部中国文明史是生活在中国大地的人们努力奋斗的结晶，"中华民族是中华民族作为一个自觉的民族实体，是近百年来中国和西方列强对抗中出现的，但作为一个自在的民族实体则是几千年的历史过程所形成的。我这篇论文将回溯中华民族多元一体格局的形成过程。它的主流是由许许多多分散存在的民族单位，经过接触、混杂、联结和融合，同时也有分裂和消亡，形成一个你来我去、我来你去、我中有你、你中有我，而又各具个性的多元统一体"①。因此，中华民族是一个整体，民族振兴是中华民族这个共同体的共同振兴。

其次，全面小康，一个民族都不能少。中国梦的实现是中国境内各民族共同的伟大事业，离开了少数民族的发展和少数民族中国梦的缺失不是中国梦的完整含义，因此，在中国梦语境下，离开了各少数民族的中国梦是不完整的，一个民族都不能少。习近平在会见贡山独龙族怒族自治县干部群众代表时指出"全面实现小康，一个民族都不能少"②。并对加强少数民族地区的扶贫攻坚计划提出了新的更为实际的要求，指出"要看真贫、扶真贫、真扶贫，少搞一些盆景，多搞一些惠及广大贫困人口的实事"③。对新形势下的扶贫攻坚战作出了明确的指示。同时，习近平总书记对民族工作作了指示，指出"民族团结是我国各族人民的生命线，要

---

① 费孝通：《中华民族的多元一体格局》，《北京大学学报》（哲学社会科学版）1989 年第 4 期。

② 《习近平总书记会见贡山独龙族怒族自治县干部群众代表侧记》，2015 年 1 月，新华网（http：//news. xinhuanet. com/politics/2015 – 01/22/c_ 1114097410. htm）。

③ 《习近平参加广西代表团审议》，2015 年 3 月，新华网（http：//news. xinhuanet. com/politics/2015 – 03/08/c_ 1114560777. htm）。

坚持和完善民族区域自治制度，坚定不移执行党的民族政策，广泛开展民族团结教育，注重把建设各民族共有精神家园作为战略任务来抓，使各民族人心归聚、精神相依"①。

三　对人民幸福的期盼

群体生活是人的一种生活状态，离开人民的生活状态不符合人的本性，因此，民生政治指向人民群体的生活状态是题中之意，对人民幸福生活的期盼是人改善自身的生存环境、发展环境和生活状态的范畴。党的十八大以来，以习近平为总书记的党中央领导集体回应人民的期盼，促使民生政治的构建拥有了更为广阔的空间。习近平在十八届中央政治局常委同中外记者见面时的讲话中指出："我们的人民是伟大的人民。在漫长的历史进程中，中国人民依靠自己的勤劳、勇敢、智慧，开创了各民族和睦共处的美好家园，培育了历久弥新的优秀文化。我们的人民热爱生活，期盼有更好的教育、更稳定的工作、更满意的收入、更可靠的社会保障、更高水平的医疗卫生服务、更舒适的居住条件、更优美的环境，期盼孩子们能成长得更好、工作得更好、生活得更好。人民对美好生活的向往，就是我们的奋斗目标。"② 人民对幸福生活向往的回应，开拓了民生政治的新境界。"中国梦归根到底是人民的梦。人民是中国梦的主体，是中国梦的创造者和享有者。中国梦必须紧紧依靠人民来实现，必须不断为人民造福。我们的人民是伟大的人民，中国人民素来有着深沉厚重的精神追求，即使近代以来饱尝屈辱和磨难，也没有自弃沉沦，而是始终怀揣梦想，向往光明的未来。实现中华民族伟大复兴，不是哪一个人、哪一部分人的梦想，而是全体中国人民共同的追求；中国梦的实现，不是成就哪一个人、哪一部分人，而将造福全体人民。因此，中国梦的深厚源泉在于人民，中国梦的根本归宿也在于人民。"③人民对幸福生活的向往是全体人民的共同梦想，而不是少数的利益集团或是少数阶层的梦想，因此，对人民幸福生活的向往是人民这个整体的

---

① 习近平：《坚决打好扶贫开发攻坚战加快民族地区经济社会发展》，新华网，2015 年 1 月 21 日。

② 习近平：《习近平谈治国理政》，外文出版社 2014 年版，第 4 页。

③ 中共中央宣传部：《习近平总书记系列重要讲话读本》，人民出版社 2014 年版，第 67 页。

愿望，而不是少数人。

对人民幸福生活的向往需要两个文明共同建设。对幸福生活的向往是人类产生以来的梦想，人民也为幸福生活梦想的实现作出了奋斗，但是，由于生产力的限制和剥削阶级的异化，人民对美好生活的向往长期得不到解决，近代以来，中国人民生活在水深火热之中，对幸福生活的向往显得更为迫切。中国共产党的诞生和马克思主义的传播，人民对幸福生活的向往成为科学和现实。在中国共产党的领导下，中国人民取得了巨大的成就，既有物质文明的成就，也有精神文明的成就，但是，随着两个文明的进一步发展，人民对幸福的追求更为完善，人们对幸福生活的向往有了更为丰富的内涵，即在物质生活得到改善的基础上，人们对精神生活的向往有了更多的诉求，幸福不仅体现在物质基础上，还要体现在精神层面上，因此，在当代，人民对幸福生活的向往是两个层面的向往，回应人民对幸福生活的向往需要包含这两个层面的内容，一手抓物质文明建设，一手抓精神文明建设。党的十八大以来，以习近平为总书记的党中央领导集体重视两个文明建设，在多次场合谈到两个文明建设问题，并在会见第四届全国文明城市、文明村镇、文明单位和未成年人思想道德建设工作先进代表时强调"人民有信仰，民族有希望，国家有力量。实现中华民族伟大复兴的中国梦，物质财富要极大丰富，精神财富也要极大丰富。我们要继续锲而不舍、一以贯之抓好社会主义精神文明建设，为全国各族人民不断前进提供坚强的思想保证、强大的精神力量、丰润的道德滋养"[①]。因此，以习近平为总书记的党中央领导集体从两个文明建设入手，全面阐述了人民对幸福生活向往的新内涵新要求，开拓了民生政治新境界。

四　重视家庭美德

家庭是一个社会的细胞，家庭生活状态如何不仅反应了社会生活状态，而且更为重要的是家庭承担着培养和教育下一代的重要使命和责任，家庭乱则社会乱，家庭和谐则万事兴，家庭和谐则社会和谐，家庭在社会、民族、国家中占有重要地位，应该重视家庭建设。习近

---

① 习近平：《人民有信仰民族有希望国家有力量》，2015 年 2 月，新华网（http：//news. xinhuanet. com/politics/2015 – 02/28/c_ 1114474084. htm）。

平在《在 2015 年春节团拜会上的讲话》中指出："家庭是社会的基本细胞，是人生的第一所学校。不论时代发生多大变化，不论生活格局发生多大变化，我们都要重视家庭建设，注重家庭、注重家教、注重家风，紧密结合培育和弘扬社会主义核心价值观，发扬光大中华民族传统家庭美德，促进家庭和睦，促进亲人相亲相爱，促进下一代健康成长，促进老年人老有所养，使千千万万个家庭成为国家发展、民族进步、社会和谐的重要基点。"① 家庭美德的建设是中国梦语境下民生政治建设的基础，也是民生政治的题中之意，如果家庭美德的建设问题长期得不到解决，那么民生政治建设的根基就不稳，家庭是民生政治建设的基础。

家庭是人类社会发展进程中的一个重要发明，是推动人类发展的基本元素。在古代社会，人类首先过的是群居生活，但是人们在群居生活中发现由于群居生活的混乱，导致了人口质量的低下，人们为了解决人口质量的问题，家庭便随之出现，家庭的产生首先表明的是人类对人口质量的要求。随着生产的发展和人类自我意识的提高，以家庭来维护自我意识和提高生产能力成为可能。因此，家庭的产生首先表明的是对遗传的保护，其次才是自我意识和生产的保护。马克思主义者历来重视家庭问题，马克思主义创始人恩格斯写出了《家庭、私有制和国家的起源》一书，详细考察了人类社会的家庭发展史，以历史唯物主义者的角度回答了家庭发展史和家庭问题。同时，马克思恩格斯在不同阶段不同时期对共妻问题的责难者作出了明确的回应，指出了共产主义社会的家庭结构原则。

纵观人类社会的历史，无论是西方还是东方都有着重视家庭的传统。在西方社会，注重家庭美德是主流，但是在西方家庭发展史上，曾经出现过性解放潮流，性解放带来的一个后果是性病的泛滥，导致人口质量的下降和生育能力的下降。在中国，中华民族有着重视家庭的优良传统和美德，创造了优秀家庭文化，其中家和万事兴、尊老爱幼等都是大家熟知的传统美德。儒家在中国历史上也创造了脍炙人口的名言，比如修身、齐家、治国、平天下的观念，在今天看来，如果一个人的修为和家庭不齐，

---

① 习近平：《在 2015 年春节团拜会上的讲话》，2015 年 2 月，新华网（http：//news. xinhuanet. com/politics/2015－02/17/c_ 1114401712. htm）。

那么何谈治国平天下？

在当代，重视家庭美德的建设有着重要意义。第一，防止性泛滥，提高人口遗传质量。在当代社会，性病，尤其是艾滋病困扰着当代人，而性病的传播主要是通过性途径来传播，对家庭建设关注的缺失导致的是性生活对象的泛滥，不仅造成经济负担，而且严重影响人口质量。第二，家庭生活的缺失导致青少年成长的烦恼，促使青少年心理不健康和性生活的泛滥，从遗传学角度来说，一旦青少年性生活泛滥的话，特别是女孩了过早性生活泛滥的话，会严重影响后代的质量，应该引起足够的重视。而家庭是青少年成长的港湾，因此，全社会都应该共同来建设家庭生活，特别是成年人应该做好家庭生活的美好榜样，给后代一个健康美好的家庭生活。第三，家庭是一个人成长成才的基础，如果一个人的家庭是不完美的，那么可以说在当代社会结构条件下，牵一发而动全身，一个人的家庭美德的缺失，则会导致丈夫或者妻子对生活信心的下降，并进一步影响妻子或丈夫的工作热情，影响到夫家和妻家两个家庭的生活。因此，一个人能为工作作出多大的贡献，看一个人的家庭生活就可以了，如果一个家庭的夫妻生活和家庭生活不和谐，则意味着家庭的垮台，意味着男主人和女主人对工作热情的消失，何来事业和家庭，何来小孩的教育，何来小孩的健康成长？

五　共享人生出彩机会

社会是由一个个个体的人组成的社会，离开了个人的社会是不存在的，梦想的实现需要每个人来共同努力，共享人生出彩机会，共同创造美好的东西。"中国梦是民族的梦，也是每个中国人的梦。只要我们紧密团结，万众一心，为实现共同梦想而奋斗，实现梦想的力量就无比强大，我们每个人为实现自己梦想的努力就拥有广阔的空间。生活在我们伟大祖国和伟大时代的中国人民，共同享有人生出彩的机会，共同享有梦想成真的机会，共同享有同祖国和时代一起成长与进步的机会。有梦想，有机会，有奋斗，一切美好的东西都能够创造出来。"[1] 习近平在同各界优秀青年代表座谈时的讲话中明确指出："中国梦是国家的、民族的，也是每一个中国人的。国家好、民族好，大家才会好。只有每个

---

① 习近平：《习近平谈治国理政》，人民出版社 2014 年版，第 40 页。

人都为美好的梦想而奋斗，才能汇聚起实现中国梦的磅礴力量。中国梦是我们的，更是你们青年一代的。中华民族伟大复兴终将在广大青年的接力奋斗中变为现实。"① 共享人生出彩机会，共享梦想成真的机会，共享同祖国和时代一起成长与进步的机会，三个共享开拓了民生政治的新内涵，指向了对个人自身的生存环境、发展环境和生活状态改善的新诉求。

改革开放以来，人民群众对不公问题反应越来越强烈，共同享有人生机会遇到了桎梏，制约了梦想追求的动力。习近平在《切实把思想统一到党的十八届三中全会精神上来》的讲话中指出："改革开放以来，我国经济社会发展取得巨大成就，为促进社会公平正义提供了坚实物质基础和有利条件。同时，在我国现有发展水平上，社会还存在大量有违公平正义的现象。特别是随着我国经济社会发展水平和人民生活水平不断提高，人民群众的公平意识、民主意识、权利意识不断增强，对社会不公问题反应越来越强烈……这次全会决定强调，全面深化改革必须以促进社会公平正义、增进人民福祉为出发点和落脚点。这是坚持我们党全心全意为人民服务根本宗旨的必然要求。全面深化改革必须着眼创造更加公平正义的社会环境，不断克服各种有违公平正义的现象，使发展成果更多更公平惠及全体人民。如果不能给老百姓带来实实在在的利益，如果不能创造更加公平的社会环境，甚至导致更多不公平，改革就失去意义，也不可能持续。"② 因此，公平正义成为共享人生出彩机会的诉求。

共享人生出彩机会并不意味绝对公平正义，不同的人对人生出彩机会有着不同的理解和认识，不同行业的人对人生出彩机会的诉求也有所不同，不同地域的人对人生出彩机会的诉求也有不同，不同阶层的人对人生出彩机会的理解和认识不完全等同，因此，共享人生出彩机会意味着有差别的公平正义，没有绝对的公平正义，绝对的公平正义将会导致的是另一个不公平正义，在讲公平正义的时候应该首先要明白这个道理，而不是一味地讲究绝对的公平正义。习近平指出："在不同发展水平上，在不同历史时期，不同思想认识的人，不同阶层的人，对社会公平正义的认识和诉

① 习近平：《习近平谈治国理政》，人民出版社 2014 年版，第 49 页。
② 同上书，第 96 页。

求也会不同。我们讲促进社会公平正义，就要从最广大人民根本利益出发，多从社会发展水平、从社会大局、从全体人民的角度看待和处理这个问题。"① 目前，人们普遍意识到了公平正义的重要性，但是人们在谈论公平正义、谈论共享人生出彩机会的时候，往往都是从自身的行业、自身的学历背景、自身的阶层利益诉求等的角度来谈论公平正义和共享人生出彩机会的问题，但是人们往往忽略了一个问题，在谋求自身的公平正义和人生出彩机会的同时，可能已经侵犯了另一部分人或群体的公平正义和人生出彩机会的共享。因此，在共享人生出彩机会的过程中，人们首先要转变观念，抱着一份包容、一份宽容和一份理解来认识公平正义和共享人生出彩机会问题，其次在处理问题时候从最广大人民的根本利益出发，多从社会发展水平、从社会大局、从全体人民的角度看待问题，最后是相关制度建设，切实构建一个公平正义的社会，共享人生出彩机会的社会，为中国梦的实现作出自己的努力。

第三节　民生的一般特性

民生同人类社会发展相伴随，因此，民生具有一般性的规定，而民生的这一一般性规定不随社会主体地位的变迁而变迁。一般而言，民生具有广义和狭义之分。广义的民生主要是指与民生相关的一切领域，狭义的民生主要包括人们衣食住行等。孙学玉等认为，"归纳起来，现代意义上的民生概念有广义和狭义之分。广义上的民生概念是指，凡是同民生有关的，包括直接相关和间接相关的事情都属于民生范围内的事情，几乎可以延伸到经济、社会、政治、文化等任一领域，无所不包，甚至还可以包括历史观方面的问题；狭义上的民生概念主要是指民众的基本生存和生活状态，以及民众的基本发展机会、基本发展能力、基本权益保护的状况等"②。基于本研究的需要，本书中所谓的民生是以狭义民生概念为基础，同时包括广义上的民生概念。从今天关于民生内涵的规定来看，人们首先进行的活动就是民生，然后才是在此基础上的其

---

① 习近平：《习近平谈治国理政》，人民出版社 2014 年版，第 96 页。

② 孙学玉等：《当代中国民生问题研究》，人民出版社 2010 年版，第 2 页。

他活动。在人类社会中，民生的一般特性集中体现在民生的经济特性、民生的政治特性、民生的文化特性、民生的社会特性，换句话说就是民生的生活特性。

一　民生的经济特性

人们总是以一定经济基础为存在条件，而这些同当时的生产相一致的经济条件构成了人类劳动的物质基础，简单来说，人类劳动总是以一定的物质基础为基本条件，而这些物质基础是人们劳动并且活着的条件，因此，以人们衣食住行为基本内容的民生具有经济的一般特性。在研究民生形态的过程中，不应该到人们的头脑中去寻找，而是应该到经济中去寻找。说民生的一般特性是经济，主要是用来说明人们在民生实践过程中所形成的经济关系，而经济关系的形成是不以人们的意志为转移，因此，从民生的经济特性过程中进一步说明了民生政治构建的历史必然及其本质要求。

首先，对民生的经济特性进行考察是马克思主义分析方法的规定。马克思在发现历史唯物主义过程中明确指出人们首先解决的是衣食住行的问题，而这些构成了民生的基本内容，但是马克思并不完全满足于此，并指出人们在满足这些需要的过程中必然形成这样那样的关系，首先是生产关系，形成了一定的经济形态。前文指出马克思主义经济分析方法是从经济角度来揭示人类社会发展的动因和基本规律，且所谓的经济关系本质上来说是人们在生产过程中形成的人与人之间的关系，民生的经济特性从本质上来说就是人们在衣食住行等行为过程中形成的生产关系在社会关系中的理论表现，因此，就民生本身来谈民生是不科学的，也不符合历史唯物主义原理，更为重要的是不符合民生实事。

其次，民生的经济特性表明在人类社会发展过程中，民生首先以经济形态呈现出来。人们衣食住行的行为过程本身就是生产过程，一方面是自身的生产过程即生存过程，另一方面是种的繁衍过程。因此，民生过程本身就是生产过程，而在这生产过程中，首先同生产相联系，因此，民生的一般特性首先以经济形态表现出来。纵观整个人类社会历史，无论是在人类历史的过去还是现在，民生的生产过程从未改变过，改变的只是表现方式而已。随着生产力的发展，人类社会的经济形态在整个人类社会进程中表现出了原始社会经济形态、奴隶社会经济形态、封建社会经济形态、资本主义经济形态和社会主义经济形态，虽然不同经济形态的表现形式不同，阶级及其阶层的地位不同，人们关于衣食住行的生产方式有所不同，但是人们仍然在进行着以衣食住行为内容的经济过程，因此，不管是处于什么样的经济形态下的民生，民生仍然保持着其经济性即保持着民生的生产过程本身。

最后，民生的经济特性并不意味着人们的经济关系永远不变，处于特定经济关系条件下人们之间的具体地位、生产关系不会变化。随着生产力的发展，人们在民生的生产过程中形成这样那样的关系会随着生产力的发展而相应地发生变化，人们关于衣食住行的获得方式也会相应地发生变化。一方面是人们关于衣食住行的具体内容发生变化，其主要对象是自然界，并进而对经济关系发生影响；另一方面是获得方式的变化，主要体现在人与人之间的经济关系和社会关系中，展现出了一幅复杂而精彩的画面。纵观整个人类社会历史，随着生产力的发展，人们关于衣食住行的获得方式总是处于不断的变化过程中。在阶级社会，人们关于衣食住行的获得方式总是以剥削和压迫的形式表现出来，但是社会主义的出现，从根本上改变了剥削和压迫的方式，实现了衣食住行获得方式的全民性，使民生的经济特性体现出了人民性。随着人们关于衣食住行获得方式全民性的深入，人们衣食住行的获得方式逐渐呈现出了人民内部在获得方式上的分化，集中体现为贫富差距过大即人们衣食住行的获得方式呈现出了人民内部对公平正义的缺失，因此，民生的一般特性是经济特性意味着民生首先以经济形态表现出来，其生产过程的实质在整个人类社会历史形态中从未改变过，但是随着生产力的发展，人们关于衣食住行的获得方式总是处于不断的变化过程中。

总之，民生具有经济特性，因此，民生的经济特性构成了民生的一般特性。从经济学角度来说，民生的经济特性就是人们在民生过程中形成的经济关系的总体体现。简单来说，民生的经济特性就是从民生的经济关系入手，研究的主要内容是由于民生问题而引起的经济关系过程，为对政治关系、社会关系等的说明奠定基础。

二　民生的政治特性

刘德厚认为，"有人和社会，就会有政治事实。阶级、国家是特殊社会历史条件下的特殊政治关系，它也要依存于社会关系而存在。阶级社会的政治关系是国家同社会关系的统一。在这种情况下，国家的政治关系与社会的政治关系既有对立、对抗的一面，又必然有统一性（同一性）的一面。所以，政治的广义性，必然存在于一切社会之中和与一切社会生活相关联"①。从广义政治论的角度出发，有人就有政治事实，正因为如此，人们衣食住行等行为的发生就同政治具有紧密联系，人们为了衣食住行等行为所形成的利益关系就构成了人们的政治关系。因此，民生在原始社会时期就已经是政治问题，民生具有政治的特性，而不是随着人类进入阶级社会以来才具有政治这一特性。刘德厚认为，"但摩尔根、恩格斯所持的观点则不同，他们在19世纪70年代提出：原始社会就有了自然形成的共同体权力，人类最早的社会民主制产生于母系氏族制度内部。我们根据已知的史实，完全可以确认，人类社会政治事实的发生，是同人在劳动生存中必然形成的社会关系直接相关联，它最初产生于以血缘为基础的母系氏族组织体制之内"②。因此，民生从原始社会以来就一直是政治问题，正是从这个意义上来说，民生具有政治特性。

民生的政治特性表明与人类的生存利益具有紧密联系，而这恰好是今天我们谈的民生主要关心的问题。从最为狭义的民生概念来看，民生就是人们的衣食住行，而衣食住行本身就是关于人们的生存利益问题。人们要生存首先表现的行为就是人们的衣食住行，无论在过去还是今天，人们最为关心的还是自己的衣食住行，为了满足人们的衣食住行必然形成这样那样的利益关系，而广义政治论对政治的界定就是从利益这一角度出发。因此，人们在满足衣食住行的行为过程中所形成的利益关系构成了政治的具体内容，不仅表明了民生的政治特性，同时还表明了民生的政治这一特性同人们的利益具有紧密联系。

民生的政治特性表明人是政治生活的主体，既不是神也不是其他。刘德厚认为，"人类社会的政治生活之所以发生，追根究底，是人的生存、发展的内在基本需求。历史唯物主义的人的劳动本性观告诉人们，人的政治关系发生，人对政治的诉求，并不是由人的自然禀赋性（或天生本性）决定的，也不是什么上帝的赐予，而是与人直接从事劳动生存活动、解决

---

① 刘德厚：《广义政治论——政治关系社会化分析原理》，武汉大学出版社2004年版，第105页。

② 同上书，第3—4页。

相互利益矛盾有关"①。而人的生存和发展的内在需求集中体现在人们衣食住行等民生的基本内容之中，因此，人是政治生活的主体。但是在西方关于人是政治生活的主体在政治学上一直被忽视，人本政治学家埃德加·莫兰认为，"这使得过去一直是人的哲学问题的生与死问题现在以政治的形式被提出来"②。呼吁西方政治学对人的重视。因此，人是政治生活中的主体成为政治学的一个主流意识。

民生的政治特性表明人作为政治生活的主体由于生产发展的原因，促使不同阶级在政治生活中主体地位的变化。随着生产力的发展，人从自然界和神的世界被解放出来，但同时表现出了不同阶级主体地位的变化，呈现出了占人口多数的民众被边缘化的局面。随着生产的发展，私有制和国家的起源加速了民众被边缘化的形态，原本属于人民大众的民生问题被统治阶级所利用和统治，所以此时的政治形态在本质上体现了统治阶级占主体地位的局面。但是随着社会主义形态的实践，人民大众掌握了国家政权，政治形态具有人民性即人民主体性地位的回归。因此，人民大众掌握了政治取向和决定政治形态，彻底改变了民生问题的本质属性，此时所谓的民生政治才是真正的人民大众的政治。

民生的政治特性还表明即使是在人民大众决定的政治形态中，由于生产发展的原因，人们自己的民生问题仍然可能不完全是人的主体性的真正回归，集中体现在人的异化。比如：在原始社会，由于生产力水平极其低下，主要体现为自然界对人的异化或者神对人的异化。在人民大众已经处于政治生活主体地位的前提下条件下，由于生产还没有完全达到人的完全解放和人的自由而全面发展的条件，有可能会出现人的异化现象。比如金钱至上、权力至上等。因此，在人民大众决定政治形态条件下的民生问题要以人的真正解放为价值追求，摆脱物对人的统治。

总之，民生是有政治特性的，在人类历史长河中呈现出了摆脱物或神对人的统治的民生政治形态；消灭阶级统治，把民生从阶级统治的政治形态中解放出来的民生政治形态；消除由于生产的不发达而使民生本位缺失的民生政治形态；民生本位和人的初步解放的民生政治形态；人被完全解

---

① 刘德厚：《广义政治论——政治关系社会化分析原理》，武汉大学出版社 2004 年版，第4 页。

② ［法］埃德加·莫兰：《人本政治导言》，陈一壮译，商务印书馆 2010 年版，第 5 页。

放的民生政治形态。

三　民生的文化特性

人类学家认为文化是人创造的，只有人才有文化，人类区别于动物的重要标志就是人有文化，而动物没有，"我们知道，人类是从动物分化而来的，有自然属性；人类又生活在一定社会关系中，能劳动、有语言、有思维、会创造工具，具有社会属性。人类从动物状态分离出来同她所创造的文化有着不可分割的辩证发展关系，没有文化的人类是不存在的"①。因此，文化是人类的特性，而民生内涵既包含人的自然属性，又包含人的社会属性，因此，民生是有文化特性的。这是因为：首先，民生内涵的基本内容本身就是人的自然属性与社会属性的辩证统一。简单来说，人们衣食住行等内容构成了民生的基本内容，而这些内容本身同动物没有本质上的区别，但是人作为人同动物的本质区别就是人的社会属性，而这一社会属性本身就是人在进行以衣食住行为基本内容的自然属性的时候同他人之间发生了一定的关系，构成了人的社会属性，因此，从民生的基本内容来看，民生是有文化特性的。其次，民生是以衣食住行为基础的更为广泛意义上的民生，包括人们穿的行为，而这些行为本身就具有社会性，因此，从这个意义上来说民生是有文化特性的。再次，随着人类生产的发展，人们关于衣食住行等行为方式的内容被文化给予了象征意义，即随着生产的发展，人们的衣食住行等行为被赋予了文化的意蕴，比如：饮食文化、建筑文化、服饰文化、交通文化等，而这些文化的形成又反过来影响了人们的衣食住行，因此，民生是有文化特性的。最后，对民生的渴望和需求反映了特定时期、特定人群的信仰体系和利益要求，而信仰体系和利益要求本身就是文化的反映，民生具有文化的特性。总之，民生是有文化特性的，民生的文化特性表明民生与人的存在和文化具有紧密联系，是人—社会—文化—民生的辩证统一体。

民生是有文化特性的，而"文化"一词具有不同的内涵。对"文化"一词最早的定义出现在爱德华·泰勒的《原始文化》一书中，他认为"文化是一个复合整体，它包括作为社会成员的人所获得的知识、信仰、

---

① ［美］F. 普洛格、D. G. 贝茨：《文化演进与人类行为》，吴爱明、邓勇译，辽宁人民出版社 1988 年版，第 1 页。

艺术、道德、法律、习俗以及其他能力和习惯"①。而泰勒关于文化定义的重点是强调后天的习得。"泰勒定义的重点是：人类在某种特殊社会条件下的成长过程中，受到该社会的特定的特定文化传统的影响所具有的属性，而不是由于生物遗传得来的属性。"② 因此"文化，是人们后天学习而获得的"③。泰勒关于文化定义的假设前提是文化已经存在，但是泰勒关于文化的定义过于宽泛，有学者认为，"这个定义实际上包括了人类生活的各个方面，既包括他们的思想观念，也包括他们的行为"④。自泰勒以后，许多人类学家试图对泰勒的定义加以修正，比如威斯勒、林顿等，正是在前人研究的基础上，有学者把文化看作是某一人群共有的一个知识和观念的系统。"我们可以把'文化'看成是某一人群共有的一个知识和观念的系统。这个知识观念系统设定某些'事实'、相信某些'道理'、承认某些'标准'，用来作为这一群人与自然环境发生关系、维持这一人群的生活秩序的基本前提和依据。"⑤ 所谓的文化就是在某一形态的假设前提条件下，人们因为习得而形成的某一人群共有的一个知识和观念的系统，民生的文化特性由生活常识和技术知识、关于民生的世界观与信仰、关于民生的认识范畴和对现实的分类、行为标准和集体意会等基本要素构成。

那么，民生的文化特性具有哪些特点呢？具体来看，具有以下一些特点：首先，民生的文化特性表明民生文化是变迁的体系。美国学者普洛格和贝茨这样描述道："要是我们能在大约一千年前去美国旅游，我们将看到些什么呢？我们会看到几百万土著美洲居民过着一种与现代美国人迥然不同的生活。大多数可能生活在采集和狩猎群体或农业部落中，而仅有少

---

① 转引自周蔚、徐克谦《人类文化启示录——20 世纪文化人类学的理论与成果》，学林出版社 1999 年版，第 4 页。

② ［美］康拉德·菲利普·科塔克：《简明文化人类学：人类之境》第五版，熊茜超、陈诗译，上海社会科学院出版社 2011 年版，第 43 页。

③ ［美］S. 南达：《文化人类学》，刘燕鸣、韩养民译，陕西人民教育出版社 1987 年版，第 40 页。

④ 同上书，第 5 页。

⑤ 周蔚，徐克谦：《人类文化启示录——20 世纪文化人类学的理论与成果》，学林出版社 1999 年版，第 7 页。

数人生活在有组织的酋长领地或国家里。"① 而中国也是如此。从历史纵向的角度来看，我们会发现中国今天的民生文化与一千多年前的民生文化具有很大的差别。再近一点来看，我们会发现，改革开放前我们对民生的文化要求同今天我们对民生的文化要求也不尽相同，改革开放前，我们对民生要求是能够有吃、有喝、有穿，而今天，我们对民生的要求变成了能够吃得更好更健康、对穿讲究彰显个性和舒服、对喝要求精而少，因此，在不同时期、不同生产条件下，人们对民生的要求不尽相同，体现在人们的民生文化也不尽相同。正是在这个意义上来说民生文化是变迁的体系，而不是永远不变。其次，民生文化反映特定人群特定条件下的生活方式和生活理念，是特定人群长期形成的结果，民生文化具有相对性和多样性。民生文化是人们在长期的劳动过程中习得的文化形态，由于生产条件、自然地理环境等因素的差异性，简单来说就是一方水土养育一方人，形成了各具特色的民生文化，而这些不同的民生文化是特定人群长期劳动的结果，没有优劣之分，只是表现形态的不同方式而已。因此，民生文化是相对的，呈现出了多样性的局面。再次，民生文化具有层次的特点。究其原因主要是形成民生文化的主体是人，而人具有个体、群体之分，形成了国际层面的民生文化、国家层面的民生文化、民族层面的民生文化、区域性的民生文化和特定区域特定群体的民生文化，而这些各个层面的民生文化又不完全相同。

总之，民生是有文化特性的，而文化与民生的紧密联系归根结底是现实的人通过生产劳动而高度结合起来，表现出了民生文化的多样性、相对性、层次性、变迁性的特点，因此，我们需要警惕的首先是人们在劳动过程中创造的民生文化被统治阶级和利益集团所利用，成为统治人们的民生文化；其次是在实现了人民当家作主的根本前提条件下的民生文化成为为既得利益集团或者为少数人服务的文化。

四　民生的生活特性

从今天关于民生内涵的规定来看，生活资料的生产和人自身的生产本身就包含了民生的基本内容即民生，简单来说就是人们的衣食住行，在历

---

① ［美］F. 普洛格、D. G. 贝茨：《文化演进与人类行为》，吴爱明、邓勇译，辽宁人民出版社1988年版，第588页。

史唯物主义者看来，历史中的决定性因素就是生产，而生产本身就包括了民生的基本内容。因此，人们围绕民生进行的生产过程就构成了历史发展的基础，而围绕民生进行的活动本身就构成了人们的日常生活，所谓日常生活就是指，"我们可以把'日常生活'界定为那些同时使社会再生产成为可能的个体再生产要素的集合。没有个体的再生产，任何社会都无法存在，而没有自我再生产，任何个体都无法存在。因而，日常生活存在于每一个社会之中；的确，每个人无论在社会劳动分工中所占据的地位如何，都有自己的日常生活"①。而"生活是指社会及其成员为生存和发展而进行的活动。不论是经济活动、政治活动，还是文化活动；不论是人的物质活动，还是精神活动，其实质都是在于满足人们生存、发展的需要，实现和保障社会及其成员的生存与发展"②。因此，从民生就是所谓的人们的衣食住行的内涵规定性来看，围绕民生进行的活动就构成了人们的生活，因此，民生具有生活特性。柳礼泉认为，"在事实上，一谈到民生人们往往首先想到的是衣食住行问题。简单地说，就是与百姓生活密切相关的问题，主要包括就业、分配、教育、医疗、社保、住房、安全等具体内容，就是老百姓能吃得起肉，买得起房，看得起病，上得起学，就是老百姓过日子安心、舒心、放心，也就是群众的日子一天比一天好，人们安居乐业。故此，著名社会学家邓伟志教授认为：民生是指民众的生存、生活、生计。具体地说，就是社会全体成员的衣食住行和生老病死"③。因此，无论过去还是现在，无论是社会精英还是普通人物，围绕民生而生活的形态是共通的。我们不得不说民生的一般特性就是生活，无论是把它看作某种高深的理论，还是把它看作身边很实在的存在，民生都存在。正是从这个意义上来说，民生政治本身就是身边的政治，它没有什么高深的理论，都是一些实实在在的身边的事情，不应该使它远离人们的生活。

民生的生活特性表明民生实践的主体是人，而人又可分为由个体基础上组成的不同群体。无论是在过去还是现在，我们发现民生实践的主体是人，而不是神或者其他存在物。但是由于个体能力的差异性，归根结底是由于生产力的原因，人作为民生实践的主体被划分为不同的群体。在统治

---

　　① ［匈］阿格妮丝·赫勒：《日常生活》第二版，衣俊卿译，重庆出版社 2010 年版，第3 页。

　　② 李真、汪锡奎等：《当代中国生活方式论》，东南大学出版社 1997 年版，第 1 页。

　　③ 柳礼泉：《新中国民生 60 年》，湖南大学出版社 2009 年版，第 4—5 页。

阶级占统治地位的社会里，民生实践的主体被简单划为统治阶级和被统治阶级，在民生实践过程中出现了人剥削人的现象，民生的生活特性被人们自己创造的生活所异化。但是随着生产力的发展，具有剥削性质的统治阶级被消灭，民生的生活特性被部分回归，但是由于生产力发展的限制，仍然存在人被物异化或者被强势群体所异化的现象存在，因而在今天，除了讲消除强势群体之外，还得讲物对人的控制。因此，强调民生的生活特性的意义在于促使人作为民生实践主体的回归，同时消除不同群体之间由于强势而存在的不平等现象。

民生的生活特性表明人是生活在自然环境中的人，人对自然的索取是有限度的。其实，人与自然的关系问题一直是人类产生以来就存在的问题，好像人对自然环境的索取远比人对自然环境的贡献要多得多。在原始社会，由于生产力发展的原因，人们对自然的索取只是处于低级阶段即只是满足人们基本的生活资料。但是随着生产力的发展，人们在适应自然和改造自然的过程中，似乎对自然界的索取越来越多，人们在改造自然的同时，自然也对人们提出了新的要求。今天，人们的生活环境越来越恶化，提出了"创造宜居之地""绿色食品""低碳出行"等口号，促使人们过上绿色生活。因此，与自然和谐相处理念的提出和实践，正是民生的生活特性在人们观念上的反映。

民生的生活特性表明人们的生活方式是变迁的过程。所谓的生活方式主要是指，"在不同的社会和时代中生活的人们，在一定的社会条件制约下和在一定的价值观指导下，所形成的满足自身需要的生活活动形式和行为特征的总和"[1]。而生活方式的变迁总是同生产方式和社会形态的变迁具有紧密联系，归根结底由他们的生产所决定。因此，有学者把人类社会至今的生活方式的变迁过程划分为远古社会生活方式、农业社会生活方式、工业社会生活方式、信息社会生活方式。所以，人们的生活方式是个变迁的过程，而不是永远不变的过程。

总之，民生是有生活特性的，无论是在过去还是现在。但是由于生产力发展的原因，不同条件下的民生具有不同的生活内容，今天，在消灭了剥削阶级的今天，没有剥削没有压迫的今天，民生的生活特性更为明显，而这个生活特性更为重要的意义在于人作为主体的回归和人自身的解放，

---

[1] 王雅林：《人类生活方式的前景》，中国社会科学出版社 1997 年版，第 2 页。

促使人们自由地生活、平等地生活。

第四节 民生问题为何被作为民生政治

从民生与政治的本质相关性来看，民生的本质是政治。民生简单来说就是人们的衣食住行，涉及人们的生存权、发展权甚至更多，从根本上来说民生涉及人们生存的利益，特别是在政治生活作为客观存在的条件下，不得不说民生的本质是政治；从政治生活发展史来看，民生的本质仍然是政治。刘德厚认为，"人类的政治同经济生活、文化生活一样，都是人生存所必需的基本条件。也就是说，政治与人类的生存活动有关。它始于人类社会的初始阶段，存在于人类社会的始终"①。因此，政治是同人类相伴随的存在物，无论是原始社会、奴隶社会、封建社会、资本主义社会，还是社会主义社会都存在着政治生活，因此，以人们的衣食住行为主要内容的民生一直都是政治问题；从政治合法性来源来看，无论是在过去还是现在，民生一直都是政治合法性的基础和来源。"民生问题并不是单纯的经济问题，也不仅仅是人们的物质需求，其实质是政治问题"②。因此，民生的本质是政治。具体来看，主要体现在实践主体的政治性、民生的政治合法性、民生的政治利益性和民生的人权性。

一 民生与作为实践主体的人

从人本政治的角度来看，人是政治生活实践的主体，反映在政治生活中的民生问题的主体就是人的政治主体性在民生问题中的集中体现。前文指出，无论是在原始社会、奴隶社会、封建社会、资本主义社会还是社会主义社会都存在着政治，民生问题一直都是政治生活中的问题。但是政治生活的前提是现实的人，而现实的人构成了民生实践的主体，现实的人作为民生实践的主体被赋予了政治性。"马克思把与社会和自然界发生密切关系的人确定为'现实的人'，并确定'现实的人'是人类社会生活的前

---

① 刘德厚：《重视对"广义政治"理论的研究》，《武汉大学学报》1996 年第 2 期。

② 徐勇、项继权：《民生问题的实质是政治问题》，《华中师范大学学报》（人文社会科学版）2008 年第 3 期。

提，自然也就是政治生活的前提。"① 在马克思主义者看来，现实的人不仅构成了政治生活的前提，也构成了政治生活实践的主体，"这意味着人不仅是政治的本原主体，人也是政治实践的主体。这里的主体视角，就是关注人与政治之间的实践关系，即说明人是政治实践或政治运行的发动者、主导者和责任人"②。因此，从主客体关系而言，民生是现实的人实践的客体，是具有政治人特征的现实的人进行主体活动的客体，人对于民生来说就具有主体性的意蕴。所谓主体性就是指，"人之存在的主体性就是指人的主体这样一种性质，形象地说，即人总是以'主'人的姿态出现在世间，经纬天地，捭阖万物，或革故鼎新，推动社会，或号令众人，招待亲朋等等，即使去作'客'，也总要作自己的'主'的"③。因此，现实的人是民生实践的主体，是现实的人的主体性的对象过程或者是民生是现实的人这一主体性的客体。但是现实的人作为实践的主体，不仅仅是单个的人。由于人的活动性质和范围的不断扩大，呈现出了个体的活动、群体的活动、社会的活动乃至整个人类的活动，体现出了个体主体、群体主体和人类主体。

随着人类生产的进步和发展，特别是随着私有制的产生，人类作为政治生活实践的主体被简单化为不同群体之间主体地位的不断变迁过程，集中体现在不同阶级地位之间的主体间性的变化，促使民生实践主体的政治地位的变迁。随着生产的进步和发展，人类社会进入阶级社会以来，民生实践的主体被赋予了阶级性即现实的人作为民生实践的主体被简单化为阶级性。恩格斯认为，"至今的全部历史都是在阶级对立和阶级斗争中发展的；统治阶级和被统治阶级，剥削阶级和被剥削阶级是一直存在的；大多数人总是注定从事艰苦的劳动而很少能得到享受"④。因此，纵观人类历史，在阶级社会，人作为民生实践的主体总是被深深地烙上了阶级的痕迹，正是从这个意义上来说民生实践的主体是具有阶级性的，因此，民生政治被赋予了政治性。换句话说就是在阶级社会，人的社会属性被简单化

---

① 王沪宁：《政治的逻辑——马克思主义政治学原理》，上海人民出版社 2004 年版，第31 页。

② 刘俊祥：《人本政治论——人的政治主体性的马克思主义研究》，中国社会科学出版社2006 年版，第 66 页。

③ 李为善、刘奔：《主体性和哲学基本问题》，中央文献出版社 2002 年版，第 1 页。

④ 《马克思恩格斯文集》第 3 卷，人民出版社 2009 年版，第 459 页。

为阶级性。马克思主义者认为在阶级社会，人总是处于某个阶级群体之中，而人离不开阶级的存在而存在。因此，在阶级社会民生实践的主体被赋予了阶级性，体现了民生实践主体的阶级性。随着社会主义形态的实践，人剥削人和人压迫人的阶级根源已经被消灭，此时实践主体的阶级性被一定程度上已经被消灭，但是政治作为同人类社会相伴随始终的客观存在，民生实践主体仍然具有政治性。从广义政治的角度来看，政治存在于人类社会的始终，在社会主义社会中，政治仍然存在。究其原因，主要是政治生活的发生是人的生存、发展的内在基本需求。因此，在政治生活仍然存在的社会主义实践中，民生实践的主体仍然具有政治性。

从现实的人的角度出发，我们发现在当代中国，虽然消灭了剥削阶级，从根本上改变了人民大众作为社会实践主体的命运，但是人被划分为不同的阶层，而这些不同的阶层随着社会经济的发展，他们的贫富差距、社会地位等处于不公平正义的状态下，而公平正义是政治的核心概念，因此，在实现了人民主体性根本前提条件下的人作为实践主体仍然具有政治性，即实现了人民主体性根本前提条件下的人仍然以公平正义为价值追求，赋予了现实的人对政治价值的追求以公平正义为基础，促使此时的政治实践具有了公平正义的特性。从现实的人的角度出发，现实的人作为民生实践的主体具有政治性，而这一政治性以公平正义为基础，因此，在实现了人民主体根本前提条件下的现实的人，其政治性集中体现为对公平正义的价值追求。

因此，从人本政治的角度出发，通过政治生活历史发展过程的考察发现，政治伴随着人类社会的始终，促使人作为政治生活的主体自然地成为民生实践的主体，正是从这个意义上来说，政治人的客观存在，无论是在过去还是现在，现实的人都是政治生活的主体，而现实的人通过劳动把民生同政治相联系起来，促使实践的主体具有政治性。

二　民生与政治合法性

《布莱克维尔政治思想百科全书》中认为，"任何一种人类社会的复杂形态都面临一个合法性的问题，即该秩序是否和为什么应该获得其成员的忠诚的问题。而在现代社会，这个问题变得更为突出也更为普遍了"①。合法性问题一直都是比较困扰的问题，特别是进入现代社会以来，合法性的来源呈现出了多样性、复杂性的特点，因此，在现代社会合法性显得更为重要，也更为普遍。简单来说合法性就是指正统性或正当性，而政治合法性主要是指"政府基于被民众认可的原则的基础上实施统治的正统性或正当性。简单而言，就是政府实施统治在多大程度上被公民视为合理的和符合道义的"②。因此，政治合法性表明：当大多数民众认为政府是具有合法性的时候，民众对政府的治理就会表现出自觉的服从。当大多数民众认为政府不具有合法性的时候，民众就会不服从政府的治理，甚至可能导致政府的垮台或者整个政治系统的全面危机。因此，政治合法性的获得需要民众的支持，而在民众看来，如果一个政府连民众自己的衣食住行的问题都得不到解决，那么这个政府就是比较糟糕的政府，失去民众的服从，并进而危机到政治的合法性。因此，民生问题是政府获得政治合法性的基础和来源。正是从这个意义上来说，民生问题不仅是人们自己的衣食住行的问题，更为重要的是政府获得政治合法性的重要来源和基础，政治合法性的获得需要重视民生问题。民生的政治合法性表明民生的本质是政治。

从历史纵向来看，民生问题的解决也是奴隶社会、封建社会、资本主义社会政治合法性的基础和来源。在奴隶社会，虽然是奴隶主阶级占统治地位的社会形态，但是奴隶主阶级为了维护其阶级统治和利益，仍然重视对奴隶和其他阶级、阶层的民生状况的改善，以此来保证自己的统治能够继续。他们深知，奴隶以及其他阶层为奴隶主的生活带来了物质财富，如果没有奴隶以及其他阶层为其进行劳动，那么奴隶主的生活就无法继续，为了奴隶主自身的利益和生活，他们不得不保证奴隶以及其他阶层的生存，继续为奴隶主带来财富和其他。因此，在奴隶社会，虽然统治阶级对奴隶以及其他阶层的统治和剥削占据了主流，但是为了维护其统治和利益，仍然重视对民生问题的保证，在这里，民生问题的保证在根本上来说就是使其能够生存，为奴隶主的生活、统治带来利益。正如人对家畜的使

---

① 《布莱克维尔政治思想百科全书》，邓正来译，中国政法大学出版社 2011 年版，第314 页。

② 燕继荣：《现代政治分析原理》，高等教育出版社 2004 年版，第 176 页。

用，为了能够使家畜继续为人类创造财富，需要保证家畜继续生存下去一样。在封建社会，特别是在王朝更替和新建时期，政府对民生问题的解决不仅巩固了其统治，更为重要的是为其获得了政治合法性的基础和来源，中国的王朝更替过程及其新建过程中对民生问题的重视和解决就证明了民生是政治合法性的基础和来源。通过对中国封建王朝的更替及其新建的考察发现，在王朝统治后期，由于王朝政府对民生问题解决的无力，导致民生萧条、民心积怨，正是由于民生问题长期得不到解决的积累下，王朝后期逐渐失去了政治合法性的基础和来源，导致了农民起义。在王朝新建初期，大多数新政权都实行了休养生息政策，即减少农民的赋税、劳役、兵役等，以此来恢复生产，保障民众的民生。正是在对民生问题重视的基础上，新政权获得了民众的认可，开始了新的王朝执政时代。因此，在封建王朝时期，民生是王朝执政的合法性来源和基础。在资本主义社会，民生问题仍然是政治合法性的基础和来源，集中体现在政党的合法性问题上。目前，在资本主义社会，多党执政是常态，而执政党执政的基础就是执政党对民生问题的解决和重视，获得民众对其支持。从政党竞选过程中可以发现，政党竞选首要的原则就是获得民众的支持，获得执政党的地位，而民众对其认可和支持的一个主要标准就是该党执政以后能否保证人们以前的生活状况和改善生活，而人们的生活问题的内容大部分是人们的衣食住行等，这些内容构成了民生的基本内容。因此，执政党的合法性基础和来源仍然是民生问题。总之，在奴隶社会、封建社会、资本主义社会，民生是政治合法性的基础和来源，因此，民生的取向是政治。

从苏联解体过程来看，苏联成立以来的民生问题长期得不到解决和重视，逐渐失去了政治合法性的基础和来源，因此，在苏联宣布解体的时候，苏联人民并未对苏联社会主义形态的解体而感到惋惜。苏联解体的原因是多方面综合作用的结果，但是有一点是可以看到的，即苏联成立以来，由于国际国内因素的影响，人民大众的民生状况并未得到真正的改善，虽然苏联成立以来，经济、军事、政治得到了极大的发展，成了军事大国和政治大国，但是大部分人民并未因为这样而过上更好的生活，特别是与同时代资本主义国家民生状况改善相比，仍然处于相对落后的状况，促使人们逐渐对苏联社会主义形态产生了怀疑，并进一步挑战了苏联的政治合法性基础，特别是进入后期的改革时代，由于政治改革的发展并未更好地解决民生问题，彻底失去了人民对其正当性的认可。因此，从民生问题的角度来看，苏联长期以来对民生的保障和改善的不够重视，失去了其政治合法性的基础。在社会主义社会，如果民生问题长期得不到解决，即使是最美好的社会形态，仍然会失去其政治合法性的基础。

　　总之，从政治合法性的角度来看，民生是政治合法性的基础和来源。正是从这个意义上来说，民生的取向是政治，不仅涉及政府的合法性问题、执政党的合法性问题，甚至有可能涉及整个政治系统的合法性问题。因此，从政治合法性角度来看，民生不仅仅是人们衣食住行的问题，也不仅仅是经济发展的问题，更为重要的是政治问题。正是因为如此，民生的取向是政治。

三　民生与利益配置

　　简单来说，民生本身就是人们的衣食住行等问题，如果整个世界只是一个人的存在，那么就不会有利益的形成和存在，但是人是处于社会之中的人，离开社会就失去了其作为人的本质，马克思主义认为人的本质是社会关系的总和，因此，人们在进行衣食住行等行为过程中必然产生这样那样的关系。王浦劬认为，"按照马克思主义的论述，人的利益的形成是一个从人的需要到人的劳动再到社会关系的逻辑过程……因而人与人的关系本质上是利益关系"①。在马克思主义者看来，所谓的利益"是指处于不同生产关系、不同社会地位的人们由于对物的需要而形成的一种利害关系"②。而民生实践的主体是人，我们可以推断出处于不同生产关系、不同社会地位的民生实践主体的人们由于必须要衣食住行等才能生存，必然形成一种利害关系，而这种利害关系构成了利益或者利益关系。正是从这个意义上来说，民生是有利益和利益关系的，但是我们也需要明确一个事实，即当代社会是政治存在的社会这一事实，而所谓的政治也可以指"在特定社会经济关系及其所表现的利益关系基础上，社会成员通过社会公共权力确认和保障其权利并实现其利益的一种社会关系"③。政治发生的终极根源是人的劳动生存利益，表现为人们衣食住行等基本内容的民生必然与政治发生一定的联系，促使民生成为一种政治事实，而政治分析的

---

　　①　王浦劬：《政治学基础》第二版，北京大学出版社 2006 年版，第 46—48 页。

　　②　王沪宁：《政治的逻辑——马克思主义政治学原理》，上海人民出版社 2004 年版，第 169 页。

　　③　王浦劬：《政治学基础》第二版，北京大学出版社 2006 年版，第 9 页。

一个原则是政治利益的分析和政治利益关系的分析，因此，民生是具有政治利益性的。刘德厚认为，"任何政治分析，说到底就是政治利益和政治关系的分析"[①]。正因为如此，我们不得不承认，在政治社会，民生的取向是政治。

民生的政治利益性表明民生的政治本质是以利益为基础的政治。民生问题的解决首先解决的就是人们在衣食住行等行为过程中形成的利益关系，因为民生问题首先体现的是人们为了衣食住行等过程中形成的不以人们的意志为转移的各种利益关系，而这些利益关系中首先体现的是经济利益关系，民生的政治利益性集中体现在经济利益关系中，因此，在民生政治过程中，首先解决的问题是民生的经济利益问题。以利益为基础这一内涵的规定，一方面表明民生政治形态是以利益为基础的政治形态，是在一定利益基础之上的政治形态，人们的利益关系制约着政治关系；另一方面表明人们通过政治关系的调整对利益关系进行影响，促使人们的利益关系与政治关系的一致性。

民生的政治利益性表明人们的政治利益关系随着生产力的发展而发生变化。从历史纵向的角度来看，人们的利益关系不是永恒不变的。在统治阶级占统治地位的社会里，人们的利益关系被简单化为阶级利益关系，人们的利益关系被烙上了阶级的痕迹。在消灭了阶级统治的社会里，人们之间的利益关系已经不是以人剥削人、人压迫人的利益关系为主，体现为人们之间的平等的利益关系，此时的政治利益关系已经是平等的政治利益关系。因此，民生的政治利益关系随着社会生产的发展，促使人与人之间的平等的利益关系成为现实，在没有剥削、没有压迫的政治社会前提下，人们的政治利益关系集中体现在满足日益增长的物质文化需要同落后的社会生产之间的政治利益关系。正是从这个角度上来说，民生的政治利益性，在我国意味着人们的政治利益关系已经不是以阶级利益关系为主，而是以人们为了改善民生同限制民生发展的一切障碍之间的利益关系的问题，集中体现为制度障碍、经济障碍、文化障碍、生活障碍等问题。

民生的政治利益性表明人们衣食住行等利益要求要从政治的高度给予关注和解决，树立民生问题无小事的理念。民生涉及的内容是比较具体的和实际的内容即人们衣食住行等为基本内容和需求的利益关系，主要体现在人们平时的生活中，而对平时生活问题产生的政治问题不易察觉，因此，需要从政治的高度关注民生问题，真正实现人的自由和解放。比如在中国的封建社会每个王朝统治的后期，人们由于吃饭、喝酒、住房、穿衣、婚姻等没有保障而起来反抗，导致旧的封建王朝执政的垮台，对这些历史遗留的经验教训不得不吸取之。

总之，在政治社会存在的条件下，人们由于利益及其利益关系的形成，必然导致政治利益和政治利益关系的形成和发展，因此，从这个意义上来说，人们在吃衣食住行等行为过程中形成的利益和利益关系必然同政治发生一定的联系。从政治的角度来看，民生涉及政治的核心概念即利益问题，民生具有政治利益性，正因为民生的政治利益性，民生与政治本质具有相关性，使民生问题成为政治问题。

四　民生与人权

从人权的角度来看，民生的内容涉及人权问题。简单来看人权是指"人仅因其为人而享有的权利"[①]。那么人权由哪些内容构成呢，邓正来在《布莱克维尔政治思想百科全书》中这样认为，"哪些权利被公认为是人权呢？根据正式的宣言来规划，大致可以划分出六类：①生命权，这通常也是最重要的权利……②自由权往往在权利宣言中占有重要地位。有时它表现为某种一般意义上的自由权；有时它又表现为特定的自由权，其中思想自由、言论自由、宗教自由、结社自由和活动自由是人们赞同的。③在早期的权利宣言中占有重要地位的财产权仍然留存在许多20世纪的宣言中，尽管在它会制约公共政策的领域中，它已成为一项越来越受到限制的权利。④关于公民个人地位的权利，如国籍权和各项民主权利。⑤涉及政府行为的权利，尤其是涉及法治和司法行政的权利，如个人不受任意逮捕的权利和公平审判的权利……最后，人权据称还包括某些社会、经济和文化权益。比如，联合国宣言断定，人权包括受教育、工作、社会保险、休息和娱乐，以及足以维持个人的健康和福利的生活水准"[②]。当然，在不同国家、不同社会背景下的人们对人权具有不同理解。引用这段话是试图

----

① 邓正来：《布莱克维尔政治思想百科全书》，中国政法大学出版社2011年版，第251页。

② 同上书，第253页。

说明，人权中的生命权、自由权、公民权及其受教育、工作、社会保险、休息等人权内容同我们今天讲的民生在内容上是一致的，不仅说明民生问题同人权具有紧密联系，而且人权问题本身就是政治问题，因此，从人权的角度来看，民生的人权性意味着民生也是政治问题。

人们衣食住行等为基本内容的民生问题涉及人权的生命权、自由权、受教育权、工作权、休息权等，因此，从人权角度来说，民生问题就不仅是人权问题，最为深远意义上来说民生就是政治问题。首先，人们衣食住行等行为过程本身就是人们在维持生命的过程，保障和改善民生体现了对生命的尊重，对人本身的尊重，因此，保障和改善民生过程本身就是保障人权的过程。其次，保障和改善民生意味着保障人们的工作权、生存权、休息权、受教育权等。民生问题涉及人权的具体内容，而人权本身就是政治中不可缺少的价值概念和内涵，因此，民生问题是政治问题。最后，保障和改善民生涉及人们对政治价值的理解和实践。人们因为民生问题的存在从而需要对人们在衣食住行等行为过程中与分配发生了联系，比如：如何分配住房问题、如何行为才符合人们对婚姻的理解等，为了满足人们在衣食住行等民生基本内容过程中必然产生如何分配、如何协调的问题，因此，民生问题涉及人们的分配制度问题，民生问题不仅是人们实践民生的过程，更为重要的是涉及政治的核心问题。

民生的人权性意味着它是权利政治，而不是权力政治。权利往往意味着人们做某件事情的资格，而人们衣食住行等行为是体现人们天生的权利过程，但是由于生产发展条件的限制，人们的这一权利并未得到真正解决，集中体现为人们基本的权利被阶级化、特殊利益化、物化、权力化或金钱化等，被赋予了一种对他人支配的权力，随着人类生产的发展，需要把人们的基本权利回归给人们自己。在我国，民生具有人权性意味着此时的政治形态是权利政治，而不是权力政治，保障和改善民生意味着人们的基本人权回归给人们自己即人们人人有得吃、并吃得好的权利，喝的好、穿得好、住的好、人性的自由的权利的回归等，因此，民生的人权性在我国意味着此时的政治形态是权利政治，而不是权力政治，但是需要指出的是，人们对人权的理解是不尽相同的，需要明确哪些人权是我们应该认可的权利，哪些人权是我们不应该认可的权利，抵制那些不利于我国政治形态内容的人权对我们的影响。

民生的人权性意味着人们应该更为关心和重视人们自己的民生问题，

自觉维护人们保障和改善民生的权利，更进一步实现人的自我解放。从个人角度来看，民生包括了个人的衣食住行等过程，而这些过程是每个人都应该拥有的权利。民生的人权性意味着个人的衣食住行等行为的满足，但是也需要注意一个问题即个人的这些人权的满足要与历史条件、生产条件及其价值理念相配合，不能无限扩大个人的这些人权要求，满足个人的人权问题的同时，也要照顾到他人人权的保护，实现个人与他人关系的和谐；从群体角度来看也是如此，某一群体人权要求的满足离不开特定时期、特定阶段的人权要求，人权要求的实现是同生产条件、历史条件等相匹配的过程。因此，关心和重视人们自己的民生问题，离不开时代的限制，生产条件的限制，在合理合情的条件下满足人们自己的人权，保障和改善人们自己的民生权利，并进一步实现人的自我解放。

总之，民生内容与人权内容具有相一致的方面，二者是辩证统一的过程，在一定程度上可以说，民生问题就是人权问题。民生的人权性意味着民生同政治具有紧密的相互联系的关系。正是从人权的角度来看，民生同人权是辩证统一的关系，民生问题是政治问题。

第四章

中国梦语境下民生政治资源审视

在整个人类历史发展进程中，特别是进入阶级社会以来，产生了与当时生产力及其生产关系相适应的理论形态，在中国主要体现为儒家民生思想、孙中山先生的民生思想。随着资本主义社会的发展，特别是二战以来，在西方国家产生了影响较为深远的生活政治理论，从本质上来说是在资本主义体系范围内怎样生活以及维护资产阶级统治和治理的新理论，把民生政治与儒家的民生思想、孙中山先生的民生思想、生活政治理论进行比较具有理论意义，促使人们从理论认识上清楚知道三者的联系与区别。需要指出的是，中国虽然自1949年以来建立了人民当家作主的政治基础和政治前提，但是由于历史的、生产条件的限制，1949—1999年间的民生建设与民生政治既有联系又有区别，因此，民生政治与1949—1999年的民生建设具有比较的意义，把民生政治与1949—1999年间的民生建设区别开来，赋予民生政治以当代意义。

第一节　儒家民生思想的当代审视

中国自古以来就有关怀民生和改善民主的传统，比如大禹治水、神农尝百草等，但是随着生产的发展，统治阶级为了维护统治阶级的利益和统治，逐渐把改善民生作为一种政治统治术而被边缘化。进入封建社会以来，具有批判精神以及对民生关怀的儒家思想被封建统治者所利用，此时所谓的关怀民生和改善民生成为维护统治阶级和利益的工具。董四代认为，"民生是中国传统政治文化中的一个重要命题。它在中国文明之初就已经被提出，在春秋战国时期得到了比较明确的表达，从而成为中国传统大同理想中的一个重要内容。大一统的封建秩序确立以后，虽然也偶有民生之论，但已经走向了边缘化。它只是在一些民本主义思想那里偶尔被提及，并没有成为主流政治的内容。到明朝中叶以后，由于早期商品经济的出现，在封建体制外形成了市民阶层和平民阶层。与之相适应，早期启蒙思想家以'返本归新'的方式对封建社会的现实进行批判，同时把民生问题又一次提了出来。鸦片战争后，在西方资本主义对中国的侵略的情况下，中国人对资本主义进行着批判，以民生为根据对中国社会发展进行规划，民生思想也就被赋予了新的时代内容"①。但是，从总体上来看，民生政治提倡的民生虽然脱胎于中国传统文化中的民生，但是毕竟不具有同样的内涵，在中国具有悠久历史背景下的民生思想被历史搞得面目全非，深深地打上了历史的痕迹。因此，进行民生政治同儒家民生思想的比较非常必要，批判性地认识和处理民生政治同儒家民生思想的区别与联系，为民生政治的健康发展奠定认识论基础。

一　儒家民生思想时代背景的当代审视

民生政治与儒家民生思想作为现实生活的人们的意识形态必然同他们各自生活的时代的生产力和与之相适应的交往的一定发展所制约，即与他们各自生活时代的物质活动、与人们的物质交往、与现实生活的语言交织在一起，因此，民生政治与儒家民生思想具有区别与联系。

儒家民生思想产生的时代背景及其嬗变。儒家民生思想的创始人是孔子，而孔子生活在春秋末期，可以看出其思想的时代背景来。有学者这样描述这一时期的时代背景："春秋时期是一个新旧价值观激烈碰撞的时代，社会处于剧烈的动荡、变革、分化与重塑过程中。旧的传统的价值及意识形态在逐渐分化和瓦解，但没有最终退出政治思想舞台；符合历史发展和思想进程的新的价值观和意识形态在逐渐形成、发展壮大，但却还没有成为社会的主流思潮。各种零星片段的政治思想观点杂然纷陈，断续提出，这种社会特征反映在思想领域和思想家个人身上，强烈地表现为传统与现实、人的价值与天命神权、宗教信仰与理性自觉的矛盾冲突与矛盾心理。有头脑的思想家们对社会的剧烈变革发表自己的看法，提出自己的政治主张。如何对待传统遗留下来的伦理观和价值观？现实社会发展的方向和目标是什么？如何构建未来的理想社会模式？如何重建适应社会发展需

---

① 董四代：《民生主义与中国特色社会主义》，中央编译出版社 2011 年版，第 11 页。

要的价值观念体系？成为春秋时期思想家们关注和思考的最主要的社会政治问题，围绕对这些社会热点问题的不同态度和回答，形成了不同的思想流派，正如《淮南子·要略篇》所言，诸子百家之学皆源于匡救时弊、治国安邦之需要；司马谈也在《论六家要旨》中概括先秦诸子百家的特征时谈到了这一点，指出：'天下一致而百虑，同归而殊途。夫阴阳、儒、墨、名、法、道德，此务为治者也。'也就是说，诸子各家虽观点不同、主张各异，但有一点是相同的，那就是他们从各自的角度提出了一整套治国安邦的政治方略，换言之，诸子百家的政治思想都是围绕现实政治而展开的，都是为现实政治服务的，都是以现实为其理论根基和立足点。"① 从历史唯物主义分析法可以看出，春秋战国时期是奴隶制生产方式正在瓦解而逐渐走向大一统的封建制生产方式时期，春秋战国时期仍然是统治阶级占统治地位的历史时期，其理论形态虽然具有深刻的批判精神，但是仍然逃不脱当时生产力的限制，使儒家思想具有一定的历史局限性。具体来看，儒家民生思想产生的时代背景体现在以下几方面：首先是新旧文化价值体系的碰撞及其构建的需要。有学者认为，"没有殷周文明、礼乐传统，当然不可能有儒学的出现，只有殷周文明、礼乐传统，而没有礼坏乐崩的社会变革，也产生不了儒学。'礼崩乐坏'的局面出现，周礼的破坏已成为无法挽回的了，人们便把目光转向了'仁'。这个'仁'是什么呢？是思考和追求一种新的君臣父子关系，也就是人与人之间的关系。我们说，早期儒学以'仁'为核心，从伦理道德、治学教育等方面论述人的价值、人的理想、人的完善、人的道德、人际关系以及人与自然的关系等等关于人的学说，即人学。没有社会变革就不会有士阶层的出现和私学的产生，就不会有'仁'的发现，也就不会产生儒学"② 。周礼及周以前的文化价值体系的瓦解构成了儒家民生思想产生的文化背景。"直面'礼崩乐坏'而'小人当政'的乱世，先秦儒学更赋予了'礼'以'人之干'的本体论价值地位，即人需以'礼'而'定命'，而'庇身'，而'定位'。"③ 所以，孔子正是在面对这一社会现实，通过以恢复周礼为号召，初步提出了关怀民生的思想。"春秋时期，周天子的地

---

① 王杰：《先秦儒家政治思想论稿》，人民出版社2011年版，第64—65页。
② 许凌云、许强：《中国儒学通论》，广东教育出版社2002年版，第21页。
③ 赵明：《先秦儒家政治哲学引论》，北京大学出版社2004年版，第9页。

位式微，诸侯大国兴起。而后，诸侯国君的地位式微，诸侯国内权臣兴起。在这种情况下，一些贵族知识分子希望恢复周礼，重新确立天子的最高权威，确立宗法制，维护等级制。另外，诸侯国君对民的残酷剥削，使民众无法生存，作为人民的思想家，孔子提出'仁'的思想，而事实上，孔子所提倡的礼、仁的思想，远远高于周公所制定的礼乐制度。孔子以恢复周公之礼为号召，其实是托古改制。"① 其次，春秋战国时期的社会制度体系的演变构成了儒家民生思想产生的社会制度背景。其主要特点是西周时期的宗族制逐渐向家族制的演变。"春秋以后，奴隶制逐渐衰亡，具有完整意义的西周宗法制度开始瓦解，作为天下大宗的周天子式微，以下凌上、僭越礼制的现象普遍存在，天子不复巡守，诸侯不朝觐纳贡。到战国时期，一些不同于西周礼制的新制度出现，如郡县制、官僚制、俸禄制等等。选拔官吏的办法不再是世袭制，当官要靠举荐、军功、直接上书游说等手段。"② 正如《左传》所描述，"王室而既卑矣，周之子孙日失其序。""筚门闺窦之人而皆陵其上，其难为上矣。"再次，生产关系的变革构成了儒家民生思想产生的经济背景。"春秋时期政治价值体系的变革是从生产关系的变革开始的。周天子对土地的控制力几乎完全丧失。各诸侯国对封国内的土地、人民享有所有权、支配权，所谓'溥天之下，莫非王土；率土之滨，莫非王臣'原则已成昨日，代之而起的新原则则是'封略之内，何非君土？食土之毛，谁非君臣？'这一原则的改变，是土地国有制破坏的标志，如齐国的'相地儿衰征'、晋国的'作爰田'、鲁国的'初税亩'、郑国的'作丘赋'、秦国的'初租禾'、'初为赋'等一系列承认土地私有合法化的政策。"③ 因此，生产关系的变革、文化价值体系的碰撞以及社会制度的变迁大体上构成了儒家民生思想产生的时代背景，当然，除此之外还有政治前提等因素，将在后文阐述。

与儒家民生思想产生的时代背景不同的是，民生政治的产生既脱胎于儒家民生思想这一传统，同时还与当代中国的经济环境、社会环境等具有紧密的联系，可以说民生政治既是对儒家民生思想的批判，也是对当代中国实际的总结。中国自1956年社会主义改造基本完成以来，中国社会已

---

① 李玉洁：《儒学与中国政治》，科学出版社2010年版，第22页。

② 尚斌、任鹏、李明珠：《中国儒学发展史》，兰州大学出版社2008年版，第11页。

③ 王杰：《先秦儒家政治思想论稿》，人民出版社2011年版，第59页。

经进入了社会主义生产方式的时代。《中国共产党中央委员会关于建国以来党的若干历史问题的决议》中认为，"从一九四九年十月中华人民共和国成立到一九五六年，我们党领导全国各族人民有步骤地实现了从新民主主义到社会主义的转变，迅速恢复了国民经济并开展了有计划的经济建设，在全国绝大部分地区基本上完成了对生产资料私有制的社会主义改造"①。自 1956 年社会主义改造完成以来，中国社会已经进入了社会主义生产方式，因此，民生政治与儒家民生思想的时代背景最大的不同之处是生产方式的不同，即民生政治是在社会主义生产方式条件下的民生政治形态，其根本任务是在新的生产关系条件下解放和发展生产，民生政治是建立在社会主义生产关系基础之上的政治形态。民生政治与儒家民生思想的比较归根结底要到生产方式中去寻找，也因为如此，民生政治与儒家民生思想的根本区别是生产方式的不同，生产方式的不同是民生政治与儒家民生思想最根本的区别。另外，民生政治的产生还有一些因素即公平正义的缺失，这些因素可以从改革开放以来的发展方式和发展过程两个角度来解释。"通过多年的努力，经济建设取得了很大的进步，但由于历史条件的限制，也带来两个重要的负面影响：其一，从发展的方式来看，主要是一种粗放式的发展，资源、劳动、资本密集型产业比例过高，其负面效果是，对自然资源的开采过度无序，对环境破坏较为严重，产业的科技含量也很低，为解决这个问题，中央适时提出要用科学发展的思维来统领经济社会工作，建立资源节约型、环境友好型社会，寻求集约式的发展方式。其二，从发展的过程来看，由于强调沿海地区先行发展，工商业加快发展以及让一部分人先富起来等激励政策，客观上使地区差距、城乡差距、工农差距日益拉大，社会贫富差距也在拉大，特别是城市下岗职工、孤残人员，低收入人群以及广大农民群众的生活水平提高幅度有限。应该说，这是历史的阵痛，在特定的历史时期不可避免，但要实现以人为本，构建和谐社会，推动国家总体健康发展，就必须更多地关注人民层次的发展尤其是直接的生活水平的改善，使人民群众共享改革开放的成果。要推动实现这一目标，提出一种民生政治的视角，十分必要。"② 因此，从改革开放

---

① 中共中央文献研究室：《改革开放三十年重要文献选编》（上），中央文献出版社 2008 年版，第 188 页。

② 田新文：《民生政治：理解政治生活变化的新视角》，《社会主义研究》2008 年第 4 期。

以来的发展方式和发展过程的结果来看，粗放式的发展方式体现了对另一部分人的公平正义的缺失，而贫富差距过大、区域差距、城乡差距等的存在是公平正义缺失的具体体现，因此，在我国，民生政治便提上了政治议程。

二 儒家民生思想实践主体的当代审视

从实践主体人的地位变迁的角度来看，民生政治实践的主体与儒家民生思想实践的主体是不完全等同的，关于实践主体问题已在前文阐述过，在此不再赘述，但是需要指出的是随着社会生产的发展，具有批判精神的儒家民生思想逐渐被封建统治阶级所利用，促使儒家民生思想的实践主体转变成为封建统治阶级，而民生政治实践的主体是人民群众，因此，儒家民生思想的实践主体与民生政治的实践主体是不等同的，应该详细比较。

儒家民生思想的实践主体：封建统治阶级。从主客体关系而言，民生是现实的人实践的客体，是具有政治人特征的现实的人进行主体活动的客体，人对于民生来说就具有主体性的意蕴。现实的人是民生实践的主体，是现实的人的主体性的对象过程或者是民生是现实的人这一主体性的客体。但是现实的人作为实践的主体，不仅仅是单个的人。由于人的活动性质和范围的不断扩大，呈现出了个体的活动、群体的活动、社会的活动乃至整个人类的活动，体现出了个体主体、群体主体和人类主体。因此，随着人类生产的进步和发展，特别是随着私有制的产生，人类作为政治生活实践的主体被简单化为不同群体之间主体地位的不断变迁过程，集中体现在不同阶级地位之间的主体间性的变化，促使民生实践主体的政治地位的变迁。毛泽东在《中国革命和中国共产党》一文中指出，"中华民族（这里说的主要的是汉族的发展），和世界上别的许多民族同样，曾经经过了若干万年的无阶级的原始公社的生活。而从原始公社崩溃，社会生活转入阶级生活那个时代开始，经过奴隶社会、封建社会，直到现在，已有了大约四千年之久。"① 因此，纵观中国历史，儒家民生思想产生的时代主要是在春秋时期，而春秋时期的社会性质是奴隶社会末期到封建社会转型时期，代表了当时先进生产力的封建地主阶级转变成为社会实践的主体，封建地主阶级决定政治取向和政治内容，随着大一统秦帝国的出现，特别是

---

① 《毛泽东选集》第 2 卷，人民出版社 1991 年版，第 622 页。

董仲舒"罢黜百家、独尊儒术"的实践把儒家民生思想提到了更高的位置，促使儒家民生思想成为封建统治阶级用来维护封建统治和治理的工具。从本质上来说儒家民生思想的实践主体是代表当时先进生产力的地主阶级，而作为人口众多的人民群众处于政治边缘。毛泽东指出："封建的统治阶级——地主、贵族和皇室，拥有最大部分的土地，而农民则很少土地，或者完全没有土地。农民用自己的工具去耕种地主、贵族和皇室的土地，并将收获的四成、五成、六成、七成甚至八成以上，奉献给地主、贵族和皇室享用。这种农民，实际上还是农奴……中国历代的农民，就在这种封建的经济剥削和封建的政治压迫之下，过着贫穷困苦的奴隶式的生活。农民被束缚于封建制度之下，没有人身自由。地主对农民有随意打骂甚至处死之权，农民是没有任何政治权利的。"① 因此，在封建社会，社会实践的主体是封建统治阶级，而不是作为人口多数的人民群众，而儒家民生思想作为封建统治阶级意识形态的体现，决定其内容和取向及其走向的仍然是封建统治阶级。从社会实践主体地位的角度来看，封建统治阶级成为社会实践的主体，而作为大多数的人民群众被边缘化，成为统治阶级用来统治的对象和客体，因此，在长期的封建社会时期，封建统治阶级是儒家民生思想的实践主体。

人民群众是民生政治的实践主体。在中国共产党的领导下，中华人民共和国于1949年成立，而中华人民共和国的成立意味着中国人民实现了从剥削和压迫阶级下解放出来，成为社会实践的主体即人民当家作主。《中国共产党中央委员会关于建国以来党的若干历史问题的决议》中认为，"中国革命的胜利，在我国结束了极少数剥削者统治广大劳动人民的历史，结束了帝国主义、殖民主义奴役中国各族人民的历史。劳动人民成了新中国新社会的主人。"② 因此，中华人民共和国的成立意味着人民群众成为社会实践的主体。而民生政治是在人民主体性基础上中国走向富裕条件下贫富差距过大这一直接前提条件下的政治形态，因此，人民群众是民生政治的实践主体。

---

① 《毛泽东选集》第2卷，人民出版社1991年版，第624页。

② 中共中央文献研究室：《改革开放三十年重要文献选编》（上），中央文献出版社2008年版，第185页。

三　儒家民生思想政治前提的当代审视

通过历史考察，我们发现任何政治形态的意识形态都离不开人的实践，现实的人是人类历史的第一个前提，但是随着人类生产的发展，现实的人总是生活在特定的政治前提之上即作为实践的主体的人总是生活在特定的政治前提之上，而人类历史的发展并不是每一个历史时期的政治前提都是同一的，因此，现实的人被深深地打上了政治前提的痕迹。笔者提出儒家民生思想的政治前提是封建社会，而民生政治的政治前提是社会主义的观念。

儒家民生思想的政治前提：封建社会。在中国，自秦实现大一统以来直至清王朝的瓦解，都是封建社会时期。毛泽东指出："如果说，秦以前的一个时代是诸侯割据称雄的封建国家，那么，自秦始皇统一中国以后，就建立了专制主义的中央集权的封建国家；同时，在某种程度上仍旧保留着封建割据的状态。在封建国家中，皇帝有至高无上的权力，在各地方分设官职以掌兵、刑、钱、谷等事，并依靠地主绅士作为全部封建统治的基础。"① 因此，在中国，儒家民生思想存在的前提是封建社会，思考儒家民生思想不能离开这一前提，如果离开了这一前提，那么儒家民生思想的解释和解读可以从不同的角度和不同的利益需要来解读，就会把儒家民生思想搞得面目全非，视儒家民生思想是永恒的真理。从现实的人的角度来考察可以发现，儒家民生思想所实践的人是处于封建社会的人，是活生生地活在封建社会的现实的人，可以说儒家民生思想的政治前提是封建社会。儒学专家蒋庆认为，"从中国儒学史来看，政治儒学始终坚守对崇高价值理想与未来大同希望的终极关怀，从未放弃对现存体制的批判与儒学的自我批判，只承认现实统治秩序的有限合法性而未与其一体化，虽具有意识形态为现存秩序提供合理说明与合法维护的功能但未异化为纯粹为现存体制与统治者利益辩护服务的工具；而政治化的儒学则相反，完全放弃了对崇高价值理想与未来大同希望的终极关怀，丧失了批判现存体制与自我批判的能力，与现实统治秩序彻底一体化，异化为纯粹的意识形态，沦为完全为现存体制与统治者利益辩护服务的政治工具"②。在这里虽然蒋

① 《毛泽东选集》第 2 卷，人民出版社 1991 年版，第 624 页。

② 蒋庆：《政治儒学：当代儒学的转向、特质与发展》，三联书店 2003 年版，第 109 页。

庆并未明确指出儒学的社会背景，但是从其所论述的内容来看，其社会背景或者换句话说政治前提是封建社会。因此，儒家民生思想的政治前提是封建社会，不是什么原始社会或者奴隶社会。

　　民生政治的政治前提：社会主义社会。民生政治作为政治学说体系的一部分，应该从人本身出发进行思考和阐述。笔者一直都在强调马克思主义的这一方法和视角，并且前文已经阐述过，在这里不再重复。在马克思主义者看来，现实的人的是人类历史的前提，其本质是"要求人们从一定社会中从事一定活动的人出发来认识其政治现象和政治生活。而从现实的人出发分析社会现象和政治现象，是马克思主义政治学的一条最基本的原理"①。马克思主义基本原理的这一规定性赋予了民生政治的思考应该从现实的人出发。依据马克思主义的这一分析方法，在当代中国，现实的人主要是指人民群众，而人民群众是生活在社会主义社会的从事现实的实际活动的人，因此，民生政治的政治前提是社会主义。《中国共产党中央委员会关于建国以来的若干历史问题的决议》中明确指出并强调，"只有社会主义才能救中国。这是中国各族人民从一百多年来的切身体验中得出的不可动摇的结论，也是建国三十二年来最基本的历史经验"②。胡锦涛在《在庆祝中国共产党成立 90 周年大会上的讲话》中指出："90 年来，我们取得的一切成就，是一代一代中国共产党人同人民一道顽强拼搏、接续奋斗的结果。以毛泽东同志为核心的党的第一代中央领导集体团结带领全党全国各族人民，夺取了新民主主义革命的伟大胜利，确立了社会主义基本制度，为当代中国一切发展进步奠定了根本政治前提和制度基础。"③因此，民生政治的政治前提和基础是社会主义。

四　儒家民生思想的当代价值

　　儒家民生思想具有丰富的内涵，是前人生产劳动集体智慧的结晶，是中国各族人民长期劳动实践的集体智慧，它体现了对前人优秀文明的继承和发扬，体现了中国古人长期劳动实践的智慧，应该取其精华，去其糟粕。在马克思主义指导下的中国人民吸收了儒家民生思想中有价值的东

---

① 刘俊祥：《人本政治论》，中国社会科学出版社 2006 年版，第 25 页。
② 中共中央文献研究室：《改革开放三十年重要文献选编》（上），中央文献出版社 2008 年版，第 212 页。
③ 胡锦涛：《在庆祝中国共产党成立 90 周年大会上的讲话》，《求是》2011 年第 13 期。

西，提出并实践了民生政治，民生政治的提出与实践既脱胎于儒家民生思想，但又与儒家民生思想具有本质区别。因此，儒家民生思想对构建民生政治具有一定的价值。

儒家民生思想为民生政治的构建带来了文化基因。毛泽东在《中国共产党在民族战争中的地位》中指出："学习我们的历史遗产，用马克思主义的方法给以批判的总结，是我们学习的另一任务。我们这个民族有数千年的历史，有它的特点，有它的许多珍贵品。对于这些，我们还是小学生。今天的中国是历史的中国的一个发展；我们是马克思主义的历史主义者，我们不应当割断历史。从孔夫子到孙中山，我们应当给以总结，承继这一份珍贵的遗产。这对于指导当前的伟大的运动，是有重要的帮助的。"[①] 因此，作为马克思主义指导下的中国人民总结了儒家民生思想的合理成分，继承和发扬了儒家民生思想中有价值的东西。毛泽东在《新民主主义论》中指出："中国的长期封建社会中，创造了灿烂的古代文化。清理古代文化的发展过程，剔除其封建性的糟粕，吸收其民主性的精华，是发展民族新文化提高民族自信心的必要性条件；但是绝不能无批判地兼收并蓄。必须将古代封建统治阶级的一切腐朽的东西和古代优秀的人民文化即多少带有民主性和革命性的东西区别开来。中国现时的新政治新经济是从古代的就政治旧经济发展而来的，中国现时的新文化也是从古代的旧文化发展而来的，因此，我们必须尊重自己的历史，绝不能割断历史。但是这种尊重，是给以历史以一定的科学的地位，是尊重历史的辩证法的发展，而不是颂古非今，不是赞扬任何封建的毒素。"[②] 在构建民生政治过程中以科学的态度对待传统文化，特别是在对待儒家民生思想的过程中，剔除其封建性的、具有剥削性的成分，吸收和继承了儒家民生思想中合理的科学的人民的思想成分，正是从这个意义上来说，儒家民生思想当代价值的体现之一就是为民生政治的构建带来了文化基因，以科学的马克思主义的态度创造了新型的符合人民大众利益要求的文化形式。

儒家民生思想当代价值的体现之二是为民生政治的构建提供了个人应该怎么样生活的道德伦理规范。儒家民生思想在长期的发展过程中，吸收了许多人民群众创造的符合人民群众伦理道德规范的一系列思想，比如尊

---

① 《毛泽东选集》第 2 卷，人民出版社 1991 年版，第 533—534 页。

② 同上书，第 707—708 页。

老爱幼、以和为贵等儒家民生思想对人们的规范。有学者认为，"儒家的道德实践从来不是超越尘世的活动，而是扎根于平庸的现实生活，是每个平常人都可仿效、都可践行的。换言之，儒家倡导的实践具有庸常性，它本来就没有离开过日常生活世界，两者具有天然的联结关系"①。这些符合人民群众道德伦理规范的思想对民生政治的构建具有重要的意义。在整个儒家民生思想中，关于个人应该怎么生活的道德伦理规范的阐述比较多，比如《论语》中描述道："子贡曰：'贫而无谄，富而无骄，何如?'子曰：'可也。未若贫而乐，富而好礼者也。'"《大学》中开篇就说："古之欲明明德于天下者，先治其国；欲治其国者，先齐其家；欲齐其家者，先修其身；欲修其身者，先正其心；欲正其心者，先诚其意；欲诚其意者，先致其知；致知在格物。物格而后知至，知至而后意诚，意诚而后心正，心正而后身修，身修而后齐家，家齐而后国治，国治而后天下平。自天子以至于庶人，壹是皆以修身为本，其本乱而末治者否矣，其所厚者薄，而其所薄者厚，未之有也!"《礼记》中提出，"礼不妄说人，不辞费。礼不逾节，不侵侮，不好狎。修身践言，谓之善行。行修言道，礼之质也。礼闻取于人，不闻取人。礼闻来学，不闻往教。道德仁义，非礼不成；教训正俗，非礼不备；分争辨讼，非礼不决"，等等。在儒家民生思想中对个人道德的规范语言比较多，如果剔除其不合理的成分，难道这些语言不是很好的道理吗，答案是肯定的。因此，剔除其不科学的、不是人民的成分来看，儒家民生思想中对人们应该怎么生活的规定是极其科学的、合理的、符合人民群众需要的。而民生政治在微观层面的具体体现探讨的就是人民群众应该怎么生活的问题，因此，儒家民生思想在微观层面为民生政治的构建提供了坚实的基础。

第二节　孙中山民生思想的当代审视

近代以来，中国各族人民在寻求民族解放、国家独立、人民幸福过程中既吸收中国传统优秀文明成果，又学习和吸收了全人类优秀文明成果，

---

① 顾红亮：《儒家生活世界》，上海人民出版社 2008 年版，第 43 页。

与中国各族人民的实践相结合，以孙中山先生为代表的民主革命先行者提出并实践了民生主义即民生思想，孙中山先生的民生思想是中国传统优秀文明的成果，又学习和吸收了全人类优秀文明成果，代表了当时中国各族人民最先进的理论认识和实践。王杰认为，"孙中山揭橥三民主义，作为指导民主革命的思想理论基础和战斗旗帜，是近代内忧外患的时代产物，也是中西政治文化思想融合的结晶，具有时代价值与现代启迪意义"①。董四代也认为，"他提出的民生主义不仅在新的历史条件下全面创新了中国传统民生思想，使之与现代化相联系；而且把中国传统大同思想与社会主义相联系，确立了中国现代化道路的社会主义选择。他在对民生主义的探讨中，坚持从中国社会发展实际出发，吸收西方启蒙思想和社会主义思想，并对它们进行创造性转化，不仅为中国的现代化提出了不同于资本主义的目标，而且为中国人民的反帝反封建斗争规定了一个社会主义的方向"②。正如孙中山先生自己所说的那样，"民生主义者，即社会主义也。贫富不济，豪强侵略，自古有之，然不若欧美今日之甚也。欧美自政治革命而后，人人有自由平等，各得肆力于工商事业，经济进步，机器发明，而生产之力为之大增。得有土地及资本优势者，悉成暴富；而无土地及资本之人，则转因之谋食日艰。由是富者愈富，贫者益贫，则贫者之阶级日分，而民生问题起矣。此问题在欧美今日，愈演愈烈，循此而往，至发生社会之大革命不止也。俄国已发其端，德国又见告矣，英、美诸国将恐不免也。惟中国之于社会革命也，则尚未种其因，如能思患预防，先为徙薪曲突之谋，则此一度之革命，洵可免除也！此民生主义之所以不得不行也"③。因此，孙中山先生的民生思想既吸收了中国传统优秀文明，又学习和吸收了全人类优秀文明成果，且与实践相结合，把中国传统的民生思想向前推进了一步，确立了具有时代特色、实践特色的中国式的民生思想，对中国共产党和中国人民产生了深远的影响。中国人民及中国共产党在吸收孙中山的民生思想过程中，既吸收了其优秀成分，又与马克思主义相结合；既与时代的、全人类的优秀文明相结合，又与实践相结合，提出并实践了民生政治。正如胡锦涛在《在纪念辛亥革命 100 周年大会上的

① 王杰：《孙中山民生思想研究》，首都经济贸易大学出版社 2011 年版，第 1 页。
② 董四代：《民生主义与中国特色社会主义》，中央编译出版社 2011 年版，第 1 页。
③ 《孙中山全集》第 5 卷，中华书局 1985 年版，第 191 页。

讲话》中所指出的："中国共产党人是孙中山先生开创的革命事业最坚定的支持者、最亲密的合作者、最忠实的继承者，不断实现和发展了孙中山先生和辛亥革命先驱的伟大抱负……新中国成立后，中国共产党继承和发展孙中山先生关于建设人民享有民主权利和幸福生活的现代化国家的理想，团结带领全国各族人民自力更生、艰苦奋斗，完成了从新民主主义到社会主义的转变，开展了大规模社会主义建设，推进了改革开放和社会主义现代化伟大事业。"① 因此，民生政治的提出与实践，是对孙中山民生思想的吸收与创新，民生政治与孙中山先生的民生思想具有区别与联系。孙中山先生的民生思想对民生政治的构建具有深刻的启迪与深远的意义。

一　孙中山民生思想与民生政治关联性的当代审视

孙中山民生思想是时代的产物，是对中国传统优秀文明的继承与发扬，是对全人类优秀文明吸收的成果，是对国际国内实践考察的结果，而民生政治的提出与实践是在吸收中国优秀文明、全人类优秀文明成果的基础上，并结合当代中国实践而提出并实践的政治形态，因此，民生政治与孙中山先生的民生思想具有天然的联系。前文指出有学者把孙中山的民生思想看作是民生政治的理论基础之一，因此，孙中山先生的民生思想必然同民生政治具有紧密联系。同时，中国共产党和中国人民是在马克思主义指导下的实践主体，具有马克思主义对待传统文明的科学态度和传统。马克思恩格斯以正确的科学的态度对待传统文明，而不是排斥所有的传统文明。列宁在《马克思主义的三个来源和三个组成部分》中认为，"不仅如此，哲学史和社会科学史都十分清楚地表明：马克思主义同'宗派主义'毫无相似之处，它绝不是离开世界文明发展大道而产生的一种故步自封、僵化不变的学说。恰恰相反，马克思的全部天才正是在于他回答了人类先进思想已经提出的种种问题。他的学说的产生正是哲学、政治经济学和社会主义极伟大的代表物的学说的直接继续。马克思学说具有无限力量，就是因为它正确。它完备而严密，它给人们提供了绝不同任何迷信、任何反动势力、任何为资产阶级压迫所作的辩护相妥协的完整的世界观。马克思学说是人类在 19 世纪所创造的优秀成果——德国的哲学、英国的政治经

---

① 胡锦涛：《在纪念辛亥革命 100 周年大会上的讲话》，《求是》2011 年第 20 期。

济学和法国的社会主义的当然继承者"①。因此，马克思主义本身就是对优秀文明继承的结果。马克思主义是正确地科学地对待传统文明的行动指南，为中国共产党以及中国人民指明了方向。可以说在马克思主义指导下的民生政治吸收了孙中山先生的民生思想，因此，民生政治与孙中山先生的民生思想具有一定的联系。

　　民生政治是对孙中山民生思想的关注民生、重视民生及其基本内涵的继承与发扬。孙中山先生在东京《民报》创刊周年庆祝大会的演说中认为，"说到民生主义，因这里头千条万绪，成为一种科学，不是十分研究不得清楚。并且社会问题隐患在将来，不像民族、民权两问题是燃眉之急，所以少人去理会他。虽然如此，人的眼光要看得远。凡是大灾大祸没有发生的时候，要防止他是容易的；到了发生之后，要扑灭他却是极难。社会问题在欧美是积重难返，在中国却还是幼稚时代，但是将来总会发生的。到那时收拾不来，又要弄成大革命了。革命的事情是万不得已才用，不可频频伤国民的元气。我们实行民族革命、政治革命的时候，须同时想法子改良社会经济组织，防止后来的社会革命，这真是最大的责任"②。因此，孙中山先生关注民生、重视民生问题。正如孙中山先生自己所说的那样，"'民生'二字，为数千年已有之名词。至用之于政治经济上，则本总理始，非独中国向无所闻，即在外国亦属罕见"③。而以胡锦涛同志为代表的中国共产党人，提出并实践了改善民生、保障民生的方略，实践了民生政治形态，关于这一问题已在前文阐述过，但需要指出的是：新世纪、新阶段以来提出并实践了民生政治，这是对孙中山先生关注民生、重视民生基本精神的继承与发扬，可以说民生政治与孙中山先生的民生思想具有联系。在民生政治与孙中山民生思想基本内涵方面，民生政治的民生内涵一般是指人民群众的衣食住行等内涵，而这一基本内涵与孙中山先生所说的民生基本保持一致，孙中山先生认为，"我今天就拿这个名词来下一个定义，可说民生就是人民的生活——社会的生存、国民的生计、群众的生命便是"④。可以说在民生政治的基本内涵方面继承和发扬了孙中山先生关于民生的基本

　　①　《列宁选集》第2卷，人民出版社1995年版，第309—310页。

　　②　《孙中山文集》，团结出版社1997年版，第24页。

　　③　同上书，第58页。

　　④　同上书，第231页。

定义，因此，从对民生基本内涵的规定角度来看，民生政治与孙中山先生的民生思想具有紧密联系。

　　民生政治是对孙中山先生民生思想的谋求人民幸福生活、贫富均等取向、社会公平的继承与发扬及其对孙中山民生思想实现路径的借鉴。孙中山先生认为，"民生主义，就是要人人有平等的地位去谋生活；人人有了平等的地位去谋生活，然后中国四万万人才可以享幸福"①。胡锦涛在《在纪念孙中山诞辰140周年大会上的讲话》中指出："孙中山先生关心民众疾苦，立志为百姓谋福祉。他说'三民主义是为人民而设的，是为人民求幸福的'，革命'就是要去除人民的那些忧愁，替人民谋幸福'。孙中山先生的一生，是为近代中国的民族独立、民主自由、民生幸福而无私奉献的一生，是为实现国家一、振兴中华而殚精竭虑的一生。孙中山先生追求真理的开拓进取精神和矢志不渝的爱国主义情怀，孙中山先生天下为公的博大胸怀和放眼世界的开放心态，孙中山先生生命不息、奋斗不止的坚强意志和鞠躬尽瘁、死而后已的高尚品德，是他留给我们的宝贵精神遗产。在我们为实现中华民族伟大复兴而奋斗的征程上，这一精神遗产仍然具有重要的启迪和教育意义，值得我们永远学习继承和发扬光大。"②而民生政治正是谋求人民幸福生活的理论形态与实践，从这个意义上来说是对孙中山先生民生思想的继承与发扬。关于贫富均等、社会公平的描述，孙中山先生认为，"民生主义是什么用法呢？是用来对大富人打不平的。一国之内，若是有了大富人，国家大事就被他们垄断。穷人没有饭吃，没有衣穿，就不得不做富人的奴隶，这也是一种很不平等的事。要把全国的贫富都打到平等，便要应用民生主义。所以民生主义和民族主义、民权主义，都是一样的道理，用是用来把不平等的事，打到平等的……说到民生主义的事实，最要紧的是均贫富。在一国之中，不可说富人总是坐在家内收利钱，每日游手好闲；穷人便劳动无度，每日总是做苦工。要大家都做事，大家才有饭吃，人人都可以优游度日，享人生的幸福。"③而民生政治是追求共同享有、共同富裕、人的解放的过程，这与孙中山先生的社会公平、贫富均等取向、谋求人民幸福具有联系，民生政治与孙中山先生的民

---

　　①　《孙中山全集》第10卷，中华书局2006年版，第462—463页。

　　②　胡锦涛：《在纪念孙中山诞辰140周年大会上的讲话》，《两岸关系》2006年第12期。

　　③　《孙中山文集》，团结出版社1997年版，第307—308页。

生思想具有联系。在实现路径方面，民生政治的实现也是通过经济发展来改善民生，"孙中山民生主义的实现奠基于经济发展之上，中国共产党也主张通过发展经济以改善民生，将民生问题的解决建立在经济发展的基础之上"①。因此，民生政治的实现路径方面，借鉴了孙中山先生关于民生主义实现路径的探索。

　　总之，孙中山先生的民生思想具有丰富的内涵，博大而精深，民生政治与孙中山民生思想的联系是多方面、多层次、多维度的，需要进一步研究，而笔者的思考是浅显的，笔者相信，随着实践的发展，人们会越来越关注民生政治与孙中山先生民生思想的联系，更为深刻地揭示孙中山先生的民生思想与民生政治的联系，为民生政治的发展寻求更好的更多的传统资源。

二　孙中山民生思想与民生政治区别的当代审视

　　通过考察孙中山先生民生思想的基础，即生产什么、怎样生产以及怎样交换产品的过程，发现孙中山先生民生思想的基础与民生政治的基础是不一样的。《中国共产党中央委员会关于建国以来党的若干历史问题的决议》中指出："伟大的革命先行者孙中山先生一九一一年领导的辛亥革命，推翻了清王朝，结束了两千多年的封建帝制。但是，中国社会的半殖民地、半封建性质并没有改变。无论是当时的国民党，还是其他资产阶级和小资产阶级政治派别，都没有也不可能找到国家和民族的出路。只有中国共产党才给人民指出了中国的出路在于彻底推翻帝国主义、封建主义的反动统治，并进而转入社会主义。"② 在社会主义条件下的民生政治必然与孙中山先生的民生思想具有区别，就其根本原因主要是政治基础的不同，这是民生政治与孙中山先生的民生思想最大的区别。

　　孙中山先生的民生思想强调的是超阶级的民生关怀，而民生政治强调在人民当家作主的根本前提条件下对公平正义的民生关怀，也即阶级条件或阶级基础的不同。中华人民共和国的成立意味着人民已经真正实现了当家作主，如今的民生政治的基础是人民当家作主，即人民民主专政下的民

---

① 陈金龙：《孙中山民生主义的历史作用与当代价值》，《科学社会主义》2011 年第 1 期。
② 中共中央文献研究室：《改革开放三十年重要文献选编》（上），中央文献出版社 2008 年版，第 182 页。

生政治。民生政治是在人民当家作主的前提条件下的实践。而孙中山先生的民生思想是超阶级条件下的民生关怀。孙中山认为，"古今一切人类之所以要努力，就是因为要求生存；人类因为要有不间断的生存，所以社会才有不停止的进化。所以社会进化的定律，是人类求生存。人类求生存，才是社会进化的原因。阶级战争不是社会进化的原因，阶级战争是社会当进化的时候所发生的一种病症。这种病症的原因，是人类不能生存。因为人类不能生存，所以这种病症的结果，便起战争。马克思研究社会问题所有的心得，只见到社会进化的毛病，没见到社会进化的原理。所以马克思只可说是一个'社会病理家'，不能说是一个'社会生理家'"[1]。正如有学者所认为的那样，"孙中山的历史观虽有唯物主义的倾向，但又是建立在进化论的基础之上的。他认为人类历史是一个不断由低级走向高级的过程。他把社会进步的动因视为人们求生存的努力……他承认人类社会发展中存在着阶级斗争，但又认为阶级斗争是人类进入资本主义阶段才出现的，而资本主义是社会发展中出现的一种'病态'。在此之前，社会之所以存在矛盾和斗争，主要是因为人从动物进化而来，还没有完全消除动物的本性"[2]。所以"孙中山在承认阶级压迫和剥削的前提下，主张阶级斗争，但又强调阶级调和，既认同资本家、地主占有生产资料，又积极组织工会、农会反抗资本家和地主的残酷剥削，用以缓和矛盾，达成对立阶级的共容共生"[3]。孙中山先生的民生思想是超阶级性的民生关怀，这与以无产阶级专政为基础的即以人民群众当家作主为根本前提的民生政治不同。

　　总之，由于历史条件、生产条件以及指导思想的不同，民生政治与孙中山先生的民生思想具有区别，而这些区别是多方面的，可以从不同的角度来回答这一问题，笔者的思考只是一个浅显的过程。但是这并不能掩盖孙中山先生民生思想的光芒，需要正确对待孙中山先生的民生思想，挖掘其科学的正确的成分，为民生政治的构建提供营养，最终实现人的解放。

---

　　① 《孙中山文集》，团结出版社1997年版，第245页。

　　② 董四代：《民生主义与中国特色社会主义》，中央编译出版社2011年版，第261—262页。

　　③ 王杰：《孙中山民生思想研究》，首都经济贸易大学出版社2011年版，第253页。

三　孙中山民生思想的当代价值及启示

孙中山先生的民生思想内容丰富，且富有前瞻性，笔者认为孙中山先生的民生思想，对我们来说是一笔珍贵的精神遗产。从孙中山先生提出民生思想以来，已有一段历史，至今还有强大的生命力。这不仅是因为"孙中山有着宽广的世界眼光。可以这样说，在他以前的中国先进人物还只是以中国的眼光来看世界，而他却能以世界的眼光来看中国"①。而且"孙中山的民生主义，是他追求现代化、实现振兴中华伟大设想的体现。他视人民的生活为社会的重心，以社会主义为现代化的道路选择，以工业化为目标，以人民安居乐业为社会政策，形成了一个民生主义思想体系，体现了 20 世纪中国第一个站在时代前列的伟大人物对中国未来的深沉思考"②。因此，孙中山先生的民生思想对民生政治的构建具有强大的时代价值和启示。

孙中山先生民生思想中体现的自信和民生问题的解决要与中国实际相结合的提出对民生政治的构建具有深刻的价值和启示。孙中山于 1905 年在《民报》发刊词中认为，"而民生主义，欧美所虑积重难返者，中国独受病未深，而去之易。是故或于人为既往之陈迹，或于我为方来之大患，要为缮吾群所有事，则不可不并时而弛张之。嗟夫！所陕卑者其所视不远，游五都之市，见美服而求之，忘其身之未称也，又但以当前者为至美。近时志士舌敝唇枯，惟企强中国以比欧美。然而欧美强矣，其民实困，观大同盟罢工与无政府党、社会党之日炽，社会革命其将不远。吾国纵能媲迹于欧美，犹不能免于第二次之革命，而况追逐于人已然之末轨者之终无成耶！夫欧美社会之祸，伏之数十年，及今而后发见之，又不能使之遽去。吾国治民生主义者，发达最先，睹其祸害于未萌，诚可举政治革命、社会革命毕其功于一役。还视欧美，彼且瞠乎后也"③。在这里，孙中山先生指出了民生主义是在考察欧美等西方国家之后而提出的。后来孙中山先生于 1919 年指出："民生主义者，即社会主义也。贫富不济，豪强侵略，自古有之，然不若欧美今日之甚也。欧美自政治革命而后，人人有

---

①　王杰：《孙中山民生思想研究》，首都经济贸易大学出版社 2011 年版，第 1 页。

②　董四代：《民生主义与中国特色社会主义》，中央编译出版社 2011 年版，第 8 页。

③　《孙中山文集》，团结出版社 1997 年版，第 20 页。

自由平等，各得肆力于工商事业，经济进步，机器发明，而生产之力为之大增。得有土地及资本优势者，悉成暴富；而无土地及资本之人，则转因之谋食日艰。由是富者愈富，贫者益贫，则贫者之阶级日分，而民生问题起矣。此问题在欧美今日，愈演愈烈，循此而往，至发生社会之大革命不止也。俄国已发其端，德国又见告矣，英、美诸国将恐不免也。惟中国之于社会革命也，则尚未种其因，如能思患预防，先为徙薪曲突之谋，则此一度之革命，洵可免除也！此民生主义之所以不得不行也"①。民生主义的提出过程正是在通过考察欧美国家之后发现其弊病而提出的，所以民生主义的提出过程反映了孙中山先生并不盲从欧美国家的心态，体现了孙中山先生的自信，而这种自信，无论是在过去还是现在都具有深刻的意义，特别是在学习和借鉴西方先进国家的思想、理论、制度、生活方式等过程中。对民生问题的解决，孙中山先生认为，"民生主义的办法，国民党在党纲里头老早是确定了。国民党对于民生主义定了两个办法：第一个是平均地权，第二个是节制资本。只要按照这两个办法，便可以解决中国的民生问题。至于世界各国，因为情形各不相同，资本发达的程度也是各不相同，所以解决民生问题的办法，各国也是不能相同。我们中国学者近来从欧美得到了这种学问，许多人以为解决中国民生问题，也要仿效欧美的办法。殊不知欧美社会党解决问题的办法，至今还是纷纷其说，莫衷一是"②。孙中山先生强调民生问题的解决要与中国实际相结合起来。有学者认为，"他一向主张中国不可照搬西方，解决社会问题要根据事实，不能单凭理论，更不能靠玄想，要充分认识事物的发展变化，必须从现实出发制定政策方针"③。因此，解决民生问题要与中国实际相结合起来，这是孙中山先生的民生思想在解决民生问题方面对民生政治的构建给予我们的一个启示。总之，孙中山先生在提出并实践民生思想过程中所体现的自信以及与中国实际相结合的方法在今天仍然具有价值，需要我们在构建民生政治过程中树立起对民生政治的信心，并把国外的先进经验与中国实际相结合起来，创造真正符合人民群众的、更为幸福的民生政治形态。

孙中山先生民生思想的主要内容的精神对构建民生政治的价值及其启

---

①　《孙中山全集》第5卷，中华书局1985年版，第191页。

②　《孙中山文集》，团结出版社1997年版，第253页。

③　王杰：《孙中山民生思想研究》，首都经济贸易大学出版社2011年版，第173页。

示。孙中山认为，"民生主义的办法，国民党在党纲里头老早是确定了。国民党对于民生主义定了两个办法：第一个是平均地权，第二个是节制资本。只要按照这两个办法，便可以解决中国的民生问题"①。笔者认为这就是孙中山先生民生思想的主要内容。有学者指出，"一般认为，'节制资本'与'平均地权'二者皆为孙中山民生主义的主要内容"②。而所谓平均地权的解决办法就是"这种办法是什么呢？就是政府照地价收税和照地价收买"③。简单来说就是收归众人公有、众人能够共产。孙中山先生认为，"一般普通人民负担的杂捐太重，总是要纳税，所以便很穷，所以中国的穷人便很多。这种穷人负担太重的原故，就是由于政府抽税不公道，地权不平均，土地问题没有解决。如果地价税完全实行，土地问题可以解决，一般贫民便没有这种痛苦"④。虽然孙中山先生平均地权的具体措施受到历史条件、生产条件的限制，但是他对中国地权问题的基本精神直到今天仍然具有深刻的价值启示，因为在中国，农业以及土地问题仍然是一个存在的基本问题，因此具有当代价值。另外，关于"节制资本"的思想。孙中山先生节制资本的思想主要是"节制私人资本""发达国家资本"和"利用外国资本"。有学者研究认为，"孙中山的民生主义思想中，有关资本问题的内涵，确实包含了'节制私人资本'、'发达国家资本'与'利用外国资本'三部分"⑤。孙中山先生关于节制资本的思想对今天仍然具有启示和价值。马克思恩格斯认为，"资本不是一种个人力量，而是一种社会力量。因此，把资本变为公共的、属于社会全体成员的财产，这并不是把个人财产变为社会财产。这里所改变的只是财产的社会性质。它将失掉它的阶级性质"⑥。在这里马克思恩格斯明确指出了如何对待资本的问题，在已经消灭了剥削阶级条件下的社会主义国家中，资本也是存在的，但是由于历史上遗留的一系列原因以及生产发展条件的限制，特别是阶级斗争在一定范围内存在的条件下，客观上还是需要慎重地科学地正确地对待现阶段的资本问题，孙中山先生关于节制资本的思想对

① 《孙中山文集》，团结出版社1997年版，第253页。

② 王杰：《孙中山民生思想研究》，首都经济贸易大学出版社2011年版，第115页。

③ 《孙中山文集》，团结出版社1997年版，第264页。

④ 同上书，第266页。

⑤ 王杰：《孙中山民生思想研究》，首都经济贸易大学出版社2011年版，第119页。

⑥ 《马克思恩格斯文集》第2卷，人民出版社2009年版，第46页。

今天仍然具有极大的价值及启示意义。

第三节　生活政治的当代审视

目前，民生政治和生活政治这两个不同的概念频频出现在研究国内政治生活的话语中，有些学者认为，我们今天讲的民生政治就是生活政治，而中国共产党和政府经常谈到和重视的是民生政治概念。那么，人们就会进一步追问：民生政治和生活政治是否同一个概念，生活政治概念能否代替民生政治概念。笔者认为，民生政治主要探讨的是在人民主体性的历史前提下，如何改善民生和保障民生的问题，而生活政治作为西方政治生活的理论成果，虽然它所关注的问题和思维方式对我国实现现代化和建设中国特色社会主义具有借鉴意义，但其理论逻辑起点、核心命题和逻辑归宿都有自己特定的内容。因此，民生政治与生活政治是不同的概念，生活政治概念不能代替民生政治概念。

一　理论逻辑起点的当代审视

任何理论的形成和发展过程总有一个逻辑起点，也即理论形成的前提条件，因此，民生政治与生活政治理论的比较首先应该是理论逻辑起点的比较。因为民生政治与生活政治理论的形成是对现实政治生活的理论概括，是真实反映特定时空的生产方式、生活方式和思维方式的理论成果，并且理论的构建总是以现实政治生活为基础，通过总结和借鉴已有的理论成果来建构新的理论和观点的过程。

民生政治的理论逻辑起点：人民当家作主。人民当家作主一般可以理解为人民是政治生活的主体、人民群众自己掌握自己的命运、人民是历史的创造者等。人民当家作主是当代民生政治理论区别于传统民生观的本质内容，也是区别于生活政治理论的本质规定。民生政治理论是以人民当家作主为逻辑起点的理论体系。从中国历史发展过程来看，民生一直是中国人在生活中关注的重点内容。比如，《尚书·五子之歌》中的"民惟邦本，本固邦宁"，《孟子·梁惠王下》中的"忧民之忧之，民亦忧其忧"，《孟子·尽心下》中的"民为贵，社稷次之，君为轻"等。近代以来，孙中山先生的三民主义把民生思想向前推进了一步，但是，由于生产力发展状况和历史条件的限制，孙中山先生的民生思想及其中国传统的民生思想很难涉及民生政治的本质含义。真正的民生政治应该是人民群众在人类政治生活中具有决定性的地位，即人民当家作主的民生政治应该是真正的民生政治。在中国，真正的民生政治时代应该开始于中华人民共和国的成立，中华人民共和国的成立意味着人民当家作主的时代已经来临，人民群众自己决定自己的命运。民生政治的逻辑起点应该是人民当家作主，也应该在人民当家作主这一基础上讨论民生政治，民生政治建设就具有了真正的含义。

生活政治的理论逻辑起点：解放政治。安东尼·吉登斯提出研究整个晚期现代性中的主要社会转型，就要区分解放政治与生活政治，通过这一区分，我们便能够把握社会转型的意义。并进一步明确指出解放政治是这样的一种政治观，即"一种力图将个体和群体从对其生活机遇有不良影响的束缚中解放出来的一种观点。解放政治包含了两个主要的因素，一个是力图打破过去的枷锁，因而也是一种面向未来的改造态度，另一个是力图克服某些个人或群体支配另一些个人或群体的非合法性统治"①。这一定义包含两个方面的内容：一方面，解放政治的目标和实质是把无特权群体从它们不幸的状况中摆脱出去，或者消除他们之间相对的差别，主要关心的是减少或者消灭剥削、不平等和压迫；另一方面，解放政治遵循自主性原则，即个体能够在某种意义上拥有在其社会生活的环境中自由和独立行动的能力，且能够把集体的生活组织起来。安东尼·吉登斯通过解放政治定义的考察进一步指出，解放政治"是一种生活机会的政治，是关于提高行动自主权的政治"②。但是，随着政治生活的变化，解放政治已经不能适应政治生活的现实诉求。政治生活的变化主要来自传统以及自然消失的一系列事件，而这些事件提出了生活政治的问题。因此，以解放政治为逻辑起点的生活政治便被提上了政治议程。生活政治是指"生活政治关涉的是来自于后传统背景下，在自我实现过程中所引发的政治问题，在那里全球化的影响深深地侵入到自我反思性投射中，反过来自我实现的过

---

① ［英］安东尼·吉登斯：《现代性与自我认同》，赵旭东、方文、王铭铭译，生活·读书·新知三联书店 1998 年版，第 247—248 页。

② ［英］安东尼·吉登斯：《超越左与右——激进政治的未来》，李惠斌等译，社会科学文献出版社 2000 年版本，第 94 页。

程又会影响到全球化的策略"①。生活政治更多的是从个体的角度关注政治问题，回答的是在后传统秩序中提出的应该怎样生活的问题。在一定意义上来说，生活政治的提出开始了"政治及政治学的解咒过程"②。

二　核心命题的当代审视

核心命题的比较是当代民生政治与生活政治比较研究的另一个主题。民生政治与生活政治作为人们认识政治生活实践的政治理论，都运用政治学分析方法分析政治生活，而政治是"人们按照一定的利益要求，借助于特定的社会公共权力而进行特定权利分配的一种社会关系"③。因此，民生政治理论与生活政治理论的核心命题必然地探讨利益关系和利益矛盾，但是二者所关注的重点不同。

民生政治的核心命题是人民群众内部的利益关系和利益矛盾。政治是经济的集中体现，因此，反映社会主义生产方式、交换方式的民生政治观，必然同社会主义生产方式、交换方式相联系，也只有在社会主义这一基础上讨论民生政治，这一理论才有存在的价值和意义。在社会主义社会里，人民是政治生活的主人，人民群众自己掌握自己的命运，因此，以人民群众内部的利益关系和利益矛盾为民生政治的核心命题，是社会主义本质内容的必然要求。关于社会主义政治关系的实质是人民群众内部的利益关系和利益矛盾的认识和实践经历了一个长期的过程。在相当长的时期内，特别是在我国已经进入社会主义建设的历史时期内，我们仍然认为阶级斗争和阶级关系是社会主义政治关系的实质，运用马克思主义阶级分析法分析政治现象是这一历史时期的主要特征，其结果是大规模的政治运动和政治斗争，由此形成以阶级斗争为纲的政治理论和政治实践。但是，随着政治实践和政治生活重心的转移，人民群众内部的利益关系和利益矛盾逐渐成为分析政治现象和政治关系的主要内容。从认识论的角度而言，毛泽东的《关于正确处理人民内部矛盾的问题》对正确认识和处理社会主

---

① ［英］安东尼·吉登斯：《现代性与自我认同》，赵旭东、方文、王铭铭译，生活·读书·新知三联书店1998年版，第252页。

② 赵丽江、刘婧、郭凡路：《生活政治学的发端及关注的问题——政治学研究的祛魅与解咒》，《华中科技大学学报》（社会科学版）2010年第6期。

③ 王浦劬：《关于完善政治学原理体系的思考》，《北京大学学报》（哲学社会科学版）1992年第5期。

义政治关系奠定了理论基础；从现实政治实践而言，十一届三中全会的召开，开创了社会主义政治关系的实质是人民群众内部的利益关系和利益矛盾的现实基础。十一届三中全会以后，全党工作的重心和全国人民的注意力转移到社会主义现代化建设上来。以经济建设为中心的现实政治生活意味着政治生活重心的转移不仅是理论上的转移，而且还是现实政治生活的转移，即从以阶级斗争为纲的政治理论和政治实践转移到以人民群众内部利益关系和利益矛盾为核心命题的政治理论和政治实践。政治生活重心的转移意味着在社会主义初级阶段，除了一定范围内的阶级斗争外，社会政治主要呈现为人民群众内部的利益关系和利益矛盾，呈现为人民性与阶级性的同一性。

而生活政治的核心命题是资本主义体系内的阶级及其阶层的利益关系和利益矛盾。所谓资本主义体系是指资本主义基本制度、基本理论、资本主义的生产方式和生活方式的总和。前文提到，解放政治的目的和本质是把无特权群体从它们不幸的状况中摆脱出去，或者消除他们之间相对的差别，主要关心的是减少或者消灭剥削、不平等和压迫。这一目的和本质支配了包括马克思在内的激进主义、自由主义和保守主义等理论的基本内容和价值追求，吉登斯认为，"若在一定程度上做非常简捷的概括，我们就会在现代政治学中看到有激进主义（这包括马克思）、自由主义和保守主义等三种整体的视角，它们虽然十分不同，但是共同都受解放政治的支配"[1]。而生活政治假定人们已经从一定水平的传统的僵化中和从等级统治的状况中解放出来，即生活政治以解放政治为逻辑起点。这一理论逻辑意味着生活政治是以前人的理论包括马克思主义某些理论和观点为基础对现实问题思考的理论成果。从这个意义上来看，生活政治有着一定的合理性。但是，生活政治并没有触及资本主义基本问题和基本矛盾，而是主要论及资本主义体系范围内关于后传统背景下的自我实现过程和全球化问题，集中关注个体在日常生活中的政治选择方式和行动方式。理解生活政治的基本途径是现代性，而现代性"完全改变了日常社会生活的实质，影响到了我们的经历中最为个人化的那些方面。我们必须从制度层面上来理解现代性。由于现代制度的导入所引起的日常生活的嬗变，从而与个体

---

① ［英］安东尼·吉登斯：《现代性与自我认同》，赵旭东、方文、王铭铭译，生活·读书·新知三联书店1998年版，第247页。

生活进而也与自我以一种直接的方式交织在一起"①。因此，作为认同政治、选择政治的生活政治理论必然同现代性制度具有紧密联系，所认同的就是认同现代性制度，所选择的就是在现代性制度框架内进行选择和行动。而"资本主义的生产和分配构成了现代性制度的核心要素"②。因此，资本主义的生产和分配规定了现代性制度的本质内容，现代性制度为人们关于生活方式的选择和认同提供了政治前提和制度基础，人们的生活依然处在资本主义体系范围内，现代性制度并没有从根本上改变人们政治生活的本质，只是调整了资产阶级统治方式和生活方式而已，资本主义基本矛盾依然存在。因此，笔者认为，生活政治的核心命题是资本主义体系范围内的阶级以及阶层的利益关系和利益矛盾，主要解决的是在资本主义发展过程中，由于现代性和全球化带来的利益矛盾和利益关系问题。

三　逻辑归宿的当代审视

逻辑归宿的比较是民生政治与生活政治比较研究的又一个主题。任何理论体系的产生和发展都是为了回答现实政治生活提出的问题，并对现实问题的解决提出一个合理的方案，而制度安排是最好的选择。民生政治与生活政治作为一个与现实政治生活密切联系的理论，理应提出合理的方案来解决现实政治生活提出的问题，并对解决方案提供一个合理的制度安排。由于民生政治与生活政治所要解决的问题不同，因此，民生政治与生活政治表现出不同的逻辑归宿。

民生政治理论逻辑归宿是人民群众内部利益和谐的制度安排。前文提到，人民群众内部的利益关系和利益矛盾是民生政治的核心命题，这一核心命题意味着民生政治主要关心的是人民群众内部的利益问题，具体而言就是解决好人民群众最关心最直接最现实的利益问题。既然人民群众内部的利益关系和利益问题是民生政治的核心命题，那么如何实现和保证这一核心命题成为人们普遍关心的问题即民生政治的逻辑归宿问题。关于这一问题，胡锦涛在《在庆祝中国共产党成立 90 周年大会上的讲话》中指出："要坚持发展为了人民、发展依靠人民、发展成果由人民共享，完善保障和改

---

①　［英］安东尼·吉登斯：《现代性与自我认同》，赵旭东、方文、王铭铭译，生活·读书·新知三联书店 1998 年版，第 1 页。

②　同上书，第 5 页。

善民生的制度安排，把促进就业放在经济社会发展优先位置，加快发展教育、社会保障、医药卫生、保障性住房等各项社会事业，推进基本公共服务均等化，加大收入分配调节力度，坚定不移走共同富裕道路，努力使全体人民学有所教、劳有所得、病有所医、老有所养、住有所居。"① 因此，民生政治的逻辑归宿是关于人民群众内部利益和谐的制度安排，制度安排的内容主要涉及就业制度、教育制度、社会保障制度、医疗卫生制度、住房制度、分配制度等。关于如何保障制度安排的问题，有学者建议，"用民众生活质量指数取代简单的经济增长指数，把民众生活质量的提高作为政治合法性的支撑来源之外，另外一个重要的问题就是与民生政治相关的政府理念的创新和价值取向的定位即构建民生型政府"②。也有学者提出了具体的制度安排路径即"通过社会体制改革，加快推进社会建设，着力改善民生，主要优先发展教育，实施扩大就业，深化收入分配制度改革，加快社会保障建设和基本医疗卫生制度建设，加强与人民群众生活密切相关的住房、物价、教育、社会保障、劳动就业等方面的建设，就全国来说，全面推进城乡社区建设和新农村建设，尤其是加快推进公共服务均等化、公共管理人性化、公共行政法制化"③。又有学者建议民生政治的制度安排"需要从制度建设和制度保障的层面，切实加强民主法制建设，促进社会公平正义"④。

　　生活政治的逻辑归宿是资产阶级与其他阶级以及阶层间利益均衡的制度安排。安东尼·吉登斯认为，"生活政治是一种由反思而调动起来的秩序，这就是晚期现代性的系统，它在个体和集体的层面上都已极端地改变了社会活动的存在性参量。在一种反思秩序的环境中，它是一种自我实现的政治，在那里这种反思性把自我和身体与全球范围的系统联接在一起"⑤。而在这种由反思而调动起来的秩序中，制度安排具有稳定性和基础性的作用。因此，生活政治所要回答的关于现实政治生活中提出的问题必然由制度形式巩固下来，并在这一制度框架内实现自我。前文提到，生

①　胡锦涛：《在庆祝中国共产党成立90周年大会上的讲话》，《求是》2011年第13期。

②　曹文宏：《民生政治：民生问题的政治学诠释》，《天府新论》2008年第1期。

③　田新文：《民生政治：理解政治生活变化的新视角》，《社会主义研究》2008年第4期。

④　汪玉凯：《民生问题的政治高度》，《政策瞭望》2007年第4期。

⑤　[英] 安东尼·吉登斯：《现代性与自我认同》，赵旭东、方文、王铭铭译，生活·读书·新知三联书店1998年版，第251—252页。

活政治并未改变资本主义的基本矛盾，主要调整的是资产阶级统治方式和生活方式，解决的是在资本主义发展过程中，由于现代性和全球化带来的利益矛盾和利益关系问题。由于生活政治的这一特性，其制度安排必然带有资本主义的痕迹。因此，生活政治的逻辑归宿是资产阶级与其他阶级以及阶层间利益均衡的制度安排。那么，制度安排主要涉及哪些内容呢？笔者认为主要包含以下内容：首先，自然环境与道德问题。安东尼·吉登斯认为，"受压抑的存在观不仅仅是与自然有关，而且还与这类的存在的参量有关，它已被迫使它们自己返回到议事日程上来了。这一过程并非是一个自动的过程，在日常生活的水平上以及在集体斗争中，道德与存在的问题又积极地重新复活，进而受到公开的讨论"①。因此，生活政治涉及自然环境与道德问题的讨论。其次，生物性的生殖问题。安东尼·吉登斯明确指出生活政治的第二个议事日程是生物性的生殖问题，并从道德的角度给予了回答。再次，全球化问题。安东尼·吉登斯对全球化问题给予了高度重视，并把全球化看作生活政治的第三个焦点。最后，自我认同问题。生活政治在议事日程上的实质问题集中体现在整体的人和个体性的权利上，而这与自我认同问题具有直接的相关性，所以生活政治在制度安排的内容中涉及自我认同问题。

第四节　中国 1949—1999 年民生建设的当代审视

　　1949 年中华人民共和国的成立意味着人民当家作主的政治地位的确立，从此，中国的民生建设进入了新的发展阶段。我国 1949—1999 年的民生建设与民生政治形态的政治前提是人民民主专政，二者之间具有天然的联系。前文指出自中华人民共和国的成立确立了人民主体性地位开始，便开始了真正的民生建设，但是由于历史的原因，民生政治发展出现了曲折，直至十一届三中全会的召开，民生政治的建设才得以正常发展。新世纪以来，党中央明确提出了保障和改善民生的政治理念和政治方略，自此，在中华人民共和国的成立，确立了人民主体性地位，改革开放以来的

---

　　① ［英］安东尼·吉登斯：《现代性与自我认同》，赵旭东、方文、王铭铭译，生活·读书·新知三联书店 1998 年版，第 263 页。

经济发展，中共中央领导集体全面建设民生政治理念提出的实践背景下，人们逐渐以民生政治概念研究当代中国的政治生活，因此，在一定程度上可以说民生政治是近年来提出并实践的新型的政治形态，与我国1949—1999年的民生建设既有区别又有联系。

一　中国1949—1999年民生建设与民生政治的联系

民生政治与我国1949—1999年的民生建设由于社会制度、政治前提以及指导思想等的一致性，促使民生政治与我国1949—1999年的民生建设具有天然的联系，民生政治的提出与实践是对我国1949—1999年的民生建设实践的继承与发扬，因此，民生政治的提出与实践是我国1949—1999年的民生建设的必然。

中华人民共和国的成立意味着人民当家作主这一根本政治前提的实现，而民生政治的实践也正是在这一根本政治前提下的政治形态，因此，民生政治与我国1949—1999年的民生建设具有本质上的联系。究其原因，主要是人民当家作主这一根本政治前提没有变，这也是民生政治与我国1949—1999年民生建设的最大的联系，"1949年，对中国人民来说具有特殊意义的一年。这一年，中国人民完成了中国历史上革命与反革命的伟大任务，从此进入了新民主主义时期。在9月召开的第一届中国人民政治协商会议上，毛泽东主席庄严宣布：中国人民从此站起来了。在10月1日的开国大典上，又向世界人民宣布了中华人民共和国的成立。人民共和国实行人民民主专政，从根本上改变了过去人民受剥削和受压迫的地位，国家政权属于人民。因此，新政权的建立既是建国初期解决民生问题的前提，又为解决民生问题提供了政治保障"[1]。中华人民共和国的成立意味着在中国人民当家作主是一切政治的前提和基础。中华人民共和国的成立意味着人民已经实现了当家作主，即人民主体地位的确立。中华人民共和国的成立"建立和巩固了工人阶级领导的、以工农联盟为基础的人民民主专政即无产阶级专政的国家政权。它是中国历史上从来没有过的人民当家作主的新型政权，是建设社会主义的富强民主文明的现代化国家的根本

---

①　柳礼泉：《新中国民生60年》，湖南大学出版社2009年版，第50页。

保证"①。从此，中国的政治历史已经进入人民当家作主的历史，即人民主体性的历史时期，而民生政治的提出与实践是在人民主体性基础上中国社会走向富裕条件下贫富差距过大这一直接前提条件下的政治形态，前文提出民生政治必须坚持人民主体性的前提，因此，民生政治与我国1949—1999 年的民生建设具有天然的联系。

    民生政治与我国 1949—1999 年的民生建设制度前提的一致性。我国1949—1999 年的民生建设与民生政治都是在社会主义制度这一制度前提下，民生政治与我国 1949—1999 年的民生建设具有制度前提的天然的联系。胡锦涛在中国共产党第十八次全国代表大会上的报告中指出："以毛泽东同志为核心的党的第一代中央领导集体带领全党全国各族人民完成了新民主主义革命，进行了社会主义改造，确立了社会主义基本制度，成功实现了中国历史上最深刻最伟大的社会变革，为当代中国一切发展进步奠定了根本政治前提和制度基础。"② 因此，社会主义制度是中国一切发展进步的政治前提和政治基础，也必然地是我国 1949—1999 年的民生建设与民生政治的制度前提。柳礼泉认为，"完成三大改造，在中国建立起了社会主义制度，为彻底解决中国民生问题创造了根本的制度前提。正如党的十七大报告指出的那样：新民主主义革命的胜利，社会主义基本制度的建立，为当代中国的发展进步奠定了根本政治前提和制度基础"③。因此，纵观新中国成立以来的政治发展，社会主义制度一直是中国发展进步的根本制度基础，民生政治形态的建设也不例外，所以说民生政治与我国1949—1999 年的民生建设是在社会主义制度这一制度基础上的政治形态，具有天然的联系。需要说明的是，虽然社会主义制度是在 1956 年确立的，但是从 1949 年中华人民共和国成立到 1956 年期间社会主义制度的确立过程本身体现了对民生问题的重视和改善，其性质仍然是人民当家作主，为民生问题的解决创造制度基础的过程，可以说我国 1949—1999 年的民生建设与民生政治具有同一的制度基础。我国 1949—1999 年的民生建设在制度基础上是并不矛盾的，在一定程度上可以说是在社会主义制度上的民

---

    ① 中共中央文献研究室：《改革开放三十年重要文献选编》（上），中央文献出版社 2008 年版，第 185—186 页。

    ② 胡锦涛：《胡锦涛在中国共产党第十八次全国代表大会上的报告》，2012 年 11 月，新华网（http：//news. xinhuanet. com/18cpcnc/2012－11/17/c_ 113711665_ 3. htm）

    ③ 柳礼泉：《新中国民生 60 年》，湖南大学出版社 2009 年版，第 49 页。

生建设，因此，民生政治与我国 1949—1999 年的民生建设的制度基础具有一致性。

指导思想的一致性，即民生政治与我国 1949—1999 年的民生建设都以马克思主义为指导思想。毛泽东指出："中国人找到马克思主义，是经过俄国人介绍的。在十月革命以前，中国人不但不知道列宁、斯大林，也不知道马克思、恩格斯。十月革命一声炮响，给我们送来了马克思列宁主义。十月革命帮助了全世界的也帮助了中国的先进分子，用无产阶级的宇宙观作为观察国家命运的工具，重新考虑自己的问题。走俄国人的路——这就是结论。"① 从此中国人民以及中国共产党在马克思主义的指导下走向了光明。正是在马克思主义的指导下，取得了 1949 年以来民生建设的成就。纵观新中国成立以来民生建设的历史过程可以发现无论是我国 1949—1999 年的民生建设，还是民生政治形态的发展都是在马克思主义指导下的行为，因此，在一定程度上可以说民生政治与我国 1949—1999 年的民生建设在指导思想上的一致性。

总之，民生政治与我国 1949—1999 年的民生建设在本质上是同一的，二者没有本质上的区别，因此，民生政治与我国 1949—1999 年的民生建设具有天然的联系。民生政治的提出与实践恰好体现了我国 1949—1999 年民生建设实践经验的总结和发扬，也正因为对我国 1949—1999 年民生建设实践经验总结的基础上提出并实践民生政治，是对我国 1949—1999 年民生建设的继承与发扬，把我国 1949—1999 年的民生建设继续推向前进。

二　中国 1949—1999 年民生建设与民生政治的区别

前文指出：中华人民共和国的成立以及社会主义改造的基本完成，虽然在政治形态上确立了人民主体性的地位即人民当家作主的政治形态，但是由于阶级社会历史遗留的原因和生产条件的限制，巩固人民民主的国家政权仍然是当时主要的政治形态，在政治形态上主要体现为以权力为中心的政治形态，特别是在"左"的意识形态的影响下，把阶级斗争扩大化，明显表现出了阶级政治的痕迹，因此，从 1949 年中华人民共和国的成立到改革开放的时期内，民生问题让位于巩固人民民主专政的政治形态，此

---

① 《毛泽东选集》第 4 卷，人民出版社 1991 年版，第 1470—1471 页。

时的民生建设明显带有权力政治的色彩，所以 1949 年中华人民共和国的成立到改革开放前的时期内的民生建设同当前的民生政治有区别，但它们同属于人民主体性条件下的民生建设，没有本质上的差别。改革开放以来，以经济建设为中心成为当时的主要任务和实践形态，体现在政治领域的主要是经济政治形态，即以经济建设为中心的政治形态，此时的政治合法性主要来源于经济的发展，虽然经济的发展确实是民生政治的基础，但是把以经济建设为中心的民生建设看作是民生政治，仍然缺少一定的说服力，因为民生问题不仅是经济问题，经济的发展不等于民生问题的发展，因此，民生政治不能等同于以经济建设为中心的民生建设。同时，前文也指出：从民生政治概念术语提出过程来看，民生政治内涵的提出，不仅规定了人民主体性原则，而且还肯定了改革开放以来经济发展的成就，同时还规定了未来民生政治发展的总体方向。然而民生政治概念术语的提出不是从人民主体性确立开始的，而是新世纪以来，人们对政治实践的理论概括，因而民生政治是一种新型的理论范式和实践形态。

从形成过程来看，民生政治形成的直接前提是人民主体性基础上中国社会走向富裕条件下贫富差距过大的问题，而我国 1949—1999 年的民生建设主要解决的是人民主体性基础上如何富裕的问题，因此，我国 1949—1999 年的民生建设与民生政治具有一定的区别。

从人们日常生活变迁的角度来看，民生政治与我国 1949—1999 年的民生建设具有区别。1949 年中华人民共和国成立以来确立了人民当家作主的根本的政治前提和政治基础，但是由于生产发展和历史条件的限制，我国 1949—1999 年的民生建设有被过度异化的特点。纵观我国 1949—1999 年的民生建设，由于生产和历史条件的原因，本属于人们生活问题的民生问题被深深地打上了政治和经济的痕迹，换句话说就是被过度地政治化和经济化，而民生政治的提出与实践正是对这一问题的纠正和超越。前文描述到：在我国，社会主义形态的实践从根本上改变了以往的生活状态，使民生问题的生活属性从根本上实现了质的改变，但是由于生产的发展、国际国内形势的影响，在相当长的时间里人们的日常生活被过度政治化，集中表现为人们的日常生活中的民生问题上升为政治任务，以此来实现国家的崛起和民族的复兴，当然，对日常生活的政治化有利于人们形成统一的步伐，能够促进生产的发展，但是过度政治化带来的后果也是严重的，人们的日常生活成为政治的附属物，按照异化劳动视角来看，本属于人们日常生活世界的民生问题被过度政治化，导致的是人性的扭曲，日常生活意义的扭曲。在日常生活过度政治化的年代，人们衣食住行等日常生活的问题被过度政治化，深深地烙上了政治斗争的痕迹，正是从这个意义上来说，民生的被过度政治化导致的是人性的扭曲，日常生活的扭曲，人们衣食住行等过程被政治所异化。随着改革开放向经济发展重心的转移，改善了过度政治化的弊端，但是经过改革开放的实践，人们又发现在经济发展的基础上，人们的日常生活又陷入了另一个弊端即日常生活的过度经济化，集中体现在人们的日常生活被金钱所腐蚀和异化，把人们的生活世界还给人们的生活世界的任务并未真正完全地完成。

从本质上来说，民生是人的问题，因为民生简单来说就是人们的衣食住行，而这些问题本身就是人的问题，是人的本质属性在行为方面的具体体现，民生的本质是人的问题。中华人民共和国的成立促使民生问题从剥削阶级统治下解放出来，促使人民群众自己的民生问题还给了人民群众自己，但是正如前文指出由于生产和历史条件的原因，人的问题被过度政治化了，在改革开放之前的民生问题被过度政治化了，促使属于人本身的民生问题仍然未能真正地实现解放。以人为本理念的提出和实践，实现了民生本质的人本化转向，把人的世界的民生问题还给了人的世界。正是从这个意义上来说，我国 1949—1999 年的民生建设与民生政治有区别。

从价值追求的角度来看，民生政治是在人民主体性根本前提条件下以公平正义为价值追求的政治形态，民生政治的主题是公平正义，而我国 1949—1999 年的民生建设主要任务和价值追求是围绕政权建设和经济建设而展开，所体现的主题是国家政权的巩固和经济的发展，因此，从它们所彰显的价值追求来看，二者有区别。

从逻辑生成的角度来看，民生政治逻辑生成的直接前提是富裕中国产生贫富差距过大问题而构建的政治形态，意味着民生政治时代不是建立在一穷二白基础上的政治实践，但是我国 1949—1999 年的民生建设是建立在我国一穷二白基础上的实践，主要任务是改变一穷二白的国家面貌，因此，从这个角度来说，民生政治与我国 1949—1999 年的民生建设有区别。

总之，民生政治与我国 1949—1999 年的民生建设是有区别的，但是也不应该把这一区别扩大，应该正确对待民生政治与我国 1949—1999 年的民生建设之间的区别，为民生政治的健康发展确立正确的认识，最终为人的解放作出努力和贡献。

第五章

中国梦语境下民生政治的多维建构

政治的、经济的、文化的、社会的等人类活动必然同民生发生联系，因此，民生就具有多维视角，也正是从这一原理出发，民生的一般特性集中体现在民生的经济特性、民生的政治特性、民生的文化特性、民生的社会特性或者换句话说就是民生的生活特性。而关于民生的一般特性已在前文阐述过，这里不再重复，但是需要指出的是，正是由于民生的一般特性，促使民生政治可以从多个角度进行阐释，促使民生政治具有多维视角的建构过程。民生政治在当代中国的建构需要从中国自身的实践出发，对人们关于民生政治的实践过程作一多维视角的考察，全景式展示民生政治在当代中国的构建过程。而笔者的考察不是没有前提的，这一前提就是现实的人。因此，笔者试图从现实的人出发，通过民生政治的经济的、政治的、文化的、社会的多维视角，全景式展示民生政治的建构过程，以此来梳理民生政治在当代中国的实践脉络，主要回答在当代中国如何构建民生政治的问题。

第一节　中国梦语境下民生政治的经济建构

生产是人们所进行的第一个活动，也是人类的基本活动，生产活动构成了人类活动的物质基础，经济是生产过程的集中体现，因此，民生政治在当代中国的构建首先需要从经济的角度给予阐释，而经济发展状态的程度和深度体现了民生政治构建的深度和程度，因而民生政治在当代中国构建的程度与深度必然同当代中国的经济状况相联系，但是需要明确的一个前提是当代中国的生产关系是社会主义的生产关系，在实现了社会主义生产关系的社会主义社会里，生产关系的性质是社会主义的，其主要任务是解放和发展生产力，或者把人从不发达的生产状态下解放出来。民生政治在当代中国的构建正是在社会主义生产关系条件下的政治形态，民生政治的前提必然是社会主义生产关系。从这一原理出发，民生政治在当代中国构建的经济维度必然是在社会主义生产关系基础上的，也只有从这一基础出发，民生政治在当代中国构建的经济维度才有更好的说服力。

一　中国梦语境下民生政治的经济诉求

依据历史唯物主义原理，现实的人所从事的一切活动都受到生产条件的制约，人们在民生政治的构建过程中首先要考虑的是民生政治的生产条件。现实的人所从事的民生政治活动必然同当时的生产条件或者经济状况相联系，即现实的人生产什么、怎样生产以及怎样交换产品构成了民生政治的经济基础。前文指出当代中国是在社会主义生产关系条件下的物质生产活动，当代中国民生政治构建的经济诉求就是在社会主义生产关系条件下解放和发展生产力，不断满足人民群众日益增长的物质文化需求。在实现了社会主义条件下的民生政治形态的构建必然是解放和发展生产力，因此，民生政治在当代中国构建的经济诉求的总体趋势就是解放和发展生产力，不断满足人民群众日益增长的物质文化需要。邓小平指出："根据我们自己的经验，讲社会主义，首先就要使生产力发展，这是主要的。只有这样，才能表明社会主义的优越性。社会主义经济政策对不对，归根到底要看生产力是否发展，人民收入是否增加。这是压倒一切的标准。空讲社会主义不行，人民不相信。"① 因此，民生政治在当代中国的构建首先要解放和发展社会主义生产。

民生政治在当代中国构建的这一经济诉求是社会主义性质的本质要求，也是国情的基本要求。邓小平指出："什么叫社会主义，什么叫马克思主义？我们过去对这个问题的认识不是完全清醒的。马克思主义最注重发展生产力。我们讲社会主义是共产主义的初级阶段，共产主义的高级阶段要实行各尽所能、按需分配，这就要求社会生产力高度发展，社会物质财富极大丰富。所以社会主义阶段的最根本任务就是发展生产力，社会主义的优越性归根到底要体现在它的生产力比资本主义发展得更快一些、更

---

① 中共中央文献研究室：《改革开放三十年重要文献选编》（上），中央文献出版社2008年版，第139页。

高一些，并且在发展生产力的基础上不断改善人民的物质文化生活。如果说我们建国以后有缺点，那就是对发展生产力有某种忽略。社会主义要消灭贫穷。贫穷不是社会主义，更不是共产主义。"① 因此，作为社会主义框架内的民生政治形态的经济诉求必然是解放和发展生产力，是社会主义的本质要求。目前，虽然经济总量已经成为全世界排名第二，但是社会主义初级阶段的国情没有变。胡锦涛在中国共产党第十八次全国代表大会上的报告中指出："我们必须清醒认识到，我国仍处于并将长期处于社会主义初级阶段的基本国情没有变，人民日益增长的物质文化需要同落后的社会生产之间的矛盾这一社会主要矛盾没有变，我国是世界最大发展中国家的国际地位没有变。在任何情况下都要牢牢把握社会主义初级阶段这个最大国情，推进任何方面的改革发展都要牢牢立足社会主义初级阶段这个最大实际。党的基本路线是党和国家的生命线，必须坚持把以经济建设为中心同四项基本原则、改革开放这两个基本点统一于中国特色社会主义伟大实践，既不妄自菲薄，也不妄自尊大，扎扎实实夺取中国特色社会主义新胜利。"② 从国情的角度来看，民生政治构建的经济诉求是解放和发展生产力，不断满足人民群众日益增长的物质文化需要。

民生政治的经济诉求是人的本能需求，是实现更高层次需求的物质基础。人活着首先就得解决衣食住行的问题，而衣食住行是人的本能，无论是在过去还是现在甚至将来，人们都必须要衣食住行，衣食住行这一行为不分民族、不分国界、不分种族、不分性别和年龄，人们为了解决衣食住行的问题就得发展经济，以此来满足人们的衣食住行。人有精神需求、有对艺术的追求等，而这些需求的基础是经济、是物质，因此，对经济的诉求是满足人们衣食住行的基本需求，是满足更高需求的物质基础，而民生政治研究的对象是人们的衣食住行为基础而形成的生存和发展状态，不是远离人们生活的政治。民生政治在当代中国的构建必然有经济诉求。

总之，民生政治在当代中国的构建不是建立在没有物质条件下的政治形态，不是空中楼阁，而是需要强大的物质条件为基础的政治形态，因此，民生政治必然对经济有所诉求。

---

① 中共中央文献研究室：《改革开放三十年重要文献选编》（上），中央文献出版社2008年版，第335页。

② 胡锦涛：《胡锦涛在中国共产党第十八次全国代表大会上的报告》，2012年11月，人民网（http：//cpc.people.com.cn/n/2012/1118/c64094 - 19612151 - 2.html）。

二　经济在民生政治构建中的价值取向

纵观整个中国社会发展的历史，社会主义生产关系的建立意味着人们已经从被剥削被压迫的经济关系下解放出来，在实现了社会主义生产关系条件下的主要任务就是不断地解放和发展生产力，不断地把人从不发达的生产状态下解放出来，最终实现人的解放；从劳动人本观的角度来看，社会主义生产关系的建立意味着人们已经从异化劳动的状态下解放出来，在实现了社会主义生产关系条件下的人类劳动就是不断地实现人的自由劳动的过程，不断地把人类劳动从物的统治下解放出来的过程，不断地把人类劳动从各种依附关系的状态下解放出来的过程，不断地把人类劳动向人的劳动本真回归的过程。而人类的经济关系或者生产关系在本质上来说就是人的关系，或者说人类的经济关系和生产关系是人的关系在经济和生产领域的反映。人们的经济关系或者生产关系从根本上来说就是人们之间的关系，"因为在社会中，不论过去、现在还是将来，任何的利益都是在人们之间发生的，而不是在人与物之间发生的。人类社会中所有人与物的关系无不都是在人与人的关系范围内产生的，或者通过物表现出来。现在，世界上发生了对有用的自然资源的争夺，造成了人的生存环境的恶化。但这并不是人与物直接发生了利益冲突，而恰恰是通过环境表现了人与人之间利益关系的扩展"[1]。因此，人们的经济关系或者生产关系从本质上来说就是人的关系，而任何解放都是把人的世界还给人本身。从根本上来说经济在民生政治构建中的价值取向就是实现人的解放，一方面就是就是把人从不发达的经济状态下解放出来，另一方面就是把人从异化劳动中解放出来。

目前，虽然我国的经济生产得到了极大的发展，经济总量已经上升为全球第二，但是我国仍然是发展中国家，其主要矛盾仍然是人民群众的物质文化需要同落后的社会生产之间的矛盾，这一主要矛盾意味着我国的经济状态仍然是不发达的经济状态，在民生政治构建过程中具体的价值取向仍然是不断满足人民群众日益增长的物质文化需要，把人从不发达的经济状态下解放出来。我们知道，马克思主义强调经济状态对人的决定性，笔

---

[1]　刘德厚：《广义政治论：政治关系社会化分析原理》，武汉大学出版社2004年版，第176页。

者在前文中一再引述马克思恩格斯关于这一观点的论述，其目的就是一再说明民生政治的构建必须把人从不发达的经济状态下解放出来，实现人从经济依赖的关系中解放出来。马克思恩格斯强调，人类首先要进行的第一个活动就是衣食住行等，而这些人类活动是由人们的经济状态所决定，所以在实现了社会主义生产关系条件下的人们的经济活动就是不断满足人们对物质文化的需要，创造极大的物质财富。民生政治在当代中国构建的具体价值取向应该是不断把人从不发达的经济状态下解放出来，也只有在这一基础上的民生政治建设，人们的实践才会有更为坚实的物质基础。

在人类活动中劳动成为人类的第一个活动，正是人类通过劳动把人同动物相区别开来。在人类劳动过程中由于各种因素的影响，必然存在异化劳动的现象。有学者认为，"我国在改革开放之后取得了举世瞩目的伟大成就，但在发展过程中也存在着一些严重的问题。毋庸讳言，当代中国存在着'以物为本'的情况。这已是政界和学界几乎公认的不争之事实"①。通过对现实实践的考察，在经济发展领域确实取得了巨大的成就，但是多年来的改革开放过程中过度经济化或者物化现象的存在也是不争的事实，这一问题已在前文中有过相应的论述，在这里不再重复，因此，经济在民生政治构建过程中具体的价值取向就是逐步地把人从异化劳动的状态中解放出来，具体而言就是从过度经济化或者以物为本的状态下解放出来，实现人的自由劳动。

三　经济在民生政治构建中的实现

民生政治的经济维度从根本上来说就是不断地把人从不发达的经济状态下解放出来，换句话说就是民生政治的经济维度就是不断地实现经济解放的过程。有学者认为，"历史唯物主义初步建立以后，从生产力和生产关系辩证运动角度揭示人类社会发展的规律和资本主义灭亡的历史必然性，成为马克思主义的基本思路。与此相适应，马克思一生十分关注作为人类解放之社会力量维度的经济解放。马克思的经济解放侧重于从社会历史的客体向度，即生产力、生产关系辩证法的角度寻求社会力量异化之源

---

① 陈向义：《物本与人本——发展理论的迷失与重建》，上海交通大学出版社 2008 年版，第 137 页。

和解决之道"①。作为一种人类解放理论的民生政治形态必然追求经济的解放，但是在我国，经济解放从根本上已经消灭了生产关系的剥削性质，现阶段，经济的解放就是在社会主义生产关系条件下不断地满足人民群众日益增长的物质文化需求，不断地改善人民群众的物质文化生活，逐步提高人民群众的生活水平，而这一过程本身就是不断实现公平正义的过程，因此，在不断实现经济解放和公平正义的过程中需要从以下几个方面入手。

首先，转变经济发展方式，寻求新的经济增长点，不断地创造更为丰富的经济物质条件，更进一步把人从不发达的经济状态下解放出来。如果把整个中国社会创造的物质财富比喻为一个蛋糕，那么可以把1978年以来到目前为止的经济发展理解为一个比较大的蛋糕，但是随着社会生产的发展，原来的发展方式已经释放了最大能量的经济发展成果，原有的经济发展方式已经不能创造更多的物质财富也即原有的蛋糕已经足够大，但是人们的物质财富需求仍然在扩大，在做大做强原有蛋糕的基础上，需要再做一个蛋糕，以此来满足人民群众日益增长的物质文化需求，因此，从这个意义上来说，经济发展方式的转变就是寻求新的经济增长点，不断满足人民群众日益增长的物质文化需求，而这一过程本身就是不断地把人从不发达的经济状态下解放出来，实现更高一个层次的经济解放的过程。因此，在现阶段，转变经济发展方式是经济发展的必然趋势。在经济发展方式转变过程中需要人们注意一些问题：其一，改善和提升原有的经济发展方式的质量，而不是全盘否定原来的经济发展方式，促使原有的经济发展方式继续发挥其应有的能量。在转变经济发展方式过程中必然遇到来自原有发展方式而获利的人们的影响，由于这一因素的存在必然对经济发展方式的转变形成一定的影响，因此，在转变经济发展方式过程中不是全盘否定原有的经济发展方式的存在性，而是在转变经济发展方式的过程中不断提升和改善原有的经济发展方式，在适度发挥原有发展方式的条件下实现彻底的经济发展方式的转变。其二，突出新的经济发展方式的地位和作用，确实寻求新的经济增长点。经济发展方式的转变从一定意义上来说就是寻求新的经济解放的途径，不断淘汰已经不适应生产发展需要的发展方式，不断满足人民群众日益增长的物质文化需求。因此，在转变经济发展

---

① 刘同舫：《马克思人类解放理论的演进逻辑》，人民出版社2011年版，第148页。

方式过程中，应该把重点放在新的经济增长点上，投入更多的人力和物力。

其次，经济结构的转型升级。由于历史和生产发展条件的原因，目前，我国的经济结构形成了具有二元结构特点的经济结构，具体体现为东西二元经济结构、城乡二元经济结构、阶层二元经济结构。在笔者看来，所谓的东西二元经济结构、城乡二元经济结构、阶层二元经济结构，其实质是同中国历史上形成的生产条件和生产发展状态相联系，是不发达的生产状态在结构形式上的反映。二元经济结构的形成一方面是生产状态发展的结果，另一方面也反映了当代中国经济发展结构的现实，但是在已经实现了阶级解放的条件下的中国经济结构，已经消灭了剥削和压迫的成分，从根本上来说不是对抗性的矛盾，经济的发展仍然具有强大的潜力。这是因为：其一，调整二元经济结构意味着调整生产要素，从经济学的角度来看，生产要素的重组意味着新的经济增长点的出现，经济结构的转型意味着发展生产，从这个意义上来说，经济结构的转型是民生政治的经济维度实现的途径之一。其二，从二元经济结构的构成内容来看，现阶段，二元经济结构的存在意味着西部地区、农村地区及其不富裕阶层对发展生产具有强大的需求，同时东部地区、城市地区及其富裕阶层对提升生产发展质量具有更高一个层次的需求，因此，二元经济结构的存在具有强大的潜力。在现阶段，民生政治经济维度的实现需要对经济结构进行转型，更进一步发展生产。

最后，在不触动原有利益格局的根本利益的条件下，创造新的利益群体。以往的历史发展状态中，每一次经济的发展和社会变革往往都会形成一定的利益格局，而这些处在利益格局内部的群体为了自身的利益，往往排挤新的利益群体的出现，正如人们挤公交车的行为，当这辆公交车的人数达到一定程度的时候即已经满的时候，总是希望后来的人不要再上，后来的人总是没法挤上同一辆公交车，那么怎么解决呢，只好再等下一辆公交车的出现。同样的道理，当人们在一定时期形成了一定的利益格局的时候，总是排挤局外人，因此，需要再制造一个利益群体，以此来解决矛盾。民生政治经济维度的实现途径之一就是需要在不触动原有利益格局的根本利益的条件下，需要创造一个新的利益群体，慢慢地淘汰已经不适应社会生产发展需要的利益格局。

第二节　中国梦语境下民生政治的政治建构

　　从广义政治的角度来看，政治是同人类生存劳动利益紧密相关的人类活动，政治的产生同人类劳动紧密联系起来，其本质是关于人的生存利益关系的调控，因此，人类劳动生存利益关系的存在促使人类政治生活的产生、发展。在现阶段，由于人类劳动的发展，民生政治这一研究途径和方法便被提出和实践，在当代中国民生政治成为热点问题，"尽管许多人认为政治的本质是恒久不变的，但事实上政治的内容和形式是不断变化的，不同时代会提出不同的政治问题，从而形成不同的政治研究途径与方法"①。因此，随着人类劳动的发展，民生政治在当代中国逐渐构建起来，而民生政治的构建其根本目的是为了实现人的解放，这一核心思想贯穿于全书中，也是本书经常提到的问题；从政治学术语来看，人类创造政治的目的就是为了过有序的生活，而在这一创造过程中人类把幸福寄托在政治之上，民生政治的创造意味着人们对幸福生活的向往。正如林尚立在《政治社会学：范畴、理论与基本面向》一书的序言中所描述的那样，"人类创造政治的目的，是为了过有序的生活，这决定了政治的实际作用在于安排一定社会的生产与生活，以协调利益，创造共存。为了实现这种安排，政治建构了既联系现实，又超越现实的秩序体系，它由政治共同体、政治制度、意识形态和公民体系所构成。这个秩序体系所包含的所有要件，既有现实的一面，但同时也有虚幻的一面。这说明，人类创造政治不是凭空的，不论动机，还是目的，都有现实的基础；但同时，人类也力图通过这样具有超越现实的能力的政治力量，来创造一个新的现实和新的未来，政治的虚幻性正是来自人类的这种希冀。在这种希冀中，人类实际上相信人类完全有能力通过自身的理性和道德的力量，在深思熟虑的基础上创造一个和平、发展和富裕的生活。所以，当人用自己的智慧创造出政治的同时，人也就把幸福对希望寄托在政治之上"②。因此，人们在生产劳动过程中创造了民生政治这一政治类型的同时，倒逼人们对当代中国

------

① 王威海：《政治社会学：范畴、理论与基本面向》，上海人民出版社 2008 年版，第 1 页。
② 同上。

的政治寄予幸福的希望，实现政治的发展、人的解放。民生政治在当代中国的构建促使人们从政治的角度审视这一政治过程，把人的幸福寄托在政治之上，民生政治在当代中国的构建需要从政治的维度展现民生政治的构建过程。

一 中国梦语境下民生政治的政治诉求

民生政治的构建过程本身就是中国政治生活的体现，是中国政治发展的必然，是中国政治生活这一现实决定了民生政治的形态，但同时民生政治的构建也形塑了当代中国的政治生活，对当代中国的政治形成了新的政治要求，因此，民生政治的构建意味着对当代有着一定的政治诉求。

从根本上来看，民生政治的构建本身就是中国政治生活的体现，是中国政治发展的必然，是现实的人所从事的实际活动状态决定了民生政治形态。从从事实际活动的人出发来考察民生政治形态，民生政治是在人民主体性前提条件下，以经济发展为基础，以公平正义为核心理念的政治理论范式和实践过程。前文基本描述了民生政治的形成过程，这里不再重复，但是需要指出的是，民生政治的形成是在人民当家作主、社会主义改造的基本完成以及改革开放以来的经济发展为基础的政治形态，其标志是以人为本科学发展观的提出与实践。前文指出：民生政治内涵的提出，不仅从本质上区别了以往社会历史形态的民生政治建设，同时规定了民生政治建设应该坚持人民主体性原则，与当今资本主义社会的民生政治建设从本质上区别开来。从民生政治概念术语提出过程来看，民生政治内涵的提出，不仅规定了人民主体性原则，而且还肯定了改革开放以来经济发展的成就，同时还规定了未来民生政治发展的总体方向。然而民生政治概念术语的提出不是从人民主体性确立开始的，而是新世纪以来，人们对政治实践的理论概括，因而当代民生政治是一种新型的理论范式。因此，民生政治的形成过程本身就是当代中国政治生活的体现，是中国的政治现实生活决定的政治形态。王俊拴教授在《从强国到民生：新世纪我国政治发展主题的确立及其意义》一文中认为，"科学发展观的提出，使我国政治发展围绕的基本问题从'走什么路、举什么旗'这种完全意识形态的层面走向了民生层面或者说'降'到了老百姓日常生活的层面上：国家政治生活关注的基本点、主流政治话语指向、党和政府的利益整合以及重大决策的制定，都主要围绕着就业、教育、医疗卫生、社会保障、住房安居、社会治安、环境保护等具体的民生问题展开。这是以人为本科学发展观在实践上的落实和展现，是政治发展主题从'强国—固权'转向'民生'的基本标志"①。我国的政治生活实现了民生政治形态的转向，而这一转向归根究底是中国政治发展的结果，是当代中国政治生活的现实在政治形态上的体现，是社会存在决定人们的意识，因此，社会存在决定了民生政治形态，而不是相反。民生政治的形成从根本上来说是社会存在所决定的，但是，一旦民生政治形态产生和形成也必然对人们的政治生活产生一定的影响，也即民生政治对人们的社会存在具有一定的反作用。民生政治的形成对人们的生活或者社会存在具有一定的反作用，从政治学术语来说就是民生政治的形成必然形塑民生政治形态下人们的生活、社会的存在。毛泽东在《矛盾论》中详细阐述了这一观点，"诚然，生产力、实践、经济基础，一般地表现为主要的决定的作用，谁不承认这一点，谁就不是唯物论者。然而，生产关系、理论、上层建筑这些方面，在一定条件之下，又转过来表现其为主要的决定的作用，这也是必须承认的。当着不变更生产关系，生产力就不能发展的时候，生产关系的变更就起了主要的决定的作用。当着如同列宁所说'没有革命的理论，就不会有革命的运动'的时候，革命理论的创立和提倡就起了主要的决定的作用。当着某一事情（任何事情都是一样）要做，但是还没有方针、方法、计划或政策的时候，确定方针、方法、计划或政策，也就是主要的决定的东西。当着政治文化等上层建筑阻碍着经济基础的发展的时候，对于政治上和文化上的革新就成为主要的决定的东西了。我们这样说，是否违反了唯物论呢？没有。因为我们承认总的历史发展中是物质的东西决定精神的东西，是社会的存在决定社会的意识；但是同时又承认而且必须承认精神的东西的反作用，社会意识对于社会存在的反作用，上层建筑对于经济基础的反作用。这不是违反唯物论，正是避免了机械唯物论，坚持了辩证唯物论"②。因此，民生政治的构建是有一定的政治诉求的，这是坚持辩证唯物主义基本原理的要求，也有利于在民生政治形态下塑造新型的政治生活，更进一步实现人的解放。

---

① 王俊拴：《从强国到民生：新世纪我国政治发展主题的确立及其意义》，《陕西师范大学学报》（哲学社会科学版）2012 年第 6 期。

② 《毛泽东选集》第 1 卷，人民出版社 1991 年版，第 325—326 页。

二 中国梦语境下民生政治的政治价值取向

民生政治在当代中国的构建是以无产阶级专政为政治基础和政治前提、社会主义为社会性质条件下所进行的政治实践，从根本上来说已经消灭了阶级剥削的阶级基础，建立起了社会主义性质的政治形态，从根本上来说当代中国的政治性质是社会主义性质的政治实践，是人民民主专政条件下的政治实践，因此，在已经实现了人民民主专政的社会主义社会里，从根本上来说是自由人的联合体，但是由于历史发展的客观原因，从世界范围来看，无产阶级在全世界范围内取得专政的历史使命仍然未完成，各种剥削阶级在世界上的统治现象仍然存在，因此，实现自由人的联合体的向往并未真正完成，同时由于社会主义自身发展规律的因素，国家的消亡、阶级的消亡、人的解放等为核心内容的政治解放也并未完全实现。从现实的人出发，民生政治在当代中国构建的政治价值取向就是不断实现人的解放的过程、不断实现人的自由联合的过程、不断实现人的公平正义的过程，而这一过程可以概括为政治解放，民生政治在当代中国构建的政治价值取向总的来说就是不断实现政治解放的过程，简单来说就是不断实现人的解放的过程即使人的各种关系回归于人自身。民生政治在当代中国的构建总的价值取向是政治解放，具体来看就是不断实现公平正义的过程、不断实现人的自由联合的过程、不断实现人的解放的过程。

不断实现公平正义的过程意味着民生政治的构建是追求公平正义的政治过程。在中国，实现了无产阶级的专政以及社会主义社会的建立和发展本身就是不断实现公平正义的体现，改革开放以来的经济发展本身也体现了公平正义的过程，在无产阶级专政以及社会主义条件下的民生政治构建过程本身就是不断实现公平正义的过程，因此，从根本上来说民生政治的构建过程本身就是不断实现公平正义的过程，民生政治在当代中国的构建意味着整个政治生活过程是不断增进人们的公平正义。民生政治在当代中国的构建必然追求公平正义，公平正义是民生政治的内在要求，体现了社会主义的优越性，也是社会主义的内在要求的体现。胡锦涛在中国共产党第十八次全国代表大会上的报告中指出："必须坚持维护社会公平正义。公平正义是中国特色社会主义的内在要求。要在全体人民共同奋斗、经济社会发展的基础上，加紧建设对保障社会公平正义具有重大作用的制度，逐步建立以权利公平、机会公平、规则公平为主要内容的社会公平保障体系，努力营造公平的社会环境，保证人民平等参与、平等发展权利。"①民生政治在当代中国的构建追求公平正义的政治价值意味着构建公平正义的政治生活体系。从政治体系的纵向结构来看，公平正义意味着人人都有平等的参与权、决策权、执行权；从政治体系的横向结构来看，公平正义意味着人民是政治生活的主体，人民决定政治生活的走向，促进人民民主政治更进一步发展。

不断实现人的自由联合的过程意味着民生政治在当代中国的构建是以自由联合为价值追求过程，把人从异化劳动中解放出来，具体来说就是把人从过度经济化或者从以物为本的状态下解放出来。改革开放以来一定程度上陷入了以物为本的陷阱中，这是不争的事实，而以物为本从异化劳动理论来看就是异化劳动的结果，"整个社会便笼罩在以物为本的发展主义意识形态的氛围之下，经济的力量和价值成为社会的首位目标。同时，由于交换的重要媒介金钱的作用，那些对社会来说很重要的东西都要用金钱的多少来衡量，对'物'的崇拜直接转化为对金钱的推崇，拜物主义必然与拜金主义联在一起"②。因此，民生政治在当代中国的构建以自由联合体为价值追求意味着不断实现人的自由劳动，把人从异化劳动的状态下解放出来，实现人的自由劳动。

而不断实现公平正义、不断实现人的自由联合本身体现了不断实现人的解放的过程，公平正义、自由联合体统一于人的解放这一主题过程，因此，从根本上来说不断实现公平正义的过程、不断实现人的自由联合体的过程就是不断实现人的解放的过程。本书经常强调任何解放都是使人的关系回归于人自身，其最终价值走向都是人的解放，实现全人类的解放，因此，民生政治在当代中国的构建其基本点是实现人的解放，民生政治在当代中国构建的总的政治价值取向是政治解放，但其基本点就是人的解放，无论是公平正义、自由联合体的价值取向，其落脚点和出发点都在人的解放这一基本点上。因此，总的来看，以人的解放为基本点的政治解放是民生政治在当代中国构建的政治价值取向的总的主题，人的解放始终贯穿于民生政治的全过程。

---

① 胡锦涛：《胡锦涛在中国共产党第十八次全国代表大会上的报告》，2012 年 11 月，人民网（http://cpc.people.com.cn/n/2012/1118/c64094-19612151-2.html）。

② 陈向义：《物本与人本——发展理论的迷失与重建》，上海交通大学出版社 2008 年版，第 17 页。

三　民生政治实现的具体路径

民生政治的构建形塑了当代中国的政治生活，也更进一步实现了人的解放，民生政治从现实的人出发考察，其落脚点也是人的解放，要求人们从政治的角度给予足够的重视，也即民生政治的政治维度来构建民生政治，促使民生政治和谐而健康地发展，然而民生政治作为一种新型的政治理论范式和实践，需要人们探讨其实现的具体路径。前文一再强调民生政治的构建是在人民主体性基础上中国社会走向富裕条件下贫富差距过大而形成的政治形态，因此，民生政治构建的具体的实现路径集中体现如下。

民生政治在当代中国构建的政治维度实现途径之一是坚持人民主体地位，不断推进和完善人民民主。在实现了人民民主专政的当代中国所构建的民生政治形态是为绝大多数人谋利益的实践，是大多数人的政治实践。前文指出中华人民共和国成立后的政治生活实践在本质上具有人民性，是没有剥削、没有压迫，真正的人民群众自己掌握命运、自己说了算的政治，是人民群众实现人的解放，实现全人类解放的真正的人民群众的政治，因此说人民性是民生政治最为根本的本质特征，这一本质特征是民生政治区别于以往的奴隶社会、封建社会、资本主义社会的政治生活实践的最为根本的本质特征，也是民生政治形态能够长期和健康发展的本质特征所在，胡锦涛在中国共产党第十八次全国代表大会上的报告中指出："必须坚持人民主体地位。中国特色社会主义是亿万人民自己的事业。要发挥人民主人翁精神，坚持依法治国这个党领导人民治理国家的基本方略，最广泛地动员和组织人民依法管理国家事务和社会事务、管理经济和文化事业、积极投身社会主义现代化建设，更好保障人民权益，更好保证人民当家作主。"① 前文也阐述到当代民生政治的全面发展归根结底是全体人民群众自己的事情，一切政治生活的核心都应该围绕人民主体的政治实践来展开，也应该为人民群众的发展和利益要求而服务。在社会主义社会，人民群众是国家的主人，而中华人民共和国的成立，在政治上保证了人民当家作主的政治权利，此时的民生政治建设已经不是旧社会的民生政治类型，而是人民群众自己决定自己命运，自己发展自己的生产、生活的开

①　胡锦涛：《胡锦涛在中国共产党第十八次全国代表大会上的报告》，2012 年 11 月，人民网（http：//cpc. people. com. cn/n/2012/1118/c64094 - 19612151 - 2. html）。

始，因此，民生政治在本质上是人民群众自己决定自己命运的事情。在当代中国政治社会，人民群众应该意识到自己是政治生活的主体，应该大胆地喊出自己的民生政治建设的口号，也应该积极发挥自己的积极性，为整个社会的民生政治建设做出主人翁的贡献。林尚立认为，"人民民主的本质是人民当家作主，既要保障人民在国家中的地位，又要保障人民生存与发展。所以，民主与民生结合，是人民民主的内在要求，也是人民民主的特色所在"①。因此，民生政治在当代中国构建的政治维度实现途径之一应该是坚持人民主体地位，不断推进和完善人民民主。

　　民生政治在当代中国构建的政治维度实现途径之二是推进政治生活化，促使人们的政治生活向生活本真的回归。王俊拴教授认为，"解决民众生活的基本问题是民生政治发展主题的指向……我国社会政治生活则是刚刚转换到了这一层面上，教育、就业、收入分配、医疗卫生、社会保障、住房安居、公共安全、环境保护等具体的社会问题开始成为日常政治的主题……把政治发展主题指向民众的日常生活，意味着发展仍然是我们面临的基本问题……同时，政治发展主题指向民众的日常生活，还意味着正确认识与依法、妥善和科学处理日常生活中的各种利益关系是民生政治的基本内容……政治发展主题指向民众的日常生活，也意味着加快社会生活领域的制度建设是政治发展的基本要求……可以肯定地说，当我国政治发展主题真正能落在民生的层面上，定位于与民众息息相关的日常生活，政治就会真正成为民众的政治，才会呈现出有序、和平与渐进式发展的基本态势"②。因此，当代中国的政治生活已经实现了生活化的转向。从一定意义上来说，民生问题就是生活问题。民生政治在当代中国构建的政治维度实现途径之二是推进政治生活化，促使人们的政治生活向生活本真的回归。

　　民生政治在当代中国构建的政治维度实现途径之三是坚持以人为本，把人的解放推向更高层次。王俊拴教授认为，"以人为本是民生政治发展主题的核心和灵魂……以人为本是科学发展观的核心，也是民生政治发展主题的灵魂。以人为本表明人是政治发展的主体、动力、评价尺度和终极

---

① 林尚立：《民主与民生：人民民主的中国逻辑》，《北京大学学报》（哲学社会科学版）2012 年第 1 期。

② 王俊拴：《从强国到民生：新世纪我国政治发展主题的确立及其意义》，《陕西师范大学学报》（哲学社会科学版）2012 年第 6 期。

归属，发展为了人，发展也依靠人。绝不能在人之外寻求发展，离开人的发展就会使发展失去其应有的现代价值而只能是传统意义上的发展……民生政治发展主题强调以人为本，并不是说社会主义民主、法治、文明、公平与正义等原则被放弃，而是说我们要和以'物'为本的理念与实践划清界限，始终把实现好、维护好、发展好最广大人民的根本利益放在第一位，做到发展为了人民、发展依靠人民、发展成果由人民共享"①。因此，以人为本是民生政治的灵魂和核心，需要同以物为本的政治实践区别开来，而以人为本科学发展观的提出与实践实现了这一政治实践的转向，因此，民生政治在的当代中国构建需要坚持以人为本，不断地把人的解放推向更高层次。前文阐述到以胡锦涛为总书记的中国共产党中央领导集体执政以来提出并实践以人为本的发展理念，促使中国的政治生活实现了人本化的转向，政治生活人本化的转向意味着人们的政治生活实现了人从神的统治下解放出来，意味着人从阶级统治和剥削、压迫的状态下解放出来，意味着人从被物统治的状态下解放出来。总之，政治生活人本化的转向意味着人的本质向人自身的回归，因此，在实现了人本化转向的当代中国，民生政治构建的政治维度实现途径之三应该是坚持以人为本，而不是以物为本，实现更高层次的人的解放。

第三节　中国梦语境下民生政治的文化建构

民生政治在当代中国的构建不仅体现在政治维度、经济维度和社会维度上，而且还体现在文化维度上。民生政治在当代中国构建的文化维度意味着人们进入民生政治时代以来，人们的追求不仅是物质层面的，更为重要的是追求文化层面的，在实现了人民民主专政、社会主义社会和经济发展的基础上，人们开始逐渐对文化的需求有着更高的要求，胡锦涛在中国共产党第十八次全国代表大会上的报告中指出："文化是民族的血脉，是人民的精神家园。全面建成小康社会，实现中华民族伟大复兴，必须推动社会主义文化大发展大繁荣，兴起社会主义文化建设新高潮，提高国家文

---

①　王俊拴：《从强国到民生：新世纪我国政治发展主题的确立及其意义》，《陕西师范大学学报》（哲学社会科学版）2012 年第 6 期。

化软实力，发挥文化引领风尚、教育人民、服务社会、推动发展的作用。"① 民生政治在当代中国的构建需要从文化的维度给予足够的重视，以此来构建和谐而健康的和谐文化，为中国特色社会主义的发展提供智力支持和文化基础。

一　中国梦语境下民生政治的文化诉求

文化是人类存在方式的表现形式之一，也是民生的一般特性之一。前文阐述到文化是人类的特性，而民生内涵既包含人的自然属性，又包含人的社会属性，因此，民生有文化特性，而所谓的文化就是在某一形态的假设前提条件下，人们因为习得而形成的某一人群共有的一个知识和观念的系统，民生的文化特性由生活常识和技术知识，关于民生的世界观与信仰，关于民生的认识范畴和对现实的分类，行为标准和集体意会等基本要素构成。文化与民生的紧密联系归根结底是现实的人通过生产劳动而高度结合起来，表现出了民生文化的多样性、相对性、层次性、变迁性的特点，但是我们需要警惕的是人们在劳动过程中创造的民生文化被统治阶级和利益集团所利用，成为统治人们的民生文化。柳礼泉认为，"没有文化的民生是不完整的民生，是不健康的民生"②。因此，民生政治在当代中国的构建对文化具有一定的诉求。民生政治在当代中国构建的文化诉求意味着对精神层面的完善，对人的生活品质的提升，促使人活得更有尊严、更加幸福。

文化是人作为人存在的表现形式之一，是人类生产劳动在物质层面、精神层面和人的行为层面的集中体现，人类学家认为，"人类是从动物分化而来的，有自然属性；人类又生活在一定社会关系中，能劳动、有语言、有思维、会创造工具，具有社会属性。人类从动物状态分离出来同她所创造的文化有着不可分割的辩证发展关系，没有文化的人类是不存在的"③。因此，文化是人类活动的特性，是人们在生产自己的生活资料过程中所创造出来的，是人作为人的存在表现形式之一。在马克思主义者看

---

① 胡锦涛：《胡锦涛在中国共产党第十八次全国代表大会上的报告》，2012 年 11 月，人民网（http://cpc.people.com.cn/n/2012/1118/c64094-19612151-6.html）。

② 柳礼泉：《新中国民生 60 年》，湖南大学出版社 2009 年版，第 282 页。

③ ［美］F. 普洛格、D. G. 贝茨：《文化演进与人类行为》，吴爱明、邓勇译，辽宁人民出版社 1988 年版，第 1 页。

来，文化是具有现实性和政治性的，"马克思理论意义上的文化概念具有广义和狭义之分。广义文化，其本质含义是自然的人化、社会和人的存在方式三者的合一，映现的是历史发展过程中人类的物质和精神力量所达到的程度、方式和成果，具体包括物质文化、精神文化和行为文化三个方面。狭义文化，其实质为精神文化，指的是观念形态和社会心理、习惯、习俗的总和，具体包括以意识形态为主要内容的观念体系，以及由人们长期的实践经验积淀而成的具有相对稳定性和持续性的社会心理、习惯和习俗等。可见，马克思的文化认识涵盖了文化的多重性意涵，强调了文化的现实性和政治性"①。正因为文化的现实性和政治性，在马克思恩格斯看来，在阶级社会，文化总是占统治地位的统治阶级的文化，因此，作为思想的文化，在阶级社会主要体现为统治阶级的统治思想、统治文化。当代中国，在消灭了剥削阶级、压迫阶级的条件下也即实现了人民民主专政、社会主义社会条件下的民生政治形态的文化在本质上来说是人民大众的文化，是真正的人民的文化，因此，民生政治在当代中国的构建对文化形成一定的诉求。

二　文化在民生政治构建中的价值取向

民生政治在当代中国的构建对文化形成了一定的诉求，塑造了民生政治条件下的人的文化性格，促使人成为具有民生政治文化的人或者人在民生政治形态下的活动总是受到来自民生政治这一政治文化的塑造，因此，民生政治形态下的人同以往的人区别开来。然而文化总是一定历史活动的产物，是人们在长期的生产劳动过程中所形成，文化在一定意义上深深地烙上了历史的痕迹。从人类社会历史发展的纵向角度来看，无产阶级专政及其社会主义的实践在中国才是短短几十年，中国传统文化中既有糟粕，又有精华，而糟粕文化主要是由于剥削阶级长期统治以来形成的文化，"马克思的文化解放理念既要求批判继承传统文化，也要求抨击统治者的文化压制和精神束缚，它是一个创造正确反映和促进社会文明进步的观念文化以及形成与之相适应的社会心理、风俗和习惯的过程"②。因此，民生政治在当代中国构建的文化维度所指向的一个层面就是实现文化解放，

---

① 刘同舫：《马克思人类解放理论的演进逻辑》，人民出版社 2011 年版，第 173—174 页。
② 同上书，第 174 页。

但同时由于中国社会已经是社会主义社会，已经实现了无产阶级专政条件下的文化实践是人民的大众的文化，是优秀文化的结晶，需要发展和弘扬无产阶级专政以来的优秀文化成果。江泽民指出："有中国特色社会主义的文化，是凝聚和激励全国各族人民的重要力量，是综合国力的重要标志。它渊源于中华民族五千年文明史，又植根于有中国特色社会主义的实践，具有鲜明的时代特点；它反映我国社会主义经济和政治的基本特征，又对经济和政治的发展起巨大促进作用。"① 作为社会主义条件下的民生政治在当代中国构建的另一个层面所指向的是弘扬和发展中国社会主义的文化，胡锦涛在中国共产党第十八次全国代表大会上的报告中指出："建设社会主义文化强国，必须走中国特色社会主义文化发展道路，坚持为人民服务、为社会主义服务的方向，坚持百花齐放、百家争鸣的方针，坚持贴近实际、贴近生活、贴近群众的原则，推动社会主义精神文明和物质文明全面发展，建设面向现代化、面向世界、面向未来的，民族的科学的大众的社会主义文化。"② 因此，民生政治在当代中国构建的文化维度的价值取向有两个层面的指向即一方面是实现文化解放，另一方面是弘扬和发展中国社会主义文化。

　　民生政治在当代中国构建的文化维度的价值取向意味着一方面是实现文化解放，即把人从糟粕文化统治的状态下解放出来。文化是有一定的继承性的，这是因为文化是人类在后天通过学习而获得的，不是天生就具有文化，"文化，是人们后天学习而获得的"③。因此，文化具有继承性。而文化本身在阶级社会具有阶级性、剥削性，在实现了无产阶级专政和社会主义社会的当代中国，文化解放意味着把文化从统治阶级制造的糟粕文化中解放出来，也即从奴役文化中解放出来。另一方面民生政治在当代中国构建的文化维度的价值取向意味着弘扬和发展中国社会主义文化。自新民主主义革命以来，中国的无产阶级创造了适合社会主义发展的文化形态，而这些文化从根本上来说是人民的大众的民族的科学的文化，新民主主义

---

① 中共中央文献研究室：《改革开放三十年重要文献选编》（下），中央文献出版社2008年版，第909页。

② 胡锦涛：《胡锦涛在中国共产党第十八次全国代表大会上的报告》，2012年11月，人民网（http://cpc.people.com.cn/n/2012/1118/c64094-19612151-6.html）。

③ ［美］S.南达：《文化人类学》，刘燕鸣、韩养民译，陕西人民教育出版社1987年版，第40页。

以来的中国文化是人民的大众的文化，是在无产阶级及其中国共产党领导下的文化。随着中华人民共和国的成立及其社会主义改造的完成，在中国实现了社会主义，而在这长期的社会主义发展过程中，人民群众创造了丰富的文化，而这些文化是人民群众自己创造的文化，是没有剥削、没有压迫的文化，是先进的文化，是社会主义的文化，因此，是优秀的人民的文化。民生政治在当代中国的构建需要弘扬和发展社会主义文化，创造人类的美好生活，为人的解放奠定文化基础和提供精神动力及智力支持。

三　文化在民生政治构建中的实现

民生政治在当代中国构建的文化维度赋予了人们从文化的角度解读民生政治的构建过程，也对文化形成了一定的诉求。在文化解放、弘扬和发展社会主义文化的过程中，需要探索文化在民生政治构建中实现途径，然而文化是世界性的，离开了世界的文化环境是封闭的文化发展，因此，在面对全球性的文化潮流中需要把握民生政治构建的实现途径，集中体现在以下三点。

坚持马克思主义的科学态度，以科学的态度对待传统文化是文化在民生政治构建中的实现途径之一。以科学的态度对待传统文化是马克思主义创始人以科学的态度对待传统文化的要求和体现。石仲泉认为，"马克思主义既是意识形态，也是文化形态。作为意识形态，它有其鲜明的阶级性和政治性，是一个完全崭新的世界观。它之所以能成为世界无产阶级的意识形态，首先因为它是继承了人类文明一切优秀成果的最先进的文化形态"①。因此，吸收中国优秀传统文化，科学对待中国传统文化是马克思主义创始人的要求。马克思主义创始人以科学的态度对待传统文化，创立了马克思主义，为实现共产主义指明了前进的正确方向。而这种科学的态度在马克思主义创始人的论述中就有所体现，因此，在当代中国，在构建民生政治的过程中，需要以马克思主义的科学态度对待传统文化，吸收中国优秀传统文化，取其精华，去其糟粕。

坚持世界眼光，吸收一切人类优秀文明成果是文化在民生政治构建中的实现途径之二。在构建民生政治的过程中，需要以世界的眼光学习和借鉴

---

① 石仲泉：《继承优秀历史文化，创造马克思主义的民族形式，形成中国特色——马克思主义中国化基本经验之三》，《中国特色社会主义研究》2010 年第 3 期。

一切有利于民生政治构建的文化成果，而中国人民是具有世界眼光的，"中国是世界的中国，先进的中国人历来都有世界眼光。在古代，我们的祖先能创建汉唐盛世，有世界眼光是一个重要原因。1840 年中国禁运鸦片的战争失败后，中国就屡遭外国列强的欺凌和侵略，先进的中国人为了改变国家命运，不断地向西方国家寻找真理，这也是一种世界眼光。经过千辛万苦，在 20 世纪初，经过俄国十月革命的思想传播，先进的中国人终于找到马克思主义作为观察和改变国家命运的工具。中国共产党以马克思主义作为指导思想，正是坚持世界眼光的体现"①。因此在当代中国，文化在民生政治构建中的实现途径之一是以世界的眼光，吸收一切优秀人类文明成果，为民生政治的构建提供宽广的视野和博大的胸怀。

坚持一切从中国实际出发，立足于中国的实际，真正构建起符合中国实际的民生政治文化是文化在民生政治构建中的实现途径之三。邓小平在《解放思想，实事求是，团结一致向前看》中指出："一个党，一个国家，一个民族，如果一切从本本出发，思想僵化，迷信盛行，那它就不能前进，它的生机就停止了，就要亡党亡国。这是毛泽东同志在整风运动中反复讲过的。只有解放思想，坚实实事求是，一切从实际出发，理论联系实际，我们的社会主义现代化建设才能顺利进行，我们党的马列主义、毛泽东思想的理论也才能顺利发展。"② 因此，民生政治在当代中国的构建需要一切从中国的实际出发，文化在民生政治构建中的实现也是如此。文化在民生政治构建中的实现途径之一是一切从中国的实际出发，理论联系实际，立足于国情，构建起真正的民生政治。毛泽东在《实践论》中指出："通过实践而发现真理，又通过实践证实真理和发展真理。从感性认识而能动地发展到理性认识，又从理性认识而能动地指导革命实践，改造主观世界和客观世界。实践、认识、再实践、再认识，这种形式，循环往复以至无穷，而实践和认识之每一循环的内容，都比较地进行到了高一级的程度。这就是辩证唯物论的全部认识论，这就是辩证唯物论的知行统一观。"③ 把民生政治的构建在实践和认识的循环往复中逐渐进行到更高一

①　马克思主义中国化的历史进程和基本经验课题组：《马克思主义中国化研究——历史进程和基本经验》（下），人民出版社 2009 年版，第 720 页。

②　中共中央文献研究室：《改革开放三十年重要文献选编》（上），中央文献出版社 2008 年版，第 3 页。

③　《毛泽东选集》第 1 卷，人民出版社 1991 年版，第 296—297 页。

个层次，实现文化的解放，实现弘扬和发展社会主义文化，最终实现人的解放。

第四节　中国梦语境下民生政治的社会建构

人总是以社会存在的方式对政治产生这样的那样的影响，是社会存在决定政治，不是政治决定社会存在，因此，从根本上来说政治脱胎于社会，是人类劳动生存利益在政治上的集中体现，在本质上来说政治的本质是关于人的生存利益关系的调控，是通过社会关系这个中介同人发生联系。刘德厚认为，"政治是人类社会生活和社会劳动活动的利益关系的产物。政治只有通过社会关系这个中介同人发生连接，才能显现出人在本质上对政治的内在需要"①。政治通过社会关系同人发生联系，而政治的产生与发展对社会中的人形成了一定的影响即塑造了民生政治形态下的社会中的人，民生政治的构建通过人这个纽带对社会形成了一定了影响，因此，民生政治在当代中国的构建就具有社会维度。从历史唯物主义基本原理出发，民生政治的构建是人们衣食住行等活动的产物，民生政治的构建需要到民生的实践活动中去。但是民生政治一旦形成，就会对社会产生一定的影响，也塑造着当代中国社会中的人，民生政治的当代中国的构建就具有社会维度，因此，需要从社会维度考察民生政治在当代中国的构建过程。

一　中国梦语境下民生政治的社会诉求

民生政治在当代中国的构建由社会生活状态所决定，但是民生政治一旦形成就会对社会状况形成一定的影响即塑造一定的社会状况，因此，民生政治在当代中国的构建就具有社会诉求。林尚立认为，"人类创造政治的目的，是为了过有序的生活，这决定了政治的实际作用在于安排一定社会的生产和生活，以协调利益，创造共存"②。而在当代中国集中体现在

---

① 刘德厚：《广义政治论：政治关系社会化原理分析》，武汉大学出版社 2004 年版，第20 页。

② 王威海：《政治社会学：范畴、理论与基本面向》，上海人民出版社 2008 年版，第 1 页。

民生政治的构建，民生政治在当代中国的构建其实际作用是为了安排当代中国的人们的社会生产和生活，然而人们在构建民生政治的过程中，也塑造了一定社会中的人，从这个意义上来说，民生政治在当代中国的构建就具有社会诉求；从马克思主义关于人的本质的规定来看，人的本质是一切社会关系的总和，从人的本质来说，民生政治从根本上来说探讨的是人的问题，而人总是处于一定社会关系中的人，因此，民生政治从最根本的意义上来说是社会性的。人类总是以社会为存在方式和生活空间的存在实践体，从现实性的角度来说人是一切社会关系的总和，因此，人类所创造的政治生活在本质上来说是社会性的，因此，从马克思主义关于人的本质规定性来看，民生政治在本质上具有社会性；从政治与社会的互动关系来看，虽然人在一定社会中构建了一定的政治生活，在当代中国集中体现在民生政治形态上，但同时民生政治形态的构建也塑造了一定社会中的人，从逻辑上来讲，人的存在首先不是政治的存在，而是自然的存在和社会的存在，人的自然存在和社会存在决定了人的政治生活状态，正如国家的产生来源于社会一样。作为脱胎于社会之中的政治，一旦形成且得到发展必然塑造了一定社会中的人，因此，民生政治在当代中国的构建，一方面由当代中国社会存在决定了民生政治形态，另一方面民生政治形态的构建同样也塑造了民生政治形态下的社会中的人，民生政治在当代中国的构建就具有社会诉求。因此，民生政治在当代中国的构建需要从社会维度出发来解读，也需要从社会维度来解释民生政治的构建过程。林尚立在《政治社会学：范畴、理论与基本面向》中认为，"正如我们不能把人和社会割裂开来分别把握一样，我们也不能把政治生活与社会生活割裂开来分别把握。政治现象一旦与活生生的社会生活割裂开来，剩下的只是一张画皮；同样，社会现象一旦与政治生活割裂开来，剩下的只是一场梦境"①。因此，民生政治在当代中国的构建必然对社会有一定的诉求。

民生政治在当代中国构建的社会诉求一方面体现了当代中国政治已经实现了社会化转向的要求，另一方面体现了政治关系社会化的民生政治的特征。从中国社会实践层面来看，随着社会主义改造的基本完成，我国的政治生活已经实现了政治关系的社会化，但是由于生产条件和历史的客观因素，从开国到改革开放之前的相当长的时期里，社会生活仍然是在以阶

---

① 王威海：《政治社会学：范畴、理论与基本面向》，上海人民出版社 2008 年版，第 2 页。

级斗争为纲的社会状态中，社会生活被过度政治化。随着十一届三中全会的召开，政治生活逐渐向政治关系社会化转向，而这一转向集中体现在邓小平的政治思想中。这些转变意味着我国的政治生活实现了政治生活向社会生活本真的转变，随着改革开放的深入和发展，我国已经基本实现了政治关系的社会化转变，民生政治在当代中国的构建体现了我国政治关系社会化转变的要求，而民生政治的构建是在已经基本实现了这一转变基础上的政治形态，因此，民生政治在当代中国的构建的社会诉求体现了中国政治关系社会化转变的要求。前文阐述到政治关系社会化是民生政治重要的特征，民生政治在当代中国构建的社会诉求也体现了民生政治的本质要求。

二　社会在民生政治构建中的价值取向

民生政治的实践塑造了一定社会中的人，民生政治在当代中国的构建对社会具有了一定的诉求，而这一社会诉求的价值取向集中体现在社会解放即把人从一切凌驾于社会力量之上的状态中解放出来，使人的社会属性向人的本身回归。因为人从现实性的角度来说，人是一切社会关系的总和，所以，人的本质是社会关系的总和。民生政治在当代中国构建的社会维度的价值取向就是社会解放的过程，把人的社会关系还给人的社会本身。

政治脱胎于社会，社会存在决定了政治，而政治的存在反作用于社会，塑造了一定社会中的人，林尚立认为，"人在一定社会中构建了一定的政治生活；同样，一定的政治生活也塑造了一定社会中的人"[1]。因此，民生政治在当代中国的构建形成了一定的社会诉求。而民生政治对社会的诉求集中体现在社会解放，即把一切凌驾于社会之上的力量回归于社会本身的过程，社会力量不以其他形式的力量出现的时候，社会解放或者人的解放的任务才能完成，因此，从这一原则出发，民生政治的社会解放就是使一切凌驾于社会之上的力量向社会本真的复归。"马克思认为，社会解放是指整个社会的解放，社会所有等级（阶级）都得到解放，亦即社会不再划分为不同的等级，个人获得自由，人们处于一种全面的平等的社会

---

[1]　王威海：《政治社会学：范畴、理论与基本面向》，上海人民出版社 2008 年版，第 1 页。

关系之中。"① 在当代中国民生政治构建的社会维度的价值取向就是社会解放即把人不断地从制约人的全面平等的社会关系中解放出来，而社会解放是政治解放之后的另一环节。"马克思提出的'社会解放'，既不同于'政治解放'，也不同于'人类解放'，它是马克思关于从政治解放到人类解放这一发展过程中的一个必经的中间环节，是马克思关于无产阶级专政的历史必然性和历史过渡性在人的解放意义上的表述，表明了作为国家消亡前的人的解放的最终表现形式，其历史使命就是为国家最终的自行消亡、实现人类解放创造经济的、政治的和文化的前提。"② 刘德厚教授也认为，"他们把无产阶级的人类解放的一般历史进程分为三个有联系的发展阶段，即阶级的政治解放——经济的社会解放——人的自身解放。这就是人类社会历史发展的总规律"③。而刘德厚所特指的经济的社会解放是社会解放中的一个类型，因此，在实现了阶级的政治解放之后，解放形式集中体现在社会解放。目前，我国社会已经实现了阶级的政治解放即实现了无产阶级专政，实现了社会主义，基本完成了阶级的政治解放。在实现了无产阶级专政的当代中国，其人类解放的形式集中体现在社会解放，而民生政治的构建是在这一基础上的政治形态，因此，民生政治在当代中国构建的社会维度的价值取向就是实现社会解放，使一切凌驾于社会之上的力量回归于社会本身。

　　民生政治在当代中国构建的社会维度的价值取向是社会解放，意味着使原来意义上的阶级国家向社会国家的回归，政治权力向社会权利的回归，人类的政治生活向社会生活本真的回归。实现了社会主义的社会里，政治权力、国家权力向社会权利的回归。杨光斌教授认为，"国家建设的前提是国家权力如何'立'得住的问题，而在解决了国家权力之后，公民权利便提上议事日程，因为现代国家存在的目的不是其自身，而是为了实现人民的种种权利。在新中国，按理想的类型划分，如果前 30 年主要解决的是国家权力问题，改革开放 30 年则是公民的经济权利。而在当下，中国政治发展的优先选择则是以社会保障为主的公民的社会权利。当社会

---

① 杨晓东：《马克思解放视野中的社会政治生活》，中国社会科学出版社 2011 年版，第 216 页。

② 同上书，第 215 页。

③ 刘德厚：《广义政治论：政治关系社会化原理分析》，武汉大学出版社 2004 年版，第 314 页。

权利基本完成以后，难以回避的问题将主要是公民的政治权利问题"①。因此，在实现了无产阶级专政及其社会主义社会的国家的政治生活中，人们的政治生活已经实现了向社会生活本真的回归。民生政治在当代中国构建的社会维度的价值取向是社会解放，意味着人类的政治生活向社会生活本真的回归。

三　社会在民生政治构建中的实现路径

民生政治在当代中国的构建是多维度的过程，而社会维度是民生政治构建中一个比较重要的维度，前文阐述到民生政治在当代中国的构建必然对社会形成的一定的影响即塑造了当代中国社会中的人，而民生政治在当代中国构建的社会诉求主要体现在社会解放上，胡锦涛在中国共产党第十八次全国代表大会上的报告中指出："加强社会建设，是社会和谐稳定的重要保证。必须从维护最广大人民根本利益的高度，加快健全基本公共服务体系，加强和创新社会管理，推动社会主义和谐社会建设。"② 在当代中国，结合中国社会实际，民生政治的实践及其实现民生政治的健康发展需要探索其实现的具体路径。回顾中国社会的发展历程，特别是中华人民共和国成立以来的历史，中国已经实现了人民民主专政及其社会主义，从根本上来说已经实现了没有剥削、没有压迫的社会，是人民当家作主的社会，因此，民生政治构建的社会维度需要从这一根本政治前提出发，而不是离开这一前提来谈论。从历史纵向的角度来看，笔者把实现民生政治社会维度的具体路径概括如下。

民生政治构建的社会维度实现的具体路径之一是转变社会发展方式。改革开放以来，我国的社会发展领域发生了极大的变化，从国家层面来看主要体现在政府的转型，即从统治型政府向治理型政府的转型，从管理型政府向服务型政府的转型；从社会生活层面来看，从生存型生活方式向发展型生活方式的转变，从过度依赖自然资源和自然条件的生活方式向人与环境和谐相处的生活方式的转变，从不重视消费到重视消费的生活方式的转变。改革开放以来，我国的社会实践发生了极大的变化，而这些变化需

要人们在坚持历史唯物主义基本原理的前提下思考社会发展理论，丰子义认为，"要使社会发展理论走出'困境'，一条基本的出路就是要拓宽这一理论研究的视野。这就要求我们在坚持唯物史观基本立场的前提下，把社会发展理论的研究重点从一般性研究转向具体研究上来，将社会发展的一般理论具体化，回答发展进程中所提出的各种问题，使理论具有较强的实用性和操作性"①。在当代中国民生政治构建过程中，需要从微观层面探索社会发展理论，笔者同字振华合作的《社会发展方式转变的原因、内涵及其实现路径》中将转变社会发展方式定义为"社会发展方式转变的提出，是在特定时期对社会发展方式微观层面的思考。在中国，主要是指改革开放以来，随着转变经济发展方式的提出，政府的转型和生活方式的变化而引起的社会发展方式在微观层面的变化过程，其内涵是在科学发展这一主题的指导下，坚持以人为本，追求公平正义、共同发展、成果共享且与转变经济发展方式相协调的过程。社会发展方式转变的本质是在社会主义范围内关于社会发展微观层面的变化，并不触动社会主义的社会性质，而是具体方式的转变过程"②。因此，在当代中国，民生政治构建的社会维度实现的具体途径就是转变社会发展方式，正如关信平教授所认为，"在当前新的经济发展背景下，国家的角色应该更多从'经济国家'角色转变为'社会国家'角色，或者至少是'经济—社会国家'的角色，在社会发展方面发挥更大的作用。为此，各级政府应该像过去 30 多年里重视经济发展一样重视社会发展，为国家和地区的社会发展建立'硬指标'，像过去 30 多年里重视 GDP 那样重视社会发展指标"③。

民生政治构建的社会维度实现的具体路径之二是维护和拓展公民权利，促进公民社会的发展。随着改革开放的启动，我国的社会主义现代化取得了飞速发展，正是在社会主义现代化进程中，公民社会逐渐发育并成长起来，"在中国过去二十余年的市场化改革过程中，国家已经逐步退出对社会资源的垄断，社会资源分配体系开始重构，国家与社会关系悄然发生变化。由此，中国社会逐渐出现比较宽松的社会空间，一些体制外的社

---

①　丰子义：《发展的反思与探索——马克思社会发展理论的当代阐释》，中国人民大学出版社 2006 年版，第 52 页。

②　李权、字振华：《社会发展方式转变的原因、内涵及其实现路径》，《学术探索》2012 年第 12 期。

③　关信平：《我们应更重视社会发展方式的转变》，《当代经济》2011 年第 11 期。

会组织开始出现，传统的全能主义政治国家模式开始改变，如何在理论上重新确定国家与社会关系的问题自然而然地摆到人们面前"①。而这种变化就是公民社会的发育与成长。施雪华教授详细描述了这一过程，他认为，"1978 年中国共产党十一届三中全会提出'改革开放'的战略方针以后，中国社会的现代化进程突飞猛进，取得了举世瞩目、甚至可以说在有些方面令世人震惊的经济社会发展成就。然而，在经济社会不断快速向前发展之际，特别是 20 世纪 80 年代中期以后，无论是国际社会还是国内社会，无论是执政党、政府还是利益集团和公民个人，均从日常生活中，或从一些大的社会和政治活动中冥冥地感觉到，中国社会中有一股似乎看得见摸得着，又似乎云遮雾绕，仅露半鳞片爪；好像就在你身边，又好像远离你左右的神秘力量在生长，而且它在中国社会发展中的地位和作用越来越突出……这股力量究竟是什么呢？整个 20 世纪 80 年代，绝大多数中国官员和公民，包括中国的知识分子，均无法用一种很确切的字眼来描述和形容这股力量，但这股力量又是那样真切地、现实地存在于处于现代化进程中的中国社会，以至于官方和民间均不得不开始重视这股力量、研究这股力量。从 20 世纪 90 年代初开始，人们（当然首先是一些学者）开始借用西方已经发明了几千年、但对中国社会来说还十分新鲜的一个字眼来命名并研究这股力量，这就是'中国的公民社会'或称'中国的市民社会'、'中国的非政府组织'、'中国的第三部门'甚或'中国的民间社会'，等等"②。公民社会在我国成长起来，成为一个比较重要的分析工具，而"保障和拓展公民权利是民生政治发展主题的价值追求"③。因此，在公民社会已经成长的社会条件下，民生政治的构建需要维护和拓展公民权利，促进公民社会的发展。

---

① 王威海：《政治社会学：范畴、理论与基本面向》，上海人民出版社 2008 年版，第245 页。

② 施雪华：《政治现代化比较研究》，武汉大学出版社 2006 年版本，第 117—118 页。

③ 王俊拴：《从强国到民生：新世纪我国政治发展主题的确立及其意义》，《陕西师范大学学报》（哲学社会科学版）2012 年第 6 期。

第六章

民生政治的全球性趋势

从全球范围来看，二战以来，不同发展程度的国家都不同程度地走上了民生发展的道路，民生政治成为全球性的趋势。虽然民生政治在不同的国家处于不同的发展状态，其所用的话语体系也不尽相同，但是关于人的解放、人的权利及人们的就业、医疗、教育、社会保障、环境问题等是全球性的共同内容，正是从这个意义上来说，民生政治已经成为全球性的趋势。民生政治的全球性趋势说明全球政治发展由统治阶级或者部分政治集团决定的政治态势已经成为过去，而由民众决定的政治及对民众公平正义的关心和实现成为当今世界政治发展的一个主流。特别需要指出的是苏联虽然是社会主义类型的国家，其政治生活实践由无产阶级及其人民群众决定，但是由于长期以来忽视人民大众的民生状况，对公平正义的缺失，导致苏联的解体。苏联民生政治转向的失败表明即使是社会主义类型的国家，如果忽视对民生政治的实践，也会导致无产阶级政治形态的垮台，因此，应该从苏联民生政治转向失败中吸取教训。

第一节　美国构建民生政治的趋势及其历史进程

1775 年 4 月 19 日凌晨，列克星敦的枪声响起，至今已有 200 多年的历史。在这 200 多年历史进程中，美国逐渐成为世界上的超级大国。虽然美国是一个比较年轻的国家，但它的政治、经济、文化等全面影响着整个世界，因此，研究美国是一个比较复杂的过程。从今天关于民生政治的规定性的角度来看，即关于人民大众的就业、医疗、卫生、健康、交通、社会保障、教育等角度来看，虽然美国创造了一个又一个神话，但是美国对民生的关注并不是一开国就开始的，而是随着美国经济、政治、社会的发展而逐渐建立起来的，特别是受到 1929—1933 年大萧条的影响，美国从国家层面开始关注民生问题，主要标志是《社会保障法》的颁布与实施。历史学家认为，"1935 年 8 月 14 日，罗斯福总统签署了《社会保障法》。《社会保障法》是美国福利史上划时代的立法，标志着社会、政府所关注的焦点由财产权转移到人的权利，扩大了联邦政府在社会福利领域的责任，标志着美国现代福利制度的确立"①。至此，美国开始了民生发展过程，但是真正全面展开是在 20 世纪 60 年代民主党的"伟大社会"计划，随着"伟大社会"计划的实践，美国从此进入了民生建设时期。"从历史过程上看，在美国的'福利国家'史中有两个标志性的事件：一是 20 世纪 30 年代的'罗斯福新政'；二是 20 世纪 60 年代民主党的'伟大计划'。我们可以由此将美国福利国家制度的形成与发展过程分成三个阶段：'新政'以前，美国只是出现了一些社会保障制度的萌芽；'新政'之后，美国建立了社会保障制度的基本框架；而'伟大计划'的实施则标志着美国福利国家制度的全面建成"②。因此，从一定程度上可以说美国对民生问题的关注开始了民生建设。从美国历届两党竞选纲领中可以看出，虽然两党在进行政治竞争的过程中所选取的策略有所不同，但是在争取选民支持的过程中，其改善民生和保障民生是两党竞选的基础和共同点，我们说美国自罗斯福新政以来进入了民生发展的时代，但是需要说明的是美国作为资本主义国家，其资本主义性质仍然未改变，"'福利国家'以'福利经济学'和'凯恩斯经济学'为理论基础，提出'混合经济'、'充分就业'、'收入均等'、'全民福利'，等等理论，实际上，它是社会改良主义的产物，是资本主义向社会主义过度过程中的一种特殊表现形式，其广泛的社会保障制度，是公民的一种社会权利，是全社会普遍享受的社会保证；不是少数社会组织或慈善机构的行为，而是国家出面主持的政府行为，是一种高度社会化的分配制度，是国家垄断资本主义的一个重要内容。因此，对于'福利国家'，我们必须有清醒的认识"③。因此，美国的民生建设同我国的民生政治具有本质上的区别，但是美国作为发达国家，其民生建

---

　　① 钱乘旦：《世界现代化历程·北美卷》，江苏人民出版社 2010 年版，第 302 页。

　　② 顾俊礼：《福利国家论析——以欧洲为背景的比较研究》，经济管理出版社 2002 年版，第 244—245 页。

　　③ 同上书，第 1 页。

设的经验和启示对我国的民生政治发展具有借鉴意义，在批判其资本主义性质的基础上，也应该认识到民生发展是社会发展的必然，对其成功经验应该给予足够的重视。

一　美国构建民生政治的趋势

从社会性质来看，美国的民生建设是资本主义性质的民生政治形态，在研究美国民生政治形态的时候，应该对这一基础给予足够的重视，而不是忽视其社会形态的本质差别来看待我国的民生政治与美国的民生政治之间的区别，正是从这个意义上来说，美国民生政治的前提是资本主义。因此，尽管美国的民生政治形态释放了人的某些权利，确实保障和改善了美国的民生，但是它仍然是资本主义性质的民生建设，并未从根本上改变其资本主义的社会性质。有学者认为，"罗斯福'新政'的实质是通过国家介入经济事务来挽救美国的资本主义制度"[1]。美国的民生建设是资本主义体系范围内的民生政治形态。那么美国为什么会走上构建民生政治的发展道路呢？笔者认为可以从以下几方面来理解。

首先是1929年—1933年的大萧条对美国经济的打击。有学者认为，"1929—1933年的大萧条对美国经济产生了沉重的打击，主要表现为物价下降、失业增加、工资降低。到1933年初罗斯福总统上台的时候，美国经济已经处于崩溃的状态了。从社会层面上看，美国人已经开始丧失对资本主义制度的信心，社会各阶层普遍意气消沉。同时，由于美国的社会保障制度是以职业福利为核心的，那么在企业破产、工人失业、工资下降的情况下，美国就已经基本上是一个没有'保障'的社会了"[2]。因此，由于大萧条的影响，美国的资本主义制度受到了严重的威胁，需要增强人们对资本主义制度的信心，以此来维护资产阶级的统治和利益。根据美国历史学家的记载，"1932年春天，随着经济逐渐探底，成千上万的美国人面临饿死的境地。在费城，人们连续11天领不到一点救济款，几百个家庭靠变质面包、稀薄汤水和别人丢弃的残羹剩饭维持生命。在全国，只有大约四分之一的失业人员得到公共援助。在伯明翰和亚拉巴马，很多贫穷地

---

① 顾俊礼：《福利国家论析——以欧洲为背景的比较研究》，经济管理出版社2002年版，第249页。

② 同上书，第248页。

区的房东放弃了试图收租的想法……很多人无家可归，他们常常聚居在用包装箱、生锈的铁皮和从沼泽地、垃圾堆和其他荒地里捡来的类似垃圾建造起来的破烂飘摇的社区里……成千上万的流浪者游荡在乡村乞讨和寻觅食物。同时，食品价格下跌厉害，农民们只好将谷物作燃料来烧……整个世界似乎被翻了个转"①。人们开始怀疑资本主义制度能否给美国人带来财富和希望，并进一步危及美国的政治合法性，摆在资产阶级政治家面前的是如何恢复人们对美国资本主义制度的信心。正是对美国经济大萧条的反思，罗斯福总统执政以来，对民生问题给予了极大的关注，维护了资本主义制度在美国的统治地位。

其次，虽然美国的经济得到了巨大的发展，但是社会分配并不均。虽然1929—1933年的经济大萧条给美国带来了极大的灾难，但是我们通过整个美国历史发现，美国经济的发展总体趋势呈欣欣向荣的态势，"总体上讲，从第一次世界大战结束到1929年经济危机爆发之前，美国经济的发展呈现出欣欣向荣的景象"②。二战后，美国经济又经历了一个长达20余年的快速增长时期，美国的经济发展总体来看是比较发达的。虽然美国经济得到了长足的发展，但是其社会分配不均也是公认的事实，特别是在经济大萧条之前，美国已经成为世界上最富有的国家了，但是其经济发展成果并未使每个美国人都享受到。有学者认为，"从19世纪末到大萧条之前，美国处于非常繁荣的时期，成为世界上最富有的国家，而并非所有的人都能平等享受到经济发展所带来的利益。整个社会贫富差距悬殊，虽然财富的总量增加了，但工薪阶层收入的比重实际却下降了。每次经济衰退都会导致失业率升高，工人尤其是非技术工人的工资下降，其中尤以黑人和外来移民境况最差"③。因此，社会分配不均的事实是摆在罗斯福新政面前的一大问题，促使罗斯福新政实行社会福利，以此来缓解不同阶层之间的矛盾。由于美国长期以来崇尚自强自立的价值理念，实际上在罗斯福新政之前的社会福利都是个人问题，但是由于社会团体的力量无法解决社会福利的问题，由政府承担社会福利成为必然。"自强自立一向是美国所崇尚的价值观，在20世纪30年代联邦政府正式'介入'对穷人的救

---

① ［美］马克·C.卡恩斯、约翰·A.加勒迪：《美国通史》第12版，吴金平等译，山东画报出版社2008年版，第592—593页。

② 钱乘旦：《世界现代化历程·北美卷》，江苏人民出版社2010年版，第272页。

③ 同上书，第300页。

济之前，多数美国人认为，每个家庭都应该靠自己的努力维持自身的生存与发展。而实际上，在美国历史上，无论个人还是家庭，接受公共援助乃是常事，而并非例外。公共援助逐渐由民间、地方性的团体转移到全国性政府。随着工业化和城市化的发展，社会发生了深刻的变动，尤其在1929—1932 年的经济危机之后，仅靠教会、慈善机构、社会团体的力量已无法解决愈益严重的贫困现象以及由此所产生的更为严重的社会问题，于是美国联邦政府逐渐承担起了社会福利的责任。"① 于是 1935 年颁布了美国历史上的第一部《社会保障法》，以此为标志美国开始了民生发展的时代，"法令规定了各种社会福利计划，最重要的是规定了老年人保障、失业保障和未成年儿童的保障。它在一定程度上缓和了社会矛盾，保障了社会生产力恢复，并通过政府福利开支的干预和调整影响经济的发展"②。

　　总之，罗斯福新政对民生的重视和实践是美国历史发展的必然结果，其目的是为了缓和阶级矛盾，巩固资本主义制度在美国的发展。但是罗斯福新政对民生建设的重视和实践，并从后来执政者对民生的重视和实践可以看出，美国的政治生活自罗斯福新政以来进入了民生建设时期，民生发展在美国成为一种主流。

二　美国构建民生政治的历史进程

　　美国自 1775 年独立战争以来，至今已有 200 多年的历史。从美国建国以来的历史发展过程来看，美国的民生建设并不是一开国就开始的，而是随着美国基本政治制度的建立、经济的高度发展基础上逐步发展建立起来的。与我国的民生政治形态相比，美国步入民生政治时代整整历经了大概 150 多年，而今天美国的民生建设取得的成就是经过民生建设转向以来的约 80 年间不断进步的结果，美国今天所取得的民生建设成果是美国历史发展的结果，同时也反映了美国民生建设的历史图景，笔者把美国民生政治建设的历史过程以三个不同发展阶段来进行考察。

　　1775—1933 年是美国民生政治构建的政治前提及其奠基时期。美国的开国是文艺复兴及其启蒙运动的结果，美国的治国理念及其制度都真实体现了文艺复兴及启蒙运动的成就，所以从这个意义上来说，美国的独立

---

① 钱乘旦：《世界现代化历程·北美卷》，江苏人民出版社 2010 年版，第 296 页。

② 同上书，第 303 页。

是对欧洲优秀文明的继承和实践。文艺复兴发生在 14—16 世纪的西欧，"文艺复兴运动的核心思想，是作为资产阶级人道主义最初形式的人文主义。它倡导世间一切以人为中心，摒弃以神为中心。提倡人权，反对神权，肯定人是现世生活的创造者和享有者。提倡人性，反对神性，批判禁欲主义，蔑视天堂与来世，强调个性解放，追求财富、荣誉和幸福。提倡自由平等，反对封建特权，不以出身门第为贵，主张以德才取人。提倡发展文化教育，反对教会蒙昧主义，嘲笑经院哲学家的无知，崇尚理智，追求真理，探索自然，欣赏艺术，要求全面发展人的才智。主张中央集权和民族独立，反对封建割据和外族入侵，大力促进资本主义的发展"①。而启蒙运动是 18 世纪在欧洲出现的一次思想解放运动，民主和科学是这一运动的主题，它不仅为法国大革命作了思想准备，而且对欧洲乃至世界都产生了深远的影响。"启蒙运动是 17、18 世纪欧洲资本主义生产关系得到发展和资产阶级已经形成的产物。它既是资本主义与封建主义全面、深入斗争在思想领域的表现，也是文艺复兴时期产生的人文主义思潮和近代自然科学、自然法理论及唯物主义哲学结合、发展的结果……民主和科学这两面大旗，是这一历史交响乐章的两大主题，这种时代精神蔓延于整个 18 世纪。它不仅为法国大革命作了充分的思想准备，而且对欧洲乃至近代世界历史的发展都产生了广泛而深远的影响。启蒙运动的内容十分广泛，它涉及自然科学、哲学、政治学、法学、经济学、历史学、文学、艺术、伦理学、教育学等许多领域，可以说是从全方位、多侧面地向封建专制制度及其精神支柱宗教神学展开了猛烈的进攻。"② 文艺复兴及其启蒙运动的成就在美国开国者的理念中所体现，集中体现在《独立宣言》、三权分立的国家权力结构及其总统选举和任期制中，而这些政治形态一直沿用到今天，可以说奠定了美国往后发展的政治基础和政治前提。"《独立宣言》首先以'天赋人权'的观点宣称'一切人生来都是平等的'，每个人都有'生存、自由和追求幸福'的权利；统治者的权力来自被统治者的同意，当政府损害了这些权利时，人民有权去改变它，或废除它，重新建立新的政府。最后宣言庄严宣告：北美联合殖民地与英国断绝一切隶属关系和政治联系，成立自由独立的国家。《独立宣言》是美国人民要求民

---

① 李植枬：《宏观世界史》，武汉大学出版社 1999 年版，第 113 页。

② 同上书，第 146 页。

族独立和民主权利的宣言书，也是世界上第一个把天赋人权、殖民地有起义权等理论变成实际革命行动的官方文件。"① 因此，美国的开国者吸收了文艺复兴及其启蒙运动的大量的优秀成果，促使文艺复兴及启蒙运动的精髓在美国得以实践和发扬，而开国者对美国的政治努力，为美国民生政治的构建奠定了政治前提和政治基础。

1933—1945 年是美国的政治形态向民生政治转型时期。在这一时期，美国在发展和恢复经济的基础上，基本建立了民生政治的框架，其基本动因是经济大萧条对美国政治、经济、文化等的冲击，这一问题已在前文阐述过，在此不再重复，但是需要指出的是正是因为经济大萧条的影响，美国开始了对民生问题的重视和实践。1935 年《社会保障法》的颁布与实践开始了对民生问题的重视，之后的历届美国总统都对其进行了完善和修改。"虽然 1935 年的《社会保障法》存在一些历史的局限性，但其重要的历史意义是其他法令无法取代的。它奠定了美国社会保障制度的立法基础，开创了美国特色的福利国家制度的新时期，是美国社会保障史上的一个里程碑。"② 所以，其后的美国福利制度是罗斯福新政的产物，罗斯福新政开创了美国的民生建设时代。丹麦学者认为，"第二次世界大战中崛起的美国，已经具备福利制度的基本构成要素，它是罗斯福新政的产物。它包括老年社会保险、失业保险（UI）和针对寡妇和抚养儿童的离异母亲的社会救助方案（对需抚养儿童家庭的援助，AFDC 项目）。1955 年把残疾人纳入到社会保障体制中"③。我国学者认为，"从社会层面上看，'新政'时期的一系列法令超越了原来职业福利的范围，在美国建立了'福利'与'国家'之间的联系"④。因此，美国自罗斯福新政以来开始了民生建设时期，促使美国的政治形态开始进入了民生政治形态，但在美国一般把它叫做福利，而不是民生。

二战以来至今的历史时期是美国民生政治全面发展时期。正是在罗斯福新政的基础上，美国政治的重点逐渐转移到民生问题上来，无论是共和

---

①　李植枬：《宏观世界史》，武汉大学出版社 1999 年版，第 161 页。

②　钱乘旦：《世界现代化历程·北美卷》，江苏人民出版社 2010 年版，第 303 页。

③　[丹麦] 戈斯塔·埃斯平 - 安德森：《转型中的福利国家——全球经济中的国家调整》，杨刚译，商务印书馆 2010 年版，第 184 页。

④　顾俊礼：《福利国家论析——以欧洲为背景的比较研究》，经济管理出版社 2002 年版，第 249 页。

党还是民主党都致力于改善民众的生活，提高民众的生活质量。丹麦学者认为，"迄今为止，共和党议题的主要目标就是'福利'———一种针对'福利贫困者'的社会救助方案。……20 世纪 80 年代大部分时期，由于选举的原因，养老金计划在自由党和保守党看来都是不可侵犯的。他们都把老年人看做有投票资格的富有凝聚力的庞大集团"①。二战以来至今的历史进程中，在民生方面的体现有：1946 年的《就业法》和《全国学校午餐计划》、1949 年的《住房法》、1954 年的《牛奶计划》及其 1960 年的《科尔—米尔斯法》、1964 年的《经济机会法》等在人们的就业、住房、医疗、贫困、机会均等方面作出了巨大的贡献。我国学者列出了二战后的民生清单，认为，"从尼克松、福特、卡特到里根都试图缩减社会福利预算，让州和地方在社会福利方面承担更多的责任，但这对每位总统来说都非易事。尼克松计划在 1974 年和 1975 年的预算中取消那些不成功和收效甚微的项目，撤销了经济机会署，而把该机构的一些主要救济项目转移给了其他部门，政府对社会福利的投入并未减少；福特政府曾建议推迟联邦雇员的加薪，限制退伍军人津贴的提高额度，但遭到国会的反对；里根执政时期，联邦政府在消减福利开支方面也做出很大的努力，他主张缩小联邦在福利事务中的责任，使私有部门和市场机制在社会福利领域发挥主导作用，也没有取得成功。……90 年代，克林顿出任总统以后，社会福利政策方面的主要关注点放在了两个方面：一是谋求建立普遍性的全面医疗保健，二是改革家庭福利计划"②。在今天，现任美国总统奥巴马夫人说，"对奥巴马而言，成功并不意味着多赚钱，而是能在多大程度上改善民众生活"③。美国正是一步一步地走向了民生发展时代，这就是美国民生建设发展的基本概况。

三　美国构建民生政治的主要经验

美国在构建民生政治过程中经过多年的实践取得了丰富的经验，虽然美国民生政治的本质是资本主义体系范围内对民众生活的改善和民众生活

---

①　[丹麦] 戈斯塔·埃斯平 – 安德森：《转型中的福利国家——全球经济中的国家调整》，杨刚译，商务印书馆 2010 年版，第 207 页。

②　钱乘旦：《世界现代化历程·北美卷》，江苏人民出版社 2010 年版，第 306 页。

③　《美大选"上阵夫妻兵""律政佳人"对阵"绝望主妇"》，2012 年 9 月，新华网（http://news. xinhuanet. com/world/2012 – 09/09/c_ 113007109. htm）。

质量的提高、民众权利的进一步发展和落实以及资本主义体系范围内利益关系的调整，但是在一定程度上取得了丰富的实践经验，如果剔除其社会性质的因素来看，许多成功的经验是值得学习的。具体来看主要体现如下。

首先，从执政党的政治合法性角度来看，执政党合法性的取得是通过改善民生问题的方式取得，促使民众掌握更多的权力，或者换句话说就是落实执政党对民众的承诺。执政党合法性的取得随着国家政权的巩固及其国内经济的高速发展，以权力和以经济发展为核心的政治合法性已经不能满足民众对执政党的要求，有研究者发现发达国家在政权巩固和经济发展到一定程度的基础上都不同程度地把改善民生和保障民生作为政治合法性的基础和来源，以此来取得执政党的政治合法性。"当我们把人类社会发展规律与社会主义建设规律、执政党的执政规律结合起来研究时发现，发达国家在经济快速发展到一定的时期，都开始关注和解决民生问题。解决民生问题已逐渐成为各国执政党的一种公开的政治承诺，一种施政的最高原则。为贯彻这一执政理念，各国执政党在教育、就业、医疗、住房、社会保障等方面制定了一系列政策措施，极大地改善了民生，密切了执政党与民众的关系。"① 因此，在已经巩固政权和经济高速发展的前提条件下，执政党取得政治合法性的基础和来源已经逐渐变成民生问题，执政党政治合法性的取得不得不转向民生问题的承诺和解决，美国执政党近年来取得执政的合法性来源也是如此。民生问题成为美国执政党政治合法性的来源和基础成为一种不可逆转的趋势，从公民的角度来看意味着民众拥有了更多的权利，虽然并不起到决定性的作用；从执政党的角度来看意味着执政党的一定范围内的政治取向由民众决定；从政治利益的角度来看意味着资产阶级的统治和利益在一定程度的让步，从而缓和了阶级对抗和阶级矛盾，有利于资产阶级的统治和利益。总之，从政治合法性的角度来看，民生已经成为美国执政党政治合法性的基础和来源，对民生的重视和实践已经成为美国政治发展不可逆转的趋势。在一定程度上也表明民众拥有了更多的权利。

其次，促进民众的民生权利，特别是民众的就业权、机会均等权。在

---

① 罗会德：《国外执政党解决民生问题的经验及启示》，《中共天津市委党校学报》2012 年第 1 期。

美国，开国以来就一直都在宣扬天赋人权、自由、平等的理念，并在此基础上美国人致力于对这一理念的实践。比如以马丁·路德·金为首的黑人运动、妇女运动及其他运动，特别是2008年奥巴马的执政。虽然奥巴马的执政有许多不足，但是至少说明，在美国，无论是什么种族、民族，还是普通阶层出身的平民，都有机会获得平等的就业权，且有可能登上美国总统的宝座。奥巴马入主白宫意味着一方面美国政治已经趋于成熟和稳定，即不会因为总统的换届而改变一贯的政治态势；另一方面意味着在美国，无论是什么样的种族、民族、阶层都有平等的机会获得就业和升迁，在一定程度上既反映了民众获得更多的民生权利，又反映了美国政治对民众利益的保护和保障。当然，需要清楚认识的是，虽然美国政治目前具有更大的灵活性、民众拥有更多的权利，其实质是资本主义体系范围内的政治调整，目的是缓和阶级矛盾、阶层矛盾以及由此带来的不利于维护资本主义基本制度的因素。因此，从本质上来说，美国在促进民众的民生权利过程中，虽然民众拥有更多的就业机会、升迁机会，但也只不过是维护资本主义制度及其资产阶级的利益，对人的解放也只不过是一定限度内的解放，因此，从人的解放的角度来说，还有更长的路要走。

最后，改善和保障民生需要同本国具体实际相结合，形成符合国情的民生实践模式。保障和改善民生是每一个国家都需要面对的问题，但是并不意味着每一个国家的民生发展模式都相同，美国能够取得成功一个重要的经验就是民生改善和保障同美国实际相结合，形成了自己的民生发展模式。从美国福利制度的特点来看，美国的福利覆盖面比较低，但其就业率比较高、税率比较低，正因为如此，20世纪80年代，许多西方学者普遍认为美国的福利建设远远落后于西欧国家，但是自西欧福利制度陷入困境后，人们发现还是美国的福利制度对经济的发展具有独特的优势，因此，在保障和改善民生的过程中虽然学习是比较重要的，但是需要同本国实际相结合，构建起符合本国发展的民生发展道路。有学者认为，"从总体上看，美国福利国家制度的覆盖面比多数西欧国家要窄得多；但是，如果全面考虑就业、工资、税收因素的话，我们可以发现，美国社会的广义福利环境与西欧国家相比实际上互有所长、难分伯仲。概括地说，美国的社会福利少，但就业率高，完全依赖福利生活的人也比较少；美国的平均工资比多数西欧国家低一些，但税收也低不少，因而实际收入差距并不甚远。总的看来，美国福利国家的基本特点是社会再分配的比例比较低，个人的

'福利'与'工作'之间联系更加紧密。目前，多数西方经济学家认为美国的这种福利国家体制比西欧的福利国家体制更加有利于促进经济发展，值得后者学习、借鉴"①。因此，必须同本国实际相结合，形成自己的民生发展道路。

　　总之，美国构建民生政治的主要经验就是扩大民生权利，促使民众拥有更多的发展权、生存权，特别是民众的机会均等权，但更为重要的是民生发展同本国具体实际相结合，形成符合本国国情和本国民众利益要求的民生发展道路，因此，需要人们清楚认识需要什么样的民生、往哪个方向走即民生发展是为了谁、为什么及其怎么样的问题。

第二节　英国构建民生政治的趋势及其历史进程

　　1941 年 12 月 11 日，《贝弗里奇报告》的诞生意味着英国民生政治的开始，从此英国的政治形态开始步入以福利为主要内容的民生建设时代。《贝弗里奇报告》体现了民生政治的基本原则即最低原则、普遍性原则和责任原则。"首先是'最低原则'，即保障全体社会成员的生活不低于'维持生存所需的最低限度'，保证劳动者获得维持生活的基本收入。其次是'普遍原则'，即社会保障应'不分贫富一视同仁'地顾及全体社会成员，人人都要参加社会保险，以备在年老、失业、怀孕、伤残患病和鳏寡孤独等情况下，享受津贴资助。三是'责任原则'，即每个国民应尽力工作和捐款，使政府通过税收实行社会财富再分配。为此，政府还应尽力维持充分就业、追求经济的稳定增长，保证经费来源。"② 有学者对其评价道，"与过去的研究最大的区别在于，《贝弗里奇报告》是一个关于福利的'完全'的报告，它从人们的需要出发，提出相应的对策，涉及人们各方面的需要，从而形成一个完整的福利体系。《贝弗里奇报告》把疾病、意外、失业与老年保险集合在一个均一给付的体系内；同时，这个报告接纳保费三分的原则，雇主、受雇主与政府共同分担保险费。这个原则

---

　　① 顾俊礼：《福利国家论析——以欧洲为背景的比较研究》，经济管理出版社 2002 年版，第 264 页。

　　② 阎照祥：《英国史》，人民出版社 2003 年版，第 377 页。

几乎成为现代各国社会保险保费缴交的分摊原则。对于英国来说,《贝弗里奇报告》的最重要意义之一是放弃以财产调查为主要形式、以社会救助为主要内容的社会福利系统。这是从 1601 年的《济贫法》实施三百多年以来最大的变革"①。《贝弗里奇报告》能够成为英国政治进入民生建设的转折点,其原因主要是:一方面艾德礼政府采用了《贝弗里奇报告》的建议,对英国的民生问题给予了极大的关注,并在此基础上促使英国轮流执政的两党形成政治共识,把民生问题作为两党执政的基础和政治合法性的来源;另一方面《贝弗里奇报告》全面关注民生问题即关于就业、教育、医疗、社会保障、住房等民生问题。有资料显示,"在英国战后历届大选中,福利国家议题占据了竞选的主要部分……在 20 世纪 70 年代政党的所有竞选保证中有将近 1/3 的内容是当时英国所面临的最直接问题即经济问题。而环境部门的问题,比如住房和地方政府事务的内容排在第二位,占竞选保证中的 1/5。福利国家的主要服务项目——健康、社会保障和教育——合起来在竞选保证中占 1/4"②。因此,可以说《贝弗里奇报告》的诞生及其实践是英国民生建设的开始,开始了英国民生政治形态的政治时代。

一　英国构建民生政治的趋势

每一历史时代的政治形态是对以往历史政治形态的发展和继续,因此,英国民生政治形态是对以往政治形态的发扬和继续,是历史综合发展的结果。英国民生政治形态的实践成为历史发展的必然。

首先,社会生产力的发展为英国民生政治形态的实践奠定了物质基础。在英国,自 16 世纪圈地运动开始,英国的生产方式逐渐步入资本主义生产方式,"16 世纪,随着欧洲毛纺织业的发展和欧洲由于'价格革命'而造成的农产品价格的上涨,英国农业很快与市场挂钩,谷物大量出口欧洲,地主剥夺租佃家或公薄持有农的土地,将其圈占起来,自己经营或租佃给农业资本家。15 世纪至 19 世纪中叶的圈地运动破坏了英国农村的社会和经济基础,封建性的地产逐渐转变为资本主义性质的大地产,租佃农场主、小型资本主义企业家代替了农民,大批农民被剥夺了土地,

① 孙洁:《英国的政党政治与福利制度》,商务印书馆 2008 年版,第 26—27 页。
② 同上书,第 195—196 页。

沦为可以自由流动的雇工"①。在英国，从 16 世纪初便开始了资本主义萌芽，而资本主义生产方式的确立不仅为英国民生政治形态的发展奠定了物质资料的生产方式，为英国民众的生活方式的选择奠定了前提，也为英国民生政治形态的发展奠定了强大的物质基础。马克思恩格斯指出："资产阶级在它不到一百年的阶级统治中所创造的生产力，比过去一切世代创造的全部生产力还要多，还要大。自然力的征服，机器的采用，化学在工业和农业中的应用，轮船的行驶，铁路的通行，电报的使用，整个整个大陆的开垦，河川的通航，仿佛用法术从地下呼唤出来的大量人口——过去哪一个世纪料想到社会劳动里蕴藏有这样的生产力呢？"② 因此，英国资产阶级在民生政治形态形成前的物质资料的生产为英国民生政治形态的实践奠定了物质基础。但是，也需要清楚认识到以福利为主要内容的英国民生政治形态在本质上也是资本主义性质的民生政治形态。"新马克思主义学者认为福利国家的存在并不奇怪，因为它满足了资本主义发展的一些规律，尤其是缓解了发达资本主义国家中资本积累和社会合法性之间存在的深刻矛盾。本主义尽其所能地榨取剩余价值、积累资本，严酷的剥削造成了严重的社会冲突，工人的反抗此起彼伏。充满社会冲突的资本主义无法永续发展。因此，作为资本家委员会的国家需要采取措施协调各方冲突，维护资本主义社会秩序。"③ 因此，在英国以福利为主要内容的民生政治形态的实践仍然是资本主义范围内的民生政治形态，维护的是资产阶级的利益和统治。

其次，19 世纪末出现的费边社会主义和新自由主义为代表的集体主义思潮，为构建以福利为主要内容的民生政治形态作了思想准备。陈晓律在《英国福利制度的由来与发展》中认为，"一个时代占主导地位的社会思潮既是那个时代政治、经济和文化传统的产物，又反过来给予那个时代以重大影响，它的出现有助于使各种利益的协调和制度的发展合理化"④。而在 19 世纪末期，英国社会占主导的社会思潮主要是费边社会主义和新自由主义，而这两大思潮为英国的以福利为主要内容的民生政治形态准备

---

① 陈晓律、于文杰、陈日华：《英国发展的历史轨迹》，南京大学出版社 2009 年版，第 146 页。

② 《马克思恩格斯文集》第 2 卷，人民出版社 2009 年版，第 36 页。

③ 李秉勤等：《欧美福利制度：挑战、改革与约束》，中国社会出版社 2011 年版，第 7 页。

④ 陈晓律：《英国福利制度的由来与发展》，南京大学出版社 1996 年版，第 18 页。

了思想条件。有学者认为，"19 世纪末，英国的社会思潮出现了重大的转变，自由主义观念遭到普遍的怀疑，社会出现了以费边社会主义和新自由主义为代表的集体主义的倾向，这种集体主义的社会思潮逐渐占据主导地位，从而为福利国家思想的出现准备了条件"①。因此，在英国以费边社会主义和新自由主义为代表的集体主义思潮为以福利为主要内容的民生政治形态的实践准备了思想条件。

最后，英国工党的执政和实践及其福利共识的形成以福利为主要内容的民生政治实践奠定了政治和社会基础。1945 年英国工党以 146 席的绝对多数获胜执掌英国政治，而工党的执政意味着把福利国家的理念转变成现实。"新上台执政的工党面临严重困难，战争使经济遭到巨大破坏，百业待举，百废待兴。政府除了实行紧缩行政开支的财政政策以外，在推行国有化和建立社会保障制度方面做了大量的工作。而工党政府的最高成就是建立起完善的社会保障制度。1946 年，艾德礼政府颁布了《国民保险法》和《国民保健法》，规定全体就业的国民都必须参加国民保险，以备在年老退休、失业和患病等情况下享受津贴资助；将全国医院收归国有，使全体国民不论贫富都享受免费医疗。"② 正是在工党的执政下，英国民众的生活已经与过去十年大不相同了，福利国家已被公众所接受，充分就业成了共同的目标。有学者认为，"从 1945 年至 1950 年期间，英国许多人的生活方式已与十年前不同了。收入增加的人多了，收入特多的人少了"③。工党的执政和实践及其社会对福利的共识，促使在 1951 年取得执政地位的保守党也并未对以福利为主要内容的民生政治形态给予否定，而是给予继承和发展，因此，福利共识在英国两党中的形成意味着以福利为主要内容的民生政治得到全面发展。"在随后的五六十年代发展过程中，在提供福利设施是依靠集体的首创精神还是依靠市场力量的问题上，保守党和工党表明了不同意见。保守党强调依靠市场力量，而工党则强调依靠集体主义，但两党在收入保险、健康、住房及教育这四个领域的政策基本上是连续的，不仅都完全拥护充分就业理路，而且都没有超出正在执行的

① 陈晓律、于文杰、陈日华：《英国发展的历史轨迹》，南京大学出版社 2009 年版，第284—285 页。

② 孙洁：《英国的政党政治与福利制度》，商务印书馆 2008 年版，第 232—233 页。

③ ［英］阿萨·勃里格斯：《英国社会史》，陈叔平等译，中国人民大学出版社 1991 年版，第 336 页。

广义的凯恩斯的宏观经济政策。两党一致认为，保障充分就业是使社会保险得以正常运转的基本条件；普遍的医疗卫生服务应当取代原来保险计划中的医疗照顾，并有效支持新的制度。"① 因此，工党的执政和实践及其福利共识的形成以福利为主要内容的民生政治实践奠定了政治和社会的基础。

二　英国构建民生政治的历史进程

英国自 16 世纪圈地运动以后就出现了资本主义萌芽，在随后的历史发展进程中，英国历史呈现了一条螺旋式的前进道路，体现出了英国发展历史的复杂性，因此，很难从某个角度来解释英国资本主义发展历史，需要从无产阶级产生以来的历史说明英国资本主义发展的历程。恩格斯在《英国状况》中认为，"18 世纪在英国所引起的最重要的结果就是：由于工业革命，产生了无产阶级"②。因此，在考察英国民生政治实践的历史进程中，笔者把英国无产阶级产生作为英国构建民生政治历史进程的逻辑起点，进一步描述英国民生政治构建的历史进程。

从 18 世纪开始到 1940 年的英国为构建以福利为主要内容的民生政治形态奠定了政治基础、经济基础和社会基础。英国工业革命开始于 18 世纪 60 年代，恩格斯在《英国状况》中对英国的这一次工业革命给予了深刻且生动的描述，他认为，"英国工业的这一次革命化是现代英国各种关系的基础，是整个社会的运动的动力。上面已经谈过，它的第一个结果就是利益被升格为对人的统治。利益霸占了新创造出来的各种工业力量并利用它们来达到自己的目的；由于私有制的作用，这些理应属于全人类的力量便成为少数富有的资本家的垄断物，成为他们奴役群众的工具。商业吞并了工业，因而变得无所不能，变成了人类的纽带；个人的或国家的一切交往，都被溶化在商业交往中，这就等于说，财产、物升格为世界的统治者"③。因此，在英国从 18 世纪开始逐渐变成财产、物统治的世界，随着英国生产力的发展和英国无产阶级斗争的深入，资产阶级为了使自己的统治控制在一定范围内，对资本主义进行了一定的改良，其主要体现为对工

① 孙洁：《英国的政党政治与福利制度》，商务印书馆 2008 年版，第 234 页。
② 《马克思恩格斯文集》第 1 卷，人民出版社 2009 年版，第 107 页。
③ 同上书，第 105 页。

人阶级剥削方式的改进、对公民福利的重视、对民众生活质量的改善、让渡一定的权利给予民众。从社会性质的角度来看，英国至今也是资本主义性质的国家，需要指出的是英国虽然构建了以福利为主要内容的民生政治形态，但是其资本主义性质仍未改变；从英国历史发展进程来看，工业革命巩固了资本主义形态在英国的统治地位，在一定程度上可以说 18 世纪以来至 1940 年的英国历史是资本主义制度、资本主义生产方式和资本主义社会发展的历史时期。因此，从 18 世纪的工业革命开始至 1940 年的英国历史时期为以福利为主要内容的民生政治形态的实践奠定了资本主义的政治前提和基础，而资本主义生产的发展奠定了物质基础或者经济基础，其社会发展甚至是生活方式的变迁为构建以福利为主要内容的民生政治形态奠定了物质基础和社会发展基础。

　　1940 年至 20 世纪 70 年代是英国以福利为主要内容的民生政治形态的确立与发展时期。英国以福利为主要内容的民生政治形态的确立在前文已经有所论述，所以在这里不再阐述，但是需要说明的是英国以福利为主要内容的民生政治形态的确立有着一些原则，即"充分就业。保证让所有真正希望工作的人都能够就业……全民最低生活保障。战后社会政策的第二个核心内容是提供一个共同的保障网，使中央政府的保护能够将所有的社会成员纳入，使他们在遭受人生的不幸时得到保护：如因疾病或长期残疾、失业或年老而丧失收入，因配偶死亡或其他非正常原因而失去收入等……平等和免费的医疗与教育。战后改革的第三个重要政纲是消除享受两项公民基本权利即医疗与教育的价格障碍……中央的重要作用。为了实现这些目标，中央国家机构在社会政策的一些关键领域承担了明确的责任，如社会保障、医疗、教育，以及小范围内的住房。地方当局在这些方面成为中央政府的代理机构，它在细节上保持主动性和独立性。国家对服务的提供。中央政府不但要担当起对社会服务的融资，服务也要由国家机构提供给选民……持续性。尽管新的社会制度据哟明确的共同原则和设计特色，它们都牢固地建立在以往的基础上——并不总是意在改善"①。因此，1940 年至 20 世纪 70 年代英国民生政治形态的发展正是在这一原则的基础上逐渐发展起来的。有学者认为，"1945 年至 1946 年的社会政策

---

① ［英］霍华德·格伦内斯特：《英国社会政策论文集》，苗正民译，商务印书馆 2003 年版，第 9—12 页。

立法大大扩展了公共产品的范围，其中最重要的是建立国民卫生服务系统，由国家直接为公民提供医疗服务，家庭津贴则扩大了非劳动人口的福利。战后的社会立法对以往的社会保障与社会福利政策进行了反思、修改和补充，使社会福利制度成为一个完整的体系……正是从这个时期开始，政府一步步进入了教育、卫生保健、社会福利、最低收入保障等领域，形成了'从摇篮到坟墓'的社会保障体系，英国也由此变成了一个福利国家"①。而在此后的历史中，无论是工党执政还是保守党执政都对民生问题给予了足够的重视，从而形成了所谓的"共识政治"。因此，在英国确立了以福利为主要内容的民生政治形态并得到发展。

20世纪70年代至今是英国以福利为主要内容的民生政治形态的改革与完善时期。丁开杰等在《后福利国家》中认为，"进入20世纪70年代后，福利国家纷纷面临失业危机、老龄危机、财政危机、社会危机和文化危机，面对危机和挑战，西方福利国家在社会保障制度、社会政策等相关领域纷纷进行了改革和创新，陆续提出了'重构福利国家'、'再造福利国家'、'后福利主义'、'后福利国家'等等倡议，推行了旨在使责任主体多元化的多支柱体系建设和养老金私有化等改革"②。英国也是如此，英国自1940年构建以福利为主要内容的民生政治形态以来确实取得了巨大的成就，但是"到20世纪70年代末，经济滞胀和社会福利的沉重负担，迫使英国福利制度的发展进入第二个阶段，即1979年至1997年保守党政府的改革阶段。这一阶段以撒切尔政府的市场化改革为中心。1979年撒切尔上台后，便以所谓的'撒切尔主义'对英国福利制度进行改革。其改革的核心是通过福利的市场化，消减政府的福利开支，为经济松绑"③。随后，随着新工党的上台执政，在继承撒切尔改革时期成果的基础上，开始了对福利制度的改革，而这一时期的理论指导主要是吉登斯的理论。"1997年至2009年，英国福利制度的发展进入了第三个阶段，即工党政府的改革阶段，它以1007年至2007年的布莱尔改革为主导。布莱尔政府改变以往政府策略，以吉登斯的'社会投资国家'理论为指导，在尊重传统的基础上，开启了工作型福利制度的构建与发展，从而使福利

---

① 孙洁：《英国的政党政治与福利制度》，商务印书馆2008年版，第44—45页。

② 丁开杰、林义：《后福利国家》，上海三联书店2004年版，第1页。

③ 陈晓律、于文杰、陈日华：《英国发展的历史轨迹》，南京大学出版社2009年版，第320页。

制度的发展有了新的增长点。"① 因此，可以说，20 世纪 70 年代以来至今的英国是以福利为主要内容的民生政治形态的改革时期。

三　英国构建民生政治的主要经验及其启示

英国构建以福利为主要内容的民生政治形态是历史发展的必然，其福利制度的建立是在特定的历史条件下的产物，有学者指出其福利制度的建立是基于一定的条件的"福利国家的产生需要四个方面的基本条件：第一，社会的生产力必须发展到一定的水平，能为构建福利国家提供必需的物质基础；第二，占主导地位的社会思潮赞成社会福利事业，并由此产生较为完整的理论政策，提供建设福利国家的蓝图与框架；第三，这种蓝图必须得到社会各利益集团和主要政党大体上的赞同，取得政治与经济上的某种共识；第四，一个在此共识基础上产生的政府，它有能力并愿意将各种福利设想转变为具体的国家立法"②。20 世纪 40 年代的英国已经具备了这些条件，促使英国构建以福利为主要内容的民生政治形态成为历史发展的必然。从 20 世纪 40 年代英国进入以福利为主要内容的民生政治时代以来至今已有半个多世纪，在这半个多世纪的历史进程中，英国民生政治实践既取得了巨大的成绩，又获得了丰富的经验。具体来看，英国以福利为主要内容的民生政治形态给予我们的经验和启示主要体现如下。

首先，民生政治实践的发展应该随着历史条件的变迁相应地作出调整。从英国以福利为主要内容的民生政治实践过程来看，民生政治的基本原则是实践民生政治形态的基础，但是随着历史条件、生产条件和社会条件的变迁，其基本策略和具体内容应该随着实践的发展而发展。英国学者认为，"对过去 20 年左右英国的社会政策有许多不同的且相互冲突的解释。人们一般同意'某种变化发生了'，但此外就很少有一致的认同之处了。显然，福利国家发生了变化，但如果它不发生变化才令人奇怪：它总是在变化的"③。因此，民生政治实践的发展随着历史条件和生产条件的变迁会相应地发生变化。进入 20 世纪 70 年代以后，英国以福利为主要内

---

① 陈晓律、于文杰、陈日华：《英国发展的历史轨迹》，南京大学出版社 2009 年版，第 312 页。

② 陈晓律：《英国福利制度的由来与发展》，南京大学出版社 1996 年版，第 8 页。

③ ［英］马丁·鲍威尔：《新工党，新福利国家？英国社会政策中的"第三条道路"》，林德山、李姿姿、吕楠译，重庆出版社 2010 年版，第 3 页。

容的民生政治实践的危机表明任何理论和实践也不是完美无缺的，而是应该随着实践的发展而不断进步，以此来适应已经变化了的生产条件和历史条件，能够更好地解决民生，促进民生政治的良性发展。英国民生政治实践的危机同时也表明，不对资本主义生产关系进行彻底的改造是不能够建立真正的民生政治形态的。英国以福利为主要内容的民生政治实践的发展表明，社会主义形态的民生政治是真正的民生政治形态，它能够真正促进人的解放，实现人的权利。因此，在一定程度上表明英国以福利为主要内容的民生政治形态的发展方向应该是社会主义形态的民生政治，而不只是在资本主义体系范围内的民生政治形态。

其次，英国以福利为主要内容的民生政治形态从本质上来说仍然是资本主义体系范围内的民生政治形态，调整的是资本主义体系范围内由于生产的发展而带来的资本主义危机，更能够很好地维护资产阶级的统治和利益。在一定程度上可以说，英国以福利为主要内容的民生政治实践解放了特定范围内的人们的权利，给予了人们一定的权利，在一定范围内促进了人的解放，但是归根究底，英国以福利为主要内容的民生政治实践是以资本主义生产关系为基础的民生政治形态。英国学者认为，"暂且抛开享有选举权利的广泛程度以及选举制度的内在机制不论，对所谓'民有、民治、民享的政府是否英国政治的真实情况，仍然存在着许多怀疑的声音"①。无论其实践的内容和方式多么完善和美好也逃不过资本主义发展规律，出现危机也是必然的。因此，如果想建立真正的民生政治形态，需要从其社会性质入手，彻底推翻资本主义生产关系和资产阶级的统治，这是英国以福利为主要内容的民生政治形态给予我们的一个启示和经验。

最后，自英国确立民生政治形态以来的半个世纪中，无论是哪个政党上台执政对民生问题的关注都从未曾改变过，从而促使民生政治实践呈现出连续性。有学者认为，"已有的研究结果表明，第二次世界大战后，英国政党政治基本是一个'非经典'的西方政党政治过程。英国两个执政党的政策相互牵制，又相互继承，长时期均保持着方向一致性。这种现象，从政党作偏离自我传统政策主张的调整来说，可称作政策'中性化'

---

① ［英］比尔·考克瑟、林顿·罗宾斯、罗伯特·里奇：《当代英国政治》第四版，孔新峰、蒋鲲译，北京大学出版社 2009 年版，第 9 页。

或政策趋同；从政策的延续过程来说，应当称为政策继承"①。在英国以福利为主要内容的民生政治形态呈现出了一幅连续不断的发展画卷。一方面说明民生问题是两党轮替执政的基础，也是执政党执政的合法性来源和基础；另一方面说明民生政治形态的实践不应由于政党或者个人的变化而变化，而应该把其当作长期发展的政治形态和实践。因此，英国以福利为主要内容的民生政治形态的有一个主要的经验和启示，即民生政治形态是具有长期性的政治形态和政治实践，不应以政党或者个人的变迁而变迁。

第三节　欧洲大陆民生政治构建的趋势及其历史进程

二战以后，以法国、德国为代表的欧洲大陆也先后步入民生政治形态的实践和发展。当然，正如前文论述过的一样，以法国、德国为代表的欧洲大陆虽然步入了民生发展时代，但仍然是资本主义体系范围内的民生政治形态，其本质仍然是资产阶级占统治地位的民生政治形态，维护的是资产阶级的利益和统治，只是改变了其统治方式和治理方式而已，甚至是体现人民意志的社会民主主义或者民主社会主义也只是对资本主义生产方式和资产阶级的统治进行一定程度的改良而已。当然也需要承认社会民主主义在欧洲大陆的实践是社会的进步，有学者认为，"在当代，社会民主主义与科学社会主义在一系列问题上都存在着严重分歧，例如对待马克思主义的态度、对资本主义的认识、对社会主义的理解等。尽管如此，社会民主主义与科学社会主义无疑都是当代资本主义的批判和改造力量，是世界左翼阵营中的两大主力。因此，我们既要坚持并发展科学社会主义，同时还要善于借鉴并联合社会民主主义，这样才有利于促进世界社会主义运动的发展与进步。不仅如此，对于信仰科学社会主义的共产党人来说，除了应当善于联合各类社会主义政党，尤其是目前力量最大、影响最广的社会民主主义政党，而且还应当善于联合其他各类左翼政党、左翼运动和左翼力量，尤其是目前影响正在不断扩大的绿党，与之结成广泛的左翼统一战

---

① 郭静：《政党轮替的政策价值：英国社会保障政策的政治分析》，中国社会科学出版社2010年版，第7页。

线，共同推进世界社会主义运动和社会进步"①。因此，在欧洲大陆，具有社会民主主义因素的民生政治形态比以往的民生建设更能体现人们的权利，特别是人们在民生方面的权利，欧洲大陆的民生政治形态具有一定的先进性，当然与我国的民生政治形态相比仍然不是最彻底、最革命、最解放的民生政治形态，从本质上来说，欧洲大陆的民生政治形态与我国的民生政治形态具有本质上的区别，这是在研究欧洲大陆的民生政治形态过程中需要明确的一个前提。需要指出的是，欧洲大陆的民生政治形态虽然具有社会民主主义的因素，但是欧洲大陆的民生政治形态实践的政治前提和基础是资本主义政治形态，其生产方式的前提是资本主义生产方式，而这一基础和前提是在法国大革命的影响下逐步建立起来的。"法国的资产阶级和人民大众，在经历了启蒙运动的洗礼后，终于在 18 世纪末掀起了一场震撼全欧洲乃至全世界的大革命风暴，'以致整个 19 世纪，即给予全人类以文明和文化的世纪，都是在法国革命的标志下度过的'。"② 自此，欧洲大陆开始了资本主义发展的道路，也为欧洲大陆构建民生政治形态奠定了政治前提、基础以及强大的物质基础，随着欧洲大陆资本主义的发展，在欧洲大陆构建民生政治形态成为历史发展的必然。

一　欧洲大陆构建民生政治的趋势

二战以后，许多西欧国家都相继走上了保障民生和改善民生的发展道路，"战后以来，西欧国家执政党利用经济快速发展的有利条件，投巨资大力发展公共服务事业，保障和改善民生问题。许多国家建立和健全了以养老、医疗、失业为主的社会保障制度"③。以法国、德国为主要代表的欧洲大陆也是如此。二战以来，由于战争和经济危机的影响，以法国、德国为代表的欧洲大陆逐渐走上了民生政治发展的道路，极力推动福利国家建设，确实保障和改善民生。二战以后，以法国、德国为代表的欧洲大陆能够走上民生政治发展道路有其历史必然性，具体来看，主要体现如下。

首先，对第二次世界大战的反思促使欧洲大陆走上了保障和改善民生

---

① 刘玉安、蒋锐等：《从民主社会主义到社会民主主义——当代欧洲社会民主党的理论与实践》，人民出版社 2010 年版，第 448—449 页。

② 李植枬：《宏观世界史》，武汉大学出版社 1999 年版，第 153 页。

③ 罗会德：《国外执政党解决民生问题的经验及启示》，《中共天津市委党校学报》2012 年第 1 期。

的发展道路，促使欧洲大陆逐渐走上了民生政治形态的发展道路。第二次世界大战从根本上来说是资本主义内在矛盾不可调和的产物，其反法西斯战争是正义之战。"第二次世界大战是人类历史上一次伟大的反法西斯战争。法西斯是资本主义制度固有矛盾极端尖锐而又无法解决的产物，是从资本主义世界体系内分化出来的最反动、最具侵略性的势力，它妄图通过对内建立专制独裁、对外疯狂侵略扩张来挽救资本主义统治。它的出现是对世界各国的民族独立和国家主权的严重威胁，是对世界人民的生存权利的巨大威胁，是对世界历史发展的严重阻碍。因此，第二次世界大战是法西斯侵略势力同反法西斯的民主力量之间的一场殊死搏斗，是世界人民与法西斯势力的决战，是世界各国人民捍卫民族独立和国家主权的正义战争。"① 因此，随着反法西斯战争的胜利，人们开始反思第二次世界大战对人类带来的伤害，正是在第二次世界大战反思的基础上，欧洲大陆国家逐渐走上了重视和改善民生的民生政治发展道路。在法国，第二次世界大战促使法国反思过去经济、社会、政治发展原因，促使法国逐渐走上了民生政治形态实践的发展道路。"二战结束之后，法国人开始反思过去经济发展高低起伏、时断时续、不能持续发展的原因。于是，政府开始进行各种经济资源的整合、资源的重新配置和有计划的结构改革。国家通过国有化运动和制定指导性计划来发展经济，从而走上了把自由市场经济和政府干预结合起来的道路。从 1947 年起，法国政府先后制订了 10 个计划。虽然各个计划的内容因时间的不同发生了相当大的变化，但从总体上来看，它们对法国重振经济、恢复法国在经济上的国际地位起到了极其重要的作用。法国政府还从历次的社会动荡中不断吸取经验教训，充分意识到社会的和谐、稳定对整个社会发展的重要性，从而不断完善社会协调发展的政策。为使社会的各个阶层，尤其是弱势群体也能充分享受到经济发展的成果，法国逐渐建立一套相对完善的社会保障制度。"② 法国在建立覆盖全社会的社会保障体系的同时，为缩小区域发展的差距，政府也实施了一系列政策，并取得了很好的效果。有学者认为，"与所有实现了现代化的国家一样，法国在现代化的过程中也经历了社会阶层分化、贫富差距扩大、地区发展不平衡和缺乏公平教育等社会问题。针对这些社会问题，法

---

① 李植枬：《宏观世界史》，武汉大学出版社 1999 年版，第 305—306 页。

② 钱乘旦：《世界现代化历程·西欧卷》，江苏人民出版社 2010 年版，第 203 页。

国政府在历次的社会动荡中不断吸取经验教训，充分意识到社会的和谐、稳定对整个社会发展的重要性，从而不再采取激进的、容易引发社会阶层冲突的政策，相反，政府在听取社会各阶层的意见后，不断完善社会协调发展的政策"①。法国正是在这些实践的基础上逐渐构建起了民生政治形态。德国也是在战后由于对二战的反思而逐渐走上了民生政治发展道路。有学者认为，"在联邦德国战后确立的诸多重要的社会经济制度中，艾哈德的理论皆有体现，除了限制垄断、私有财产要尽社会义务、劳动保护、工人参与企业决策等制度之外，更重要的是根据社会市场经济原则，联邦德国建立了一个及其严密的社会保障网络。它保障了联邦德国公民的生存，并在他们面临疾病、工伤事故、事业、残疾、衰老、负担家庭甚至包括死亡在内的风险时，提供了广泛的社会保障，从而也使联邦德国成为战后资本主义世界中最为发达的社会福利国家。很显然，包括社会保障在内的整个'社会市场经济'体制能较好协调各方面的关系，缓和了国内的阶级和社会矛盾，劳资关系相对比较平稳；在遇到困难时可以获得'合乎人的尊严的'生活水平，无疑也加强了人们对现存政治制度的认同"②。因此，战后德国也逐渐走上了民生政治形态的发展道路。正是在法国、德国的影响下，欧洲大陆国家逐渐走上了民生政治形态实践的发展道路。

其次，欧洲大陆本身就具有实践社会保障的传统，在原有的社会保障基础上逐渐发展起来的民生政治形态就成为社会保障发展的必然逻辑，因此，从社会保障传统的意义上来说，欧洲大陆实践民生政治形态是欧洲大陆社会保障发展的必然。在德国，其社会保障制度的萌芽是在 1839—1881 年间，"这一时期德国的社会保障事业，主要以宗教界和社会团体兴办的慈善事业为主，如在民间由教会、警察、社团创办的孤儿院、收容所等社会慈善机构，从事救济贫民的活动。另外，由一些企业家和政治活动家创办的社会福利事业，如哈尔科特、克虏伯等人开设的工厂储蓄所，目的是在工人偶然面临疾病情况时能提供互相帮助。还有一类组织是工人之间自觉、自发的自助组织，工人和工会中出现的'劳动与福利中心'、'社会福利联合会'等群众团体，这些群众团体主要是通过开展互助互济

---

① 钱乘旦：《世界现代化历程·西欧卷》，江苏人民出版社 2010 年版，第 211—212 页。
② 同上书，第 355 页。

的活动，帮助工友及其家属渡过因各种事故所导致的病残、死亡等灾难"①。而法国的社会保障制度可以追溯到 16 世纪时期，"法国社会保障的萌芽可追溯到 16 世纪的慈善事业和救济活动。当时，这些活动主要由个人、社团、行会和宗教团体承担。国家的介入只是为了将贫困者排除在社会之外，把保护与镇压、隔离与监禁结合为一体，例如，驱逐乞丐，设立精神病拘禁所等。后来，出于战争、贸易和宗教的需要，法国王权开始实行了补偿残废军人、海员等的做法"②。正是在社会保障传统的基础上，于二战后建立了以福利国家为主要内容的民生政治形态。"第二次世界大战结束后到 20 世纪 70 年代初，是西方社会经济快速发展时期，西方社会经济的快速发展使得失业率降低，社会物质财富快速增长，进而推动西方社会保障制度的快速发展，福利国家的建立成为这一时期西方社会经济快速发展的直接产物，西方国家社会保障制度的内容、覆盖面、津贴水平等都呈现出不断提高的趋势，并建立起完善的社会服务于发达的公共福利体系。西方国家在国民经济快速发展的同时，加大转移支付的力度，从而推动了社会保障制度的发展及福利国家的建设步伐。"③ 因此，在经济快速发展的基础上，依托社会保障的传统资源，以法国、德国为代表的欧洲大陆逐渐步入了民生政治时代。

最后，在社会民主主义的推动下促使欧洲大陆的民生政治形态成为实践。在西欧，社会民主主义是在 1848 年前后出现的。有学者认为，"从起源上来看，西欧社会民主主义是在资本主义制度确立并取得完全统治地位的历史大前提下产生的。资产阶级在反对封建专制统治、使自己上升为统治阶级的过程中，曾打出自由、平等、博爱的旗号以吸引尽可能多的同道者。然而当资本主义制度确立巩固之后，自由、平等和博爱却成了社会上一少部分人即资产者的专利，与此同时，占社会绝大多数的无产者则陷入了悲惨的境地，他们的处境与资本主义制度所标榜的准则越来越背道而驰。面对强大的资本主义制度，作为个人的无产者是无能为力的，所以他们的出路只能是团结起来共同反对这个制度。传统社会民主主义就是作为西欧工人阶级团结起来反对资本主义制度运动的雏形，在 1848 年前后出

---

① 姚玲珍：《德国社会保障制度》，上海人民出版社 2011 年版，第 27 页。

② 顾俊礼：《福利国家论析——以欧洲为背景的比较研究》，经济管理出版社 2002 年版，第 156 页。

③ 丁建定：《西方国家社会保障制度史》，高等教育出版社 2010 年版，第 10 页。

现的"①。而社会民主主义在本质上来看是社会改良主义，但是其主张对改善民生、推动民众生活的改善起到了极大的作用，为欧洲大陆的民生政治形态的发展起到了巨大的推动作用。"19 世纪的社会民主主义明确反对当时的资本主义制度，明确主张消灭剥削、消灭私有制。目前，欧洲各国社会民主党虽然又打起了'社会民主主义'的旗帜，但它们都明确表现出对现存基本社会制度的认同和认可，极力淡化意识形态，极力剔除一切与传统社会主义有关联的字眼和提法，仅仅谋求对现存社会实行点滴的改良。"② 因此，正是在对现存制度的改良的基础上，推动了欧洲大陆民生政治形态的发展和实践。虽然社会民主主义从本质上来看是社会改良主义者，但是其力量是巨大的。"在当代世界各种政治力量的谱系中，社会党及社会民主主义无疑是最重要中的一支。无论从整个世界范围来看，还是从欧洲和除北美以外的世界各地其他地区来看，社会民主主义运动都占有举足轻重的地位。"③ 因此，社会民主主义作为一支重要的政治力量，其所进行的改善和保障民生的运动无疑对欧洲大陆推动民生政治建设具有积极作用，可以说正是在社会民主主义的推动下，欧洲大陆逐渐步入了民生政治时代。

因此，由于对第二次世界大战的反思、社会保障传统的存在、战后经济的发展以及社会民主主义运动的综合作用，欧洲大陆构建民生政治成为必然。

二　欧洲大陆构建民生政治的历史进程

自 1789 年法国大革命以来，以法国、德国为代表的欧洲大陆逐渐走上了资本主义发展道路。随着资本主义在欧洲大陆的发展，资产阶级为了维护其统治和利益逐渐对民生问题给予了足够的重视，特别是第二次世界大战以来，欧洲大陆国家纷纷重视对民生问题的改善和保障，逐渐形成了民生政治形态。随着民生政治形态的实践、第三条道路的提出和实践，欧洲大陆的民生政治进入了一个全新的发展阶段，自此欧洲大陆的民生政治形态逐渐清晰、明确起来。因此，自 1789 年至二战期间的历史是欧洲大

---

① 刘玉安、蒋锐等：《从民主社会主义到社会民主主义——当代欧洲社会民主党的理论与实践》，人民出版社 2010 年版，第 12 页。

② 同上书，第 8 页。

③ 同上书，第 443 页。

陆逐渐构建民生政治形态的过程，从时间上来看，大致经过了 150 年的时间才走上了民生政治形态的政治发展道路，体现出了欧洲大陆构建民生政治的长期性。我国构建民生政治的时间比欧洲大陆要短得多，在一定程度上反映了我国的政治优势。从欧洲大陆构建民生政治历史进程来看，大致经历了三个不同的发展时期。

1789 年法国大革命至第二次世界大战的爆发为欧洲大陆构建民生政治形态奠定了政治前提和基础。前文说过，欧洲大陆的民生政治形态虽然具有社会民主主义的因素，但是归根究底仍然是资本主义体系范围内的民生政治形态，因此，在欧洲大陆构建的民生政治形态在本质上仍然是资本主义条件下的民生政治形态，维护的是资产阶级的利益和统治，欧洲大陆的民生政治形态与我国的民生政治形态具有本质上的区别，这是在考察欧洲大陆民生政治形态的时候需要清楚认识的一个前提。1789 年发生的法国大革命在本质上是资产阶级性质的革命，法国学者乔治·杜比在阐述法国大革命时认为，"纲领的一致性也表明资产阶级的实在性，他们也和其他受旧制度压制的团体一样，期待实现自己的纲领。资产阶级在人数上居于少数地位，法律地位也多种多样，他们大部分仍来自'店铺和作坊'，雇佣劳动制还没有成为独立的力量。不管经济和文化上的隔阂使得资产阶级内部如何等级化，资产阶级仍然是为大革命指引方向、提供纲领的力量"①。因此，法国大革命是资产阶级性质的革命，"领导法国大革命的资产阶级十分强大、成熟，它敢于和善于与人民群众结成联盟，把革命一步一步地推向前进，直到资产阶级民主革命的任务基本完成"②。正是在法国大革命的影响下，德国的资本主义也得到了真正的发展，"德国资本主义的真正发展起始于法国大革命和拿破仑战争时期。从 1789 年法国大革命爆发到 1815 年拿破仑帝国垮台，与法国相邻的德意志无论在精神上还是物质上都受到了滚滚革命洪流的猛烈冲击……'拿破仑在德国的统治时期，同时也是大改革时期'，几乎在德意志的所有邦国都开展了资产阶级的改革运动。而正是这场范围广泛、深度却不尽相同的改革运动动摇了德意志各邦的封建统治，促进了德国资本主义的发展，并由此而孕育出德

①　[法] 乔治·杜比：《法国史》（中卷），吕一民、沈坚、黄艳红等译，商务印书馆 2010年版，第 811 页。

②　李植枬：《宏观世界史》，武汉大学出版社 1999 年版，第 153 页。

国现代意义上的资产阶级。从这一意义上来说，19 世纪初的改革运动'创造了德意志近代国家和近代社会的基础'"①。因此，正是在法国大革命的影响下，以法国、德国为代表的欧洲大陆国家逐渐走上了资本主义发展道路，而资本主义在欧洲大陆的发展表明其民生政治形态的实践是在资本主义前提下的民生政治形态，法国大革命及其后来资本主义在欧洲大陆的发展奠定了欧洲大陆民生政治形态的政治基础和前提。

第二次世界大战结束至 20 世纪 90 年代是欧洲大陆确立民生政治形态和发展时期。第二次世界大战以后，许多欧洲大陆国家纷纷走上了以福利为主要内容的民生政治发展道路，其理论主要体现为权利观、平等观、整体观和普享观，"（1）权利观。获取社会福利已经成为现代国家中公民的一项重要社会权利，无论职业、身份、贫富和政治倾向，每一个公民均有此权利……（2）平等观。当社会上的某些人群还不能满足基本的生存需求，而另一些人却可以无限制地追求物质享受、挥霍财富时，国家与社会有责任对这样的现象作出调整性反应，即以收入再分配的方式进行干预，支撑这种干预行为的即是平等理念……（3）整体观。要想使福利政策顺利实施，还必须有整体观念，即把全社会视为一个共同体，共同承担责任，共同分享福利……（4）普享观。既然享有社会福利是全体公民的基本权利，那么所实施的福利政策就应该具有普遍覆盖的特征，不仅覆盖到每一个公民，而且覆盖到人的一生的每一个阶段，覆盖到人生的各个需求领域"②。第二次世界大战后，欧洲大陆国家的实践正是对这一理论的实践。有学者认为，"在 1945—1950 年间，在欧洲的任何地方，没有哪怕一个赞成资本主义的自由党成为成功政府的主要成员。时代精神站在了社会改良主义者的一边。在欧洲，左翼党派广泛地被认为要比其他政党更适合进行社会改革，即为人民的利益反对特权阶层而战斗，赋予人民政治优先权"③。因此，在二战后的欧洲大陆，对民生问题的关注和重视成为必然，促使欧洲大陆的政治实践转向民生政治形态的实践。因此，"无论是在大陆欧洲，还是在英伦三岛，甚至远及北美，由于市场的不完善和社会的无

①　吴友法、黄正柏：《德国资本主义发展史》，武汉大学出版社 2000 年版，第 117—118 页。

②　丁东红：《论福利国家理论的渊源与发展》，《中共中央党校学报》2011 年第 2 期。

③　唐纳德·萨逊、丁怡：《欧洲福利国家：历史演变与改革现状》，《社会保障研究》2008 年第 1 期。

力量，国家利用手中的权力，保护国民免于社会风险已经成为国家观念中不可分割的组成部分，成为政权合法性和政府权威的依据之一。国家的对内社会保护职能与国家的对外职能具有同等重要的地位已成为现代工业国家的共识。这种共识具体地体现在三个主要方面的政策上：第一，由政府出面提供与个人及家庭收入相应的最低收入保障；第二，政府有责任帮助个人和家庭抵御社会风险（如疾病、老龄和失业）可能带来的危机；第三，政府保证所有的国民个人（无论其社会地位的高低）享受尽可能最好的、没有确定上限的社会服务"①。因此，在欧洲大陆自第二次世界大战以来逐渐走上了民生政治形态实践的发展道路。

　　20世纪90年代以来至今的历史时期，是欧洲大陆民生政治形态的改革与完善时期。一方面是来自福利国家的负面影响。"同任何事物一样，福利国家在发展过程中也在不断积累并暴露其负面作用。这一制度导致的最为直接的消极后果有三：一是国家社会福利开支大、负担重……二是企业成本上升，竞争力降低。一般而言，西欧各国政府的各项福利开支费用主要来源于雇主，昂贵的劳动成本无可避免地降低了企业在同样产品价格上的竞争力。三是增加了个人对国家和社会的依赖，使整个社会缺乏活力。完善的社会保障制度在西欧各国造就了一批寄生于该制度的'食利'阶层，他们依托既得福利，不愿积极寻找工作，逃避劳动力市场的风险。这批'游民'的存在，不仅破坏了福利制度建立的初衷，而且造成了各种新的社会问题。"② 进入20世纪90年代以来，欧洲大陆国家的负担越来越重，导致政府无力承担，因此，由于长期以来福利制度的负面影响不得不对福利制度进行改革，并进一步影响到民生政治形态的正常运行，对民生政治形态进行改革成为必然。另一方面来自全球化的挑战。"90年代以来，随着经济全球化的发展，福利国家的国家社会功能面临着更加严峻的挑战，关于福利国家需要结构性调整的议论一时又占据了重要的地位。"③ 德国学者弗日茨·斯卡夫在《全球化与福利国家：约束、挑战和脆弱性》中就全球化对就业、财政的影响作了详细的分析，指出"在开放型产品和资本市场的国际环境中，各国在使用过去几十年曾一直使用的

　　① 周弘：《福利国家向何处去》，《中国社会科学》2001年第3期。
　　② 李宏：《从消极福利国家到积极福利国家——民主社会主义探索新福利制度》，《当代世界社会主义问题》2001年第1期。
　　③ 周弘：《福利国家向何处去》，《中国社会科学》2001年第3期。

诸多政策工具时，受到了约束，同时，他们在社会福利制度的就业目标和财政能力上面临着新的挑战"[①]。总之，进入 20 世纪 90 年代以来，世界各国的民生政治形态面临着许多新的挑战，欧洲大陆也不例外，促使欧洲大陆进入 20 世纪 90 年代对民生政治形态的改革和完善。正如戈斯塔·艾斯平—安德森所认为的那样，"我们面临的挑战是异常艰巨的，因为劳动力市场和家庭结构正在发生重大改变，这在创造出令人惊喜的新机遇的同时，也带来了一系列新的社会风险和需求。技术正在不断革新、全球一体化正在加速、人力资本正在更新升级，这些对保证竞争力来说都非常关键。劳动力市场将以服务性工作为主，这意味着专业技能和技术性技能将受到普遍的青睐。针对家庭出现的新需求，低层次（而且可能是低价格）的个人服务和社会服务将风起云涌，但是这类服务性工作只起到协助社会达到充分就业状态的作用"[②]。因此，欧洲大陆呈现出民生政治形态的改革与完善是社会发展的结果，促使欧洲大陆自民生政治形态实践以来呈现出不断发展进步的趋势。

第四节　部分发展中国家构建民生政治的趋势

20 世纪 90 年代以来，随着全球化、现代化以及国内主要矛盾重心的转移，发展中国家在国内经济发展的基础上逐渐走上了保障和改善民生的道路，当然，在发展中国家的发展进程中，其民生政治形态的实践并没有充分地发展，但是呈现出了民生政治发展的趋势，在一定程度上可以说民生政治形态也成为发展中国家政治发展的必然形态。目前，在发展中国家中，除中国外，以南美洲的巴西、亚洲的印度和非洲的埃及为主要代表，有必要对其进行具体的考察，进一步明确发展中国家民生政治形态的必然趋势。

一　巴西民生政治构建的趋势

巴西是拉丁美洲比较重要的国家，有必要考察其构建民生政治的必然

---

① 丁开杰、林义：《后福利国家》，上海三联书店 2004 年版，第 362 页。

② 同上书，第 418 页。

趋势。从现代化的角度来看，巴西是拉丁美洲最早开始现代化的国家，也是现代化发展程度比较高的国家，"巴西是拉丁美洲最早开始现代化的国家之一，也是现代化最高的发展中国家之一"①。从涉及民生问题的社会保障制度建立的情况来看，巴西从1923年开始着手构建社会保险体系，到1939年巴西形成了庞大而复杂的社会保险体系。巴西具有重视和改善民生的传统。20世纪40—60年代，社会保险制度在拉美的普遍普及，意味着巴西的社会保险制度也得到普及。"从20世纪40—60年代，社会保险制度在拉美得到普及，多数国家推出了社会保险法，为在正规部门就业的职工提供疾病、老年、残疾、死亡、工伤和妊娠津贴，并为包括自由职业者在内的人口提供免费的基本医疗保健服务，以国家举办的保障取代过去那种自发进行的和由慈善机构提供的保护。"② 从社会政策的角度来看，"20世纪80年代的经济危机对社会政策产生了深刻的影响，它导致了贫困增长、社会支出减少、公共服务恶化、社会保险项目在财政方面严重失衡。对这些问题的回应，从个体化和私有化的新自由主义解决方法，到公共项目的普遍化与一体化的社会民主主义解决方法，都各不相同……巴西从权利上来说（虽然并非事实上）几乎普遍是实行了私有化，提高了最贫困地区的福利津贴"③。因此，无论是巴西的现代化还是社会政策，都反映了巴西对民生问题的重视和改善，在巴西构建民生政治形态成为一种必然性的趋势。

首先，巴西民主政府的恢复为民生政治的构建奠定了政治基础，而民主的发展必然意味着对民众权利的关注，民生政治形态成为巴西政治发展的必然。巴西是代议制民主共和国，其政治体制的建立和完善经历了一个漫长的时期，直至1988年民主宪法的颁布，巴西才成为真正意义上的民主制国家，1988年宪法规定，巴西实行总统制，其国家权力结构由行政、立法和司法机构组成。行政权由总统、副总统和内阁组成，联邦立法机构由参议院、众议院组成，主要负责法律的制定和对行政机构的监督。司法机构则依照宪法规定独立行使司法权。有学者认为，"直到1988年颁布民

---

① 吴红英：《巴西现代化进程透视——历史与现实》，时事出版社2001年版，第10页。

② 顾俊礼：《福利国家论析——以欧洲为背景的比较研究》，经济管理出版社2002年版，第312—313页。

③ ［丹麦］戈斯塔·埃斯平－安德森：《转型中的福利国家——全球经济中的国家调整》，杨刚译，商务印书馆2010年版，第218—219页。

主宪法，1989 年恢复的全民选举，真正恢复了民主"①。在巴西，1988 年民主的恢复意味着巴西的民主制度为国家一切形态的发展奠定了政治基础，包括民生政治形态的实践。因此，巴西自 1988 年恢复的民主制度是巴西民生政治形态构建的政治基础和政治前提，也正是在这一政治基础和政治前提上，巴西的民生政治形态的实践发展才具有了政治保障。总之，正因为 1988 年巴西民主的恢复和建立，意味着以实现人的权利为内容的民生政治形态成为巴西政治发展的必然趋势，而民生政治形态的发展和实践也正是巴西民主政治发展的必然内在要求。

其次，巴西构建民生政治形态是巴西现代化发展的必然趋势和要求。有学者认为，"巴西现代化经过巴西人民长期不懈的努力，已取得很大成就。但在这一进程中，也逐渐形成了一些需要克服而又一直在克服、但又难以克服的问题，如沉重的外债负担、居高不下的通货膨胀、日益拉大的贫富悬殊、地区发展的严重失衡、城市人口的膨胀、政治腐败的屡禁不止等。这些问题不仅过去影响了巴西现代化进程的推进，而且还将制约着巴西现代化进程的深化"②。因此，随着巴西现代化的深入和发展，贫困等涉及民生基本内容的问题越来越占据着现代化发展的主流，因此，从现代化发展的角度来看，现代化进程中所要解决的问题大都涉及民生的基本问题，在巴西构建民生政治成为现代化发展的必然趋势。

再次，从巴西社会面临的一些问题上来看，民生政治形态也是巴西社会发展的必然趋势。萨缪尔·皮涅伊罗·吉马良斯认为，"日复一日困扰巴西人的各种问题，如愚昧、贫困、暴力、污染、种族歧视、腐败、专制、神化、失业、苦难和富有等等都是异乎寻常的分化、长期的脆弱性和不平等的欠发达现象的体现，而这些均是巴西社会的特点。分化、脆弱性和欠发达彼此交织，相互循环，互为因果，随着时间的推移而相互加重"③。因此，在巴西涉及民生问题比如贫困问题、暴力问题、失业问题、贫富差距问题、环境污染问题等民生问题显得比较突出，甚至是关于人从神中解放出来的问题也存在于巴西社会。巴西民生问题的突出意味着巴西主要矛盾的转移，即转移到民生问题上来，巴西构建民生政治成为解决社

---

① 吕银春、周俊南：《巴西》，社会科学文献出版社 2004 年版，第 145 页。

② 吴红英：《巴西现代化进程透视——历史与现实》，时事出版社 2001 年版，第 3 页。

③ ［巴西］萨缪尔·皮涅伊罗·吉马良斯：《巨人时代的巴西挑战》，陈笃庆等译，当代世界出版社 2011 年版，第 1—2 页。

会问题的主要途径和方式之一，因此，从社会问题转移到民生问题的角度来看，巴西构建民生政治是社会问题发展的必然趋势。

最后，巴西构建民生政治形态是社会保障传统发展的必然。第二次世界大战时期，总统瓦格斯致力于社会保障制度的完善，并把它当作一种工具来实践。"在巴西，总统瓦格斯把社会保障作为工具，以追求一种明确的社团主义的体系，在这一体系中，国家推动劳工组织的发展。并通过劳工部门正式承认公会的制度来加以控制。他把社会保护制度扩展到所有组织部门的城市工人阶级，并且把制度从以公司为基础转向以职业分类为基础，在1934年宪法中纳入了这一制度。"① 因此，从二战以来，巴西就重视对社会保障制度的建设，而社会保障制度涉及民生问题，至20世纪80年代，社会保障覆盖了90%以上的人口，可以说巴西自二战以来就具有对民生问题关注的传统。"从法律上说，每个巴西人都有权利享受以公民权为基础的免费的医疗卫生保健，社会保障覆盖了90%以上的人口，陷入困境的人有权享有不低于一个人最低工资的社会救助养老金。"② 因此，随着社会保障制度的发展必然推动包括社会保障在内的民生政治形态的发展，在一定程度上可以说巴西构建民生政治形态是社会保障传统发展的必然趋势。

总之，随着巴西社会、政治、经济等的发展，其构建民生政治是必然的趋势。因此，巴西构建民生政治是巴西历史发展的必然，是社会矛盾发展的必然结果，是巴西政治发展的必然趋势，也是巴西实现人的发展、国家发展、社会发展的必然趋势。

二　埃及民生政治构建的趋势

20世纪90年代以来埃及的政治基本呈现稳定状态，为构建民生政治提供了可能性政治条件和基础。"我们说1990年代后期埃及恢复了政治上的基本稳定，理由有二：一是劳工运动基本消失，二是1996年以后政治暴力直线下降。政府在镇压伊斯兰极端组织的战斗中明显占上风，政治暴力显著下降。"③ 因此，随着埃及1990年以后的政治稳定，民生政治形态

---

① ［丹麦］戈斯塔·埃斯平－安德森：《转型中的福利国家——全球经济中的国家调整》，杨刚译，商务印书馆2010年版，第229页。

② 同上书，第258页。

③ 毕健康：《埃及现代化与政治稳定》，社会科学文献出版社2005年版，第429页。

的构建成为埃及政治发展的必然趋势。然而政治的稳定并不一定意味着民生政治形态的实践，而是一系列综合因素的结果，具体来看，埃及能够出现民生政治形态的趋势还具有以下一些因素。

首先，20 世纪 90 年代以来埃及经济的改革成为民生政治构建的必然性趋势的因素之一。20 世纪 80 年代初，由世界石油价格下跌引起的经济危机导致埃及痛下决心改革，于是，"1991 年，埃及与国际货币基金组织签订了'经济改革与结构调整计划'协议，与世界银行签订了'结构调整贷款'协议。据此，埃及将分两个阶段进行经济改革和结构调整，目标是实现从计划经济向市场经济转型"①。随着改革的发展，埃及的经济改革取得了巨大的成功，同时，随着改革的初见成效，埃及政府便着手解决经济发展失衡问题，提出了面向 21 世纪的发展计划即南埃及国家开发计划、乡村一体化国家开发计划、新河谷运河计划。"上述三大宏伟计划如果完成，埃及的经济和社会面貌将会完全改观。但从目前情况看，这些计划的实施绝不会是一帆风顺的。首先，三大计划中前两项的提出，与当时的政治环境密切相关，是对政治暴力泛滥的反应。随着政治暴力的退潮，继续推进计划的政治动力随之减弱；其次，在埃及社会居主导地位的大城市既得利益集团为保护自身利益，千方百计地阻挠计划的实施；第三，埃及经济严重依赖外援，外援资金能否到位，远非开罗所能左右。"②因此，有学者从经济改革对埃及人民收入水平的影响角度给予了中肯的评价，"经济改革对埃及人民收入水平的影响主要有以下几点：①扩大税收和税制改革强化了不公正的税收结构，直接税的减少和间接税的增加加重了中低收入阶层的税收负担，间接降低了他们的收入水平，加剧了两极分化。②改革对财政预算内的工资开支影响不大……③补贴从本质上讲是老百姓的一种间接收入，埃及人民尤其是中低收入阶层十分依赖食物补贴。消减补贴是实现财政平衡的要求，但是涉及老百姓的日常生活，具有高度的政治敏感性，埃及政府采取先增后降，逐渐消减的策略，使城乡消费价格的小幅度增长在老百姓的可承受能力之内。④改革期间埃及社会保障体系对收入水平的影响比较复杂，总的来说消极影响大于积极影响……⑤失业水平与收入水平呈负相关关系，经济改革对失业问题产生了消极影响，

---

① 雷钰、苏瑞林：《中东国家通史》（埃及卷），商务印书馆 2003 年版，第 366 页。

② 同上书，第 370 页。

1990 年代上半期失业率上升，意味着收入水平下降。1990 年代后半期失业率略下降，但下降幅度很小"①。因此，埃及的经济改革虽然取得了一定的成效，但是民生问题却越来越凸显，构建民生政治是埃及 20 世纪 90 年代以来经济改革发展的必然趋势。

其次，民生问题中的失业问题、贫困问题的严重，促使埃及政府对失业问题、贫困问题的重视，而对失业、贫困问题的重视和改善在一定程度上意味着对民生政治形态的构建，因此由于失业、贫困问题的凸显，促埃及的民生政治形态成为必然性趋势。有学者认为，"失业率高，就业压力大，失业问题已经成为埃及政府关心的头等大事。埃及的失业率从 1960 年代初的 2.2% 上升到 1976 年的 7.7%，1986 年达到创纪录的 12.0%，1995 年为 11.3%，1998 年为 10% 左右。失业率居高不下，对社会和政府构成巨大压力。1999 年 10 月走马上任的奥贝德政府提出向失业开战，宣布到 2000 年 6 月 30 日前创造 65 万个就业机会"②。而关于贫困问题，"根据世界银行《埃及结构调整期间的扶贫问题》，1958/1959 年埃及城市和农村的贫困家庭分别为 597000 个和 1161000 个。5 年后，1964/1965 年，城市和农村贫困家庭率分别为 27% 和 26%，即城市贫困家庭率高 1 个百分点。但是 1974/1975 年农村贫困家庭率再度攀升，比城市贫困家庭率高 10 个百分点，分别为 44% 和 34%。1980 年代以后，城乡贫困率仍然居高不下。根据表 11—10，1981/1982 年城市贫困率比农村贫困率高 2 个百分点，分别为 18.2% 和 16.1%。但是 1990/1991 年农村贫困率上升到 28.6%，比城市贫困率高 8 个百分点。1995 年/1996 年，城市和农村的贫困率相当接近，分别为 22.5% 和 23.3%"③。因此，失业问题、贫困问题困扰着埃及政府，促使埃及政府不得不对失业和贫困等问题加以重视和改善，而对失业、贫困问题的重视和改善在一定程度上表明民生政治在埃及的实践成为必然。

最后，埃及的社会福利发展在一定程度上要求对民生问题的改善和保障，促使民生政治实践成为必然。埃及作为一个历史悠久的国家，自古就有扶弱济贫和敬老养老的传统，19 世纪，随着欧洲殖民主义势力在埃及

① 毕健康：《埃及现代化与政治稳定》，社会科学文献出版社 2005 年版，第 305—306 页。
② 同上书，第 316 页。
③ 同上书，第 379 页。

的渗透，埃及的现代社会保障体系逐渐建立起来。如今埃及的社会福利事业涉及方方面面。"埃及的社会福利事业涉及的范围相当广泛，具体包括社会保健、社会保险和国内外劳工保护、住房福利和卫生保健等方面的内容。长期以来，为了维护社会公正、提高人民生活水准，埃及政府对社会福利事业给予了极大的关注，制定了社会保障和社会全面发展计划，政府的各机构都参与了社会安全网的实施，大力推动妇女在家庭与儿童教育中的主导作用，发挥民间组织在社会保障事业中的作用，利用培训中心推行再就业培训计划，为失业者拟定生产计划，扩大社会保险和社会救济的范围，提高境内外劳动者的社会保障水平。"① 因此，社会福利事业在埃及的发展和实践表明民生政治实践是埃及社会福利事业发展的必然选择和趋势，也推动着民生政治构建的步伐。

总之，埃及虽然目前并未建立起民生政治，但是由于政治的发展，特别是随着埃及民主政治的发展和实践将为民生政治形态的实践奠定民主基础。"当然，迄今为止，埃及的多元民主制还是一个蹒跚而行、不太稳定、不够完善的体制。对这一体制的生存构成威胁的不仅有原教旨主义的挑战，严重的经济和社会问题，还有国家首脑即共和国总统事实上的终身制，这在埃及这样一个有着专制传统的国家会助长领袖崇拜。但只要多元民主制存在，埃及人就有机会参与政治。在经过几人的努力之后，埃及必将进入真正的民主时代"② 。因此，随着民主在埃及的实践，在民主政治基础和前提上的民生政治形态必将会在埃及国土上出现和实践，民生政治形态必将成为一种趋势。

三　印度民生政治构建的趋势

有学者研究认为，"正如许多经济学家指出的那样，最重要的不是今天中国和印度处于什么状态，而是今后会发生什么变化。印度的经济发展有自己独到的优势和潜力。今后，中国和印度之间的竞争还存在着非常多的不确定性。有许多观察家认为印度有可能在未来赶上或超过中国。其实，即使在今天，在许多领域印度已经领先于中国。将来印度全面赶上或超过中国并非完全不可能。任何人、任何时候都不能低估印度经济活力和

---

① 陈万里、王有勇：《当代埃及社会与文化》，上海外语教育出版社 2002 年版，第 311 页。
② 雷钰、苏瑞林：《中东国家通史》（埃及卷），商务印书馆 2003 年版，第 364 页。

增长潜力"①。因此，无论对印度有什么样的评价和认识，但是有一点是可以明确的，即印度是一个不可忽视的力量，在中国构建民生政治的今天，有必要考察印度民生政治构建的状况。

首先，印度民生政治构建的政治基础和政治前提是主权的民主共和国，其权力来自人民，印度民主政治的这一规定性意味着人作为人的权利回归，印度民主政治的发展必然推动民生政治的实践。"1950 年 1 月 24日制宪会议举行最后一次会议，会上，选举拉·普拉沙德为印度首任总统。1 月 26 日总统就职。同日总统颁令，宪法于 1950 年 1 月 26 日正式生效。宪法的颁布不但是印度独立主权地位的保证，而且是印度新征途的指路明灯。宪法规定，印度是主权的民主共和国，权力来自人民。这就意味着，从 1950 年 1 月 26 日起结束了印度的自治领地位，印度成了独立的共和国。印度的主权完整不再受任何妨碍，哪怕仅仅是形式上的妨碍。"②自此，在印度开始了以建立资本主义的现代社会为发展方向的历史时期。独立后的印度在主权的民主共和国的政治基础和政治前提下，大力发展经济，实现政治民主化和社会世俗化。总之，独立后的印度在建设繁荣富强的国家的历史进程中逐渐改善和保障民生，逐渐实现人的解放，一方面是把人从宗教的约束下解放出来，另一方面是从政治的、经济的束缚下解放出来。有学者认为，"独立后的印度史是印度大力发展经济，朝着消除贫困和实现现代化目标前进的历史；是创造条件，实现政治民主化和社会世俗化，努力造成一个民主的、和谐的社会环境的历史；是在保持多元统一的原则下，通过国家整合，增强民族团结和内聚力的历史；是努力自立于世界民族之林，在国际舞台上发挥积极作用的历史。一句话，是纠正殖民统治造成的畸形和贫困落后，追赶世界潮流，全面推进现代化，建设繁荣富强国家的历史"③。无论是发展经济、推进政治民主化和世俗化，还是现代化的过程，在一定程度上反映了改善民生和保障民生的基本精神，因此，独立后的印度历史是一个不断改善民生和保障民生的历史。正是从这个意义上来说，主权的民主共和国政治形态为印度民生政治的实践奠定了政治基础和政治前提，同时必将推动印度的民主政治朝着民生政治方向

---

① 徐滇庆、柯睿思、李昕：《终结贫穷之路：中国和印度发展战略比较》，机械工业出版社2009 年版，第 72 页。

② 林承节：《印度史》，人民出版社 2004 年版，第 409 页。

③ 林承节：《独立后的印度史》，北京大学出版社 2005 年版，第 1 页。

发展。

　　其次，20 世纪 90 年代印度经济改革取得成就的同时，失业与贫富差距等民生问题的存在促使印度需要走向民生政治形态的发展道路。"20 世纪 90 年代初经济改革以后的近 20 年间，印度年均经济增长率为 6%。2003—2004 年度印度经济实现了 8.5% 的高增长率；2004—2005 年度尽管农业生产大幅度下降，印度国内总产值增长率仍达到 6.3%；2005—2006 年度，印度经济增长率为 9%。"① 虽然印度在经济发展过程中取得了如此高的增长率，人们的生活水平有所提高，从一定意义上来说印度近 20 年的经济发展过程本身就是不断改善民生和保障民生的过程，但是，经济的发展并不意味着民生问题的全面解决，比如失业和贫富差距问题等民生问题的存在。"独立 50 年来，印度经济发展取得了令人瞩目的成就，尽管如此，印度经济仍然是发展中的市场经济，失业和贫困是印度经济发展的两大痛处。虽然历届印度政府都把增加就业和消除贫困作为执政的重要目标，印度经济发展的目标之一也是消除失业和向千百万无业者提供有报酬的就业机会，但一直收效不大。"② 而印度的贫富差距仍然也是一个问题，"在孟买、德里的街头，人们既可以看到一辆辆进口豪华轿车在马路上招摇过市，也可以看到一群群衣不蔽体、食不果腹的穷人向路人伸手乞讨；既可以看到富人的庄园、别墅竭尽奢华之能事，也可以看到紧挨着富人区的就是大片肮脏不堪的贫民窟。这种视觉神经的刺激就给了人们一个非常直观的感觉，那就是印度是一个贫富差距非常严重的社会。"③ 从今天关于民生的定义来看，经济发展确实是一个不断改善民生和保障民生的过程，但是经济的发展并不是完全意义上的民生政治过程，因此，失业、贫富差距等民生问题的存在和发展必将促使印度向民生政治形态方向发展。

　　最后，对机会的关注及其对教育、社会保障等的关注预示印度民生政治的必然趋势。印度学者认为，"本书的研究更关心人们用以提高他们生活水平的机会以及由于公民享有的机会的平均低并且极不平等而造成的失败。'社会福利'中的'社会'一词，也出现在本书名中，主要是提醒大

---

　　① 沈开艳、权衡等：《经济发展方式比较研究——中国与印度经济发展比较》，上海社会科学院出版社 2008 年版，第 49—50 页。

　　② 同上书，第 52 页。

　　③ 同上书，第 53 页。

家不要孤立地看待个人和他们的机会。个人的选择很大程度上依赖于与他人的关系以及国家和其他机构的行为。我们特别关注那些受社会环境和公共政策强烈影响的机会"①。由印度学者对机会、福利等问题的论述来看，民生问题中的机会问题、福利问题等问题也得到了相应地重视，这一现象在一定程度上意味着虽然话语体系不尽相同，但是对民生问题的重视在印度已经存在，因此，可以说在印度构建民生政治是必然的趋势。

总之，随着印度的经济、社会、政治的发展，特别是随着民主政治的发展、人的权利的实现和经济的发展，关于人的解放的民生政治形态必将在印度实践和发展，也许其话语体系同我们讲的民生政治不仅尽相同，但是民生政治已经在印度生根和发芽，在不久的将来，民生政治在印度的实践将会是客观存在的事实。

第五节　苏联民生政治转向的失败及其教训

苏联于 1917 年建立了世界上第一个社会主义国家，从此人民群众自己的命运由自己掌握，无论是社会形态、政治形态还是经济形态都由人民群众自己决定，是真正的人民群众自己的政治形态、社会形态和经济形态，促使人民群众从人剥削人、人压迫人的桎梏下解放出来，因此，自 1917 年建立社会主义以来的苏联是人民群众当家作主的社会，为建立真正的民生政治时代奠定了政治基础和政治前提，应该说人民当家作主的政治形态的实践促使人从阶级剥削和压迫下解放了出来。随着人民当家作主的实践和发展，苏联取得了巨大的经济成就，经济的发展和成就意味着人民群众逐渐从生产领域解放出来，因此，苏联随着人民当家作主的实践和发展，人民群众已经从政治压迫和经济束缚下逐渐解放出来，正是由于政治和经济的解放促使苏联人民群众看到了实现人的全面解放的曙光，但是在国际国内矛盾的综合作用下，苏联的民生问题长期得不到解决，集中体现为公平正义的问题长期得不到合理的解决，归根结底是人的解放问题长期得不到解决，促使苏联虽然在政治和经济成就面前也抵挡不住解体的趋

---

① ［印度］阿玛蒂亚·森、让·德雷兹：《印度：经济发展与社会机会》，黄飞君译，社会科学文献出版社 2006 年版，第 7 页。

势。因此，从苏联民生政治转向的失败中可以看出理论认识的完美及其经济发展的成就仍然抵挡不住苏联人民对苏联社会主义道路、对苏共执政的失望，给予后人一个警示即在人民当家作主的政治前提和政治基础上的社会如果忽视改善和保障民生，忽视人们的公平正义问题，那么理论的完美和经济的成就仍然抵挡不住人们对其的失望和背弃，苏联民生政治转向失败的教训是深刻的，应该给予足够的重视和警惕。

一　苏联民生政治转向的困境

民生政治从根本上来说是关于人的解放的学说，首先体现的是人从阶级压迫和阶级剥削的条件下解放出来，再次是人从物的统治下解放出来，最后是把人的世界还给人本身，直至实现人的全面发展。苏联的建立意味着人从阶级压迫和阶级剥削的条件下被解放出来，而苏联的经济成就意味着逐渐摆脱了物对人的统治，但是苏联在这些有利的条件下逐渐背离了正确的前进方向，导致民生政治转向的失败。总的来看，苏联民生政治转向失败的困境是多方面的，具体体现如下。

首先是人民主体地位的削弱。1917 年俄国十月革命的一声炮响开启了人类历史的新纪元，对俄国人来说意味着 "占俄国人口绝大多数的工人和农民第一次摆脱被奴役被剥削的地位，成了国家政治生活的主人"[1]。对全世界来说十月革命意味着 "十月革命所建立的消灭人剥削人的现象，工农当家作主，体现社会公正的制度为一战后陷入危机的资本主义世界体系打开第一个缺口"[2]。总之 "1917 年俄国伟大的社会主义革命，开辟了人类社会历史发展的新纪元。十月革命的胜利，诞生了世界上第一个社会主义国家——苏联，使得社会主义从理想变成了现实……科学社会主义的理论与实践，在探索保证全体人民的政治平等和当家作主，建立消灭人剥削人的制度，消除两极分化、贫富悬殊，建立新型的思想道德文化等方面，取得了巨大的进步，也积累了丰富的经验。实践证明，社会主义是指引世界上处于剥削制度压迫之下的无产阶级和劳动人民改变自己命运、获得社会解放、建设幸福生活的正确道路。这是不容否认的历史事实"[3]。

---

① 吴恩远：《苏联史论》，人民出版社 2007 年版，第 19 页。

② 同上书，第 22 页。

③ 周新城、张旭：《苏联演变的原因与教训——一颗灿烂红星的陨落》，社会科学文献出版社 2008 年版，第 2 页。

因此，1917 年建立的社会主义社会是人民当家作主的社会，是人们自己的命运由自己掌握的社会。但是随着苏联社会主义的发展，人民当家作主的地位逐渐被削弱，特别是戈尔巴乔夫上台执政以来推行的改革，张全景认为，"现在的一些理论研究者，追求时尚，不愿意用马克思主义的立场、观点和方法看待问题，盲目崇拜西方资产阶级的理论范式；认为马克思主义已经过时，将苏联演变问题归结为'社会主义早产论'；认为俄国革命'先天不足，后天失调'；认为'痛失改革机遇和改革失误是导致苏联剧变的根本原因'等等，不一而足。而事实是，戈尔巴乔夫上台后，推行'人道的民主社会主义路线'，在理论上，奢谈抽象的、超阶级的、全人类共同的和一般的共同价值观与全人类利益，反对马克思主义的阶级分析方法，否认阶级斗争；在实践上，放弃共产党的领导，实行多党制，放弃无产阶级专政，实行议会民主、三权分立等资产阶级政治制度，放弃公有制，实行私有化、恢复资产阶级私有制，放弃马克思主义的指导地位，实行指导思想多元化，从而导致苏联政局剧变、社会制度演变。这才是苏联演变的根本原因"①。从以上论述可以看出，在苏联，随着社会主义的发展，人民主体地位逐渐被削弱，而人民主体地位的确立本身就是人类历史的一大进步，是实现了公平正义的根本体现，因此，人民主体地位的削弱本身意味着人民当家作主这一民生政治的前提被削弱，苏联后期的实践本身就是历史的倒退，不能够建立起真正的民生政治。因此，人民主体地位的削弱构成了苏联民生政治转向失败的困境之一。

其次，经济的发展无法完全满足人民群众日益增长的社会经济需要，促使公平正义问题长期在苏联的缺失，削弱了民生政治发展和实践的需要。俄国学者认为，"硬性计划经济体制是上世纪 30 年代建立的，它顺利完成了工业化的任务，并对战胜希特勒德国起到了保证作用，使得在难以想象的短时期内恢复国民经济成为可能，而在'冷战'年代，则建立了同西方的军事均势。但生活不会在原地踏步不前，逐渐开始有所感觉：苏联的国民经济还无法完全满足居民日益增长的社会经济需求，也无法解决国家发展所提出的一系列至为重要的任务"②。据资料显示，戈尔巴乔

① 周新城、张旭：《苏联演变的原因与教训——一颗灿烂红星的陨落》，社会科学文献出版社 2008 年版，第 2 页。

② ［俄］尼·伊·雷日科夫：《大国悲剧：苏联解体的前因后果》，徐昌翰等译，新华出版社 2008 年版，第 4 页。

夫执政时期的经济发展呈下降趋势，且涉及民生问题的失业、物价等问题也较为明显，"戈尔巴乔夫执政期间，除了1988年经济呈上升趋势，国民生产总值比1987年增长5.5%以外，总的来说，经济形势日趋恶化。在世界经济中，由占第二位迅速下滑到占第八位。80年代末出现了经济危机，不仅物质生产停滞和大滑坡，而且存在着高通货膨胀、高物价和失业现象"[①]。因此，随着苏联社会主义的发展，物质条件的匮乏成为苏联民生政治转向的困境之一。

最后，民生问题的存在及其公平正义缺失的长期积累导致苏联民生政治在萌芽状态中就转向失败。卢继元和李守超在《民生问题是如何促使苏联解体的?》一文中从三个方面分析了苏联解体的原因，即对社会主义的信仰、民族团结统一的基石、共产党执政合法性的源泉三方面分析了苏联解体的因素，而这三方面恰好体现了人民群众对公平正义的需求。他们认为，"20世纪80年代中期，从社会总产值的结构来看，苏联农轻重的比例关系为2∶2∶6，严重影响了经济的正常发展，制约了社会主义制度优越性的发挥，影响和动摇了人民对社会主义的信心和信仰，从而最终动摇了苏联社会主义制度的根基……人民生活明显受到影响，对社会主义的前途充满了迷惘。同时，西方国家对苏联加紧进行渗透，宣扬西方的生活水平和生活方式，动摇了人民的社会主义信仰……因此，社会主义国家应帮助落后民族，尽快改善落后民族人民的民生状况，为民族平等团结奠定坚实的物质基础。然而，苏联长期固守'民族问题就是阶级问题'，陶醉于一劳永逸地解决民族矛盾，不切实际地推行'一体化'、'民族融合'的错误理论和政策，结果在实践中积累了大量民族问题，激化了民族矛盾，留下了隐患，一旦时机成熟，各种隐患便如火山爆发一样而难以收拾……在苏共党内形成的官僚特权阶层使党群关系畸变，民心流失，这是导致苏共亡党的决定性因素"[②]。因此，民生问题的存在以及公平正义缺失的长期积累促使人民对社会主义信仰失去信心、动摇了民族团结的基石及其销蚀了共产党执政合法性的来源和基础，导致了苏联民生政治转向的失败，并进一步导致了苏联的

① 张伟恒、曹长盛、杨阴滋：《苏联兴亡和社会主义前景》，新华出版社1999年版，第67页。

② 李慎明：《历史在这里沉思——苏联解体20周年祭》，社会科学文献出版社2011年版，第628—630页。

解体。

二　苏联民生政治转向的失败

苏联作为第一个社会主义国家，实现了民生政治人民当家作主的政治前提和政治基础，并且呈现出了构建民生政治的强大优势，但是随着苏联的解体，意味着人的解放以及实现人民当家作主和实现公平正义的民生政治形态随即转向失败，它的失败给予了后人强烈的感受，其教训是深刻的。

首先，必须保证人民当家作主的政治前提和基础，而人民当家作主本身就是最大的公平正义。在苏联已经建立了无产阶级专政的社会主义国家里，人民已经从阶级剥削和压迫下解放出来，人民当家作主已经成为历史事实，正因为人民当家作主的实现，意味着由人民自己决定命运的民生政治形态已经真正得以实现。但是随着社会主义实践的发展，苏联逐渐背离了社会主义，也即背离了真正实现人民意志的民生政治形态。2011 年 4 月 23 日苏联解体 20 周年学术会议上，有学者认为，"关于苏联解体的原因，在全球学术界大体分为两派：一派认为主要原因是苏联的根本制度和体制。斯大林模式的政治、经济制度本身有着结构性的问题，必然导致苏联的解体。另一派认为戈尔巴乔夫等苏共高层领导对社会主义制度的背叛是苏联解体的主要原因或根本原因"①。因此，随着戈尔巴乔夫等苏共高层领导对社会主义制度的背叛，促使人民群众又陷入了阶级剥削和压迫的政治形态，这一历史形态的出现意味着民生政治前提和基础的倒退，促使体现公平正义的民生政治形态失去了政治前提和基础，导致民生政治形态性质的变化，即从由人民当家作主的民生政治形态转变成为剥削阶级占统治地位的民生政治形态，已经实现了阶级解放的民生政治形态退回到被奴役、被剥削和被压迫的民生政治形态，人民群众的民生问题得不到真正的解决，人的全面解放的问题又向历史后退了一步。因此，民生政治的实现和实践必须保证人民当家作主的政治前提和基础，这是苏联民生政治转向失败的一个深刻的教训。

① 张飞岸：《苏联解体与社会主义的未来——"苏联解体 20 周年国际学术研讨会"综述》，《马克思主义研究》2011 年第 5 期。

其次，生产是民生政治实现的物质基础，在民生政治实践过程中必须大力发展生产，提高人民群众的物质生活水平，促使人们从不发达的生产条件的束缚下解放出来。人们是怎么样生活的取决于他们的物质条件，因此，必须大力发展生产，促使人从不发达的生产条件的束缚下解放出来，这也是公平正义的体现。宫达非在《中国著名学者：苏联剧变新探》的序言中这样描述道，"1982 年，邓小平同志接见西亚某国议长，同客人会谈后，以闲谈的方式对我们几位陪同人员说了这样一番话。他说：看来世界社会主义，目前处于一个低潮时期，什么时候走出低谷很难说；这就要看我们中国了，苏联看来不行了。比如说再过 20或 30 年，或到 21 世纪的中期，中国人均分配 800 到 1000 美元或更多一些，到那个时候，社会主义在世界的形象也许会好起来。他又说，要大力抓紧经济建设，不解决贫穷问题，使国家真正富强起来，人民是不会拥护社会主义的……"① 因此，生产的发展是实现民生政治的物质基础，如果这一物质基础被削弱，那么即使是人民当家作主的政治基础和政治前提的存在也是不现实的。邓小平指出："根据我们自己的经验，讲社会主义，首先就要使生产力发展，这是主要的。只有这样，才能表明社会主义的优越性。社会主义经济政策对不对，归根到底要看生产力是否发展，人民收入是否增加。这是压倒一切的标准。空讲社会主义不行，人民不相信。"② 前文阐述过随着苏联社会主义的发展，特别是在戈尔巴乔夫执政时期，经济已经下滑，生产已经得不到大力发展。因此，必须发展生产，改善人民群众的物质条件，实现物质层面的公平正义，促使人们从不发达的生产状态下解放出来又是苏联民生政治转向失败的教训之一。

再次，必须坚持马克思主义的立场、观点和方法，坚定马克思主义信仰，为民生政治的实践和发展提供强大的智力支持。张全景描述到，"2003 年我在俄罗斯访问，与俄共中央主席久加诺夫、副主席库普佐夫、埃梅利尼科夫、咨询委员会主席卢基扬诺夫（原苏联最高苏维埃主席，苏联解体后曾被判刑一年半）等多位领导座谈时，提出一个问题：按照

① 宫达非：《中国著名学者：苏联剧变新探》，世界知识出版社 1998 年版，第 2 页。

② 中共中央文献研究室：《改革开放三十年重要文献选编》（上），中央文献出版社 2008年版，第 139 页。

马克思主义的观点，任何事物的发展变化，都有一个由渐变到突变、由量变到质变的过程，那么苏共失败、苏联解体有没有什么轨迹可循呢？久加诺夫等同志当即回答：苏共失败、苏联解体是从赫鲁晓夫开始的，他在苏共二十大的秘密报告，全盘否定斯大林、否定苏联社会主义的历史，随后又提出了'全民党'、'全民国家'，以及'三和'、'三无'等一系列修正主义谬论在全党全国人民中造成了思想混乱，失去了正确的理论指导，破坏了全党的团结统一，破坏了国际共产主义运动的团结统一。勃列日涅夫、戈尔巴乔夫与赫鲁晓夫一脉相承。戈尔巴乔夫不仅否定斯大林，而且否定列宁，否定党的领导，否定社会主义制度，从宪法中删去党的领导的条款，使苏共失去了领导的法理依据；他鼓吹'民主的、人道的社会主义'，实际上是复辟资本主义，造成了更大的思想混乱，最终导致了苏共失败、苏联解体"①。苏联民生政治转向失败的一个原因就是思想上的混乱及其对马克思主义的背离。在构建民生政治的过程中，必须坚定不移地坚持马克思主义的立场、观点和方法，坚定马克思主义信仰，以马克思主义为指导去分析和处理问题，而不是相反。

最后，确实改善和保障民生，体现公平正义，促进人的全面发展。民生政治从终极意义上来说就是实现人的全面发展和人的解放，而人民当家作主是实现民生政治终极意义的政治基础和前提，经济的发展为民生政治的实现奠定了物质基础和条件。纵观苏联的发展历程，特别是苏联发展的后期，虽然为民生政治的实践和发展奠定了政治和经济的基础，但是长期以来苏联的民生问题并未得到真正解决，集中体现在人民权利的行使上、经济权利的获得上、生存权和发展权的保障和改善上，而这些问题的保障和改善就是公平正义问题，因此，对苏联的社会主义失去信心，特别是在西方的"和平演变"和随着苏联国际交流的深入，促使人们对苏联的社会主义感到迷惘。因此，从苏联民生政治转向的失败中得到一个教训即无论其理论多么完美，其经济得到一定的发展，但是由于理论的承诺得不到实现和经济发展的成果得不到共享，也即公平正义长期得不到合理的解决，引起人们的失望和背离，这一教训是深刻的。

---

① 张全景：《苏共失败、苏联解体的惨痛教训及借鉴意义》，《马克思主义研究》2008 年第 2 期。

第七章

中国梦语境下民生政治未来发展样态

作为新型的理论认识和实践形态，民生政治将走向何方、目的何在等问题迫切需要回答，而民生政治的未来发展样态正是对这一问题的回应。虽然民生政治在本质上是人民群众自己的政治，是没有剥削、没有压迫，是实现社会公平正义以及人的解放的理论与实践，但是由于生产力发展水平的限制、全球化时代国际环境的约束等因素的综合作用，使民生政治无法超越这个时代的限制。总之，民生政治的未来发展样态既立足于现实，又是对现实的超越，是理想与现实的高度结合。从现实的角度来看，民生政治的构建到处都彰显了实践的痕迹，因此，从这个意义上来说，民生政治是实践的政治形态，要求人们从实践的角度来理解民生政治。理解民生政治的未来发展样态应该一切从实际出发，实事求是，真正把握民生政治的未来走向，因此，在研究民生政治未来发展样态的过程中需要从实际出发，实事求是，坚持实践是检验真理的唯一标准的原则。

民生政治未来发展样态的探索基于两个方面的实践：一方面是基于苏联解体的教训。有学者通过研究苏联解体过程后认为，"从1957年起，苏联实行一系列社会政治和经济改革，促进了经济和科技的一定发展，各族人民的物质文化生活有了一定程度的提高，社会生活也比较宽松。由此，赫鲁晓夫对苏联发生的变化和社会所处的发展阶段作出了过高甚至错误的估计，提出苏联已'进入全面建设共产主义的新时期'，宣布'20年内基本建成共产主义'；并认为无产阶级专政的国内任务已经完成，国家职能开始消亡，苏联已发展成为全民国家，无产阶级政党已转变为全民政党。从这一论断出发，他认为苏联已解决了民族关系问题，各民族已进入到新的历史发展阶段。于是，1961年他在苏共'二十二大'上提出，在苏联已形成了具有共同特征的各民族'新的历史共同体——苏联人民'

的理论"①。而新的历史共同体——"苏联人民"的理论是超越实践的理论，"'新的历史性共同体——苏联人民'的理论是对苏联社会发展阶段的超前认识，是对苏联民族关系发展状况错误估计的产物"②。正是在这一超前理论的指导下，"从各民族'新的历史性共同体——苏联人民'理论提出之后，经过20多年的社会实践证明，运用这一理论非但没有解决苏联许多复杂的民族矛盾和问题，相反，在这一理论指导下，苏联许多复杂的民族矛盾和问题被人为地掩盖起来。到20世纪90年代初，过去潜伏的民族矛盾大爆发，导致各民族四分五裂和苏联解体，这就更加充分地证明各民族'新的历史性共同体——苏联人民'理论，完全是赫鲁晓夫和勃列日涅夫等苏联领导人违背人类社会和民族发展的客观规律，主观臆造出来的一种空幻理论"③。因此，从苏联解体过程中可以发现民生政治的未来发展样态一定要实事求是，从实际出发，对民生政治未来发展样态的规定既不能超越实践，又要符合人类发展的规律。另一方面是来自中国民生政治构建过程的经验。从新中国成立以来的历史过程来看，一切从实际出发，理论联系实际是新中国成立以来取得的主要经验。正是从这两方面来说，民生政治未来发展样态的规定既要立足于现实，又要超越现实，实现理想与现实的高度结合，进一步回答民生政治该走向何方和怎么办的问题。

第一节　未来民生政治的实践模式

马克思主义认为人们的思想、观念和意识同人们现实生活的语言、物质交往和物质活动具有紧密联系，一句话就是人们所意识到的存在被人们自己的实践所制约，因此，作为被人们意识到的民生政治形态，其未来的实践模式必然受到他们自己的生产力和与之相适应的交往活动的一定发展阶段的制约，换句话说就是未来民生政治的实践模式同他们自己当时的语言、生产力、生产发展状态、物质交往活动以及人们的生活过程密切相联

①　熊坤新：《苏联民族问题理论与政策研究》，中央民族大学出版社2010年版，第70页。

②　赵常庆、陈联璧、刘庚岑、董晓阳：《苏联民族问题研究》，社会科学文献出版社2007年版，第218页。

③　同上书，第219—220页。

系。通过民生政治构建的历史纵向和当代世界发展状态的考察，民生政治的未来发展样态由于生产力发展的限制、社会主义初级阶段的现实、共产主义实现的阶段性以及国际环境资本主义生产关系客观存在的现实所制约，因此，作为人的解放为最终目的的民生政治必然具有与实践相适应的实践模式。

一　生产力发展状况决定了民生政治实践只能分阶段推进

马克思恩格斯在创立历史唯物主义过程中多次强调了生产力的决定性地位。王沪宁认为，"在经济基础和政治上层建筑的关系中，历史唯物主义确定前者对后者有决定性的作用，同时也确定后者有能动的反作用，两者之间存在着决定与被决定、作用与反作用的互动的辩证的关系。当然，在经济基础和政治上层建筑的互动关系中，经济基础的决定作用是第一位的，第一性的；政治上层建筑的反作用是第二位的，第二性的"①。因此，生产力发展状况决定了民生政治实践只能分阶段推进。从历史唯物主义基本原理出发，民生政治实践只能分阶段推进，归根结底是由当时的生产力发展状态所决定的，而这一原理直到现在也是完全正确。中国共产党第十八次全国代表大会通过的党章表明，马克思主义基本原理直到现在还是完全正确的，"马克思列宁主义揭示了人类社会历史发展的规律，它的基本原理是正确的，具有强大的生命力"②。因此，生产力发展状态决定民生政治实践只能分阶段推进的判断是正确的；从民生政治作为当代人们活动的实践角度来看，作为人类活动的民生政治必然同人们的生产相一致，因此，生产力发展状态决定了民生政治实践只能分阶段推进。

纵观人类社会发展历史，依据生产力发展状态可以将人类社会划分为不同的历史阶段，即原始社会、封建社会、资本主义社会、社会主义社会，最终将走向共产主义社会，共产主义是人类社会的必然趋势。王沪宁认为，"马克思主义提出了自己的崇高的政治理想，这就是实现共产主义社会。任何政治学理论体系，都有自己的政治理想，有自己的价值选择。马克思主义在对人类历史发展的客观规律的认识上，在对人类社会的社

---

① 王沪宁：《政治的逻辑——马克思主义政治学原理》，上海人民出版社 2004 年版，第53 页。

② 《中国共产党章程》，2012 年 11 月，人民网（http：//cpc. people. com. cn/n/2012/1119/c64387 - 19616005. html）。

会、经济、政治和文化发展的必然趋势的认识上，确信共产主义社会将是人类社会历史发展的必然趋势"①。在整个人类社会发展过程中呈现出了不同社会性质的社会历史形态，相应地，民生建设也同生产力发展状态相适应，呈现出了不同性质的民生政治形态。在原始社会，人们的民生政治形态具有鲜明的原始社会形态，而进入阶级社会以来，人们的民生建设从根本上来说体现的就是阶级意志的政治形态，在统治阶级占统治地位的社会里，民生建设随处可见统治阶级统治的痕迹。然而随着阶级解放的实现即无产阶级专政的实现，民生建设的阶级统治痕迹已经从根本上实现了人民当家作主为基础的政治形态的转向，实现了民生建设向民生政治本真的回归即人们自己所决定的政治形态的回归，此时的民生政治形态从本质上来说就是不断地把人从不发达的经济状态下解放出来、把人从异化劳动的状态下解放出来的过程。但是由于社会主义形态下的社会生产发展的限制，在实现了无产阶级专政条件下的民生政治仍然具有阶段性的特点，从根本上来说，民生政治实践只能分阶段推进，这是坚持马克思主义实事求是态度的本质要求，也是当今世界发展态势向人们展示的真理所在，因此，民生政治实践模式始终统一于人们生产力的发展状态。

生产力发展状况决定了民生政治实践只能分阶段推进，意味着在民生政治时代，人们首先解决的是衣食住行的物质条件，因此，需要以经济建设为中心，不断发展生产和解放生产，不断满足人民群众的物质需要，实现人们对物质需求的公平正义。"需要指出的是，我们谈论社会成员共享社会发展的成果这一问题时，是有其特定的时代前提条件的；否则，便有可能误入空想社会主义和平均主义的境地，便有可能违反现代市场经济的基本原则。这个必要的前提条件就是，大力发展生产力。只有以高度发达的生产力为基础，一个社会才能具备相应的社会经济资源，才能为社会发展成果的共享提供必不可少的物质基础。我们注意到，无论是马克思、恩格斯还是邓小平，他们在谈论共享问题时，总是把高度发达的物质条件作为最为重要的前提性条件。"② 因此，公平正义的实现是建立在强大的物质经济基础之上的公平正义，如果一味地谈论公平正义而忽视对生产力

---

① 王沪宁：《政治的逻辑——马克思主义政治学原理》，上海人民出版社 2004 年版，第481 页。

② 吴忠民：《走向公正的中国社会》，山东人民出版社 2008 年版，第 137 页。

的解放、经济的发展，那么有可能把公平正义置于空中楼阁，使公平正义的实现流于形式或者空谈。在已经实现了人民主体性根本前提条件下走向富裕的现阶段，人们的衣食住行已经有了基本的保障，但是生活得更好、吃的更好更健康的问题凸显出来，人们对物质的要求有所提高，已经不满足于仅仅是对衣食住行的保障，而是在物质层面如何体现公平正义的问题，因此，生产力发展状态决定民生政治实践只能分阶段推进，意味着在经济发展的基础上，大力发展生产力，不断满足日益增长的物质需要，而不断满足人们的物质需要本身就是一个不断实现公平正义的过程。在大力发展生产力的同时，不断满足人们对经济发展、经济成果、经济过程的公平正义的诉求。在现阶段，已经实现了一定程度的经济发展的基础上，人们开始了公平正义地实现经济发展的要求，并对这一理念的需求越来越凸显，因此，生产力发展状况决定民生政治实践只能分阶段推进，意味着不仅要大力发展生产，以经济建设为中心，而且要求在经济发展过程中不断实现公平正义。

生产力发展状况决定民生政治实践只能分阶段推进，意味着民生政治的实践既不能超越当代生产力发展状况，也不能阻碍生产力的发展，而是需要同当代的生产力发展相适应，构建充满活力政治实践。依据马克思主义关于生产力与生产关系、上层建筑与经济基础的矛盾关系原理，民生政治作为产生于生产力发展需要的政治形态，它一旦形成就会对生产的发展造成一定的影响。民生政治作为一种实践认识，如果它的理论认识超越了这个时代的生产力发展状态，那么它有可能对生产力的发展造成一定的负面影响，如果滞后于生产力发展状态，那么它也照样会对生产力的发展造成一定的负面影响，因此，民生政治的实践必须与当时的生产力发展相适应。依据这一原则，生产力发展状况决定民生政治实践只能分阶段推进要求人们依据不同时期、不同生产条件处理民生政治实践过程中产生的问题，而不是滞后于生产发展状态或者超前于生产发展状态。

二　社会主义初级阶段的现实决定民生政治内在规定性

民生政治作为一种被人们意识到了的存在，从现实性的角度来看是人们的现实生活实践决定了民生政治的内在规定性，民生政治内在规定性的认识应该到人们的现实生活过程中去考察，而不是去文献资料或者到其他地方去考察。沿着这一思路，现实的人的生活实践过程决定了民生政治的内在规定性，人们对民生政治内在规定性的概括必然同人们当时的生活过程相联系，也必然用与之相适应的语言来概括。在当代中国，现实的人在社会主义初级阶段的中国生活和实践，因此，社会主义初级阶段的现实决定了民生政治的内在规定性，也只有同社会主义初级阶段这一现实相结合起来，民生政治的构建才能够健康发展起来，也才能真正维护人民群众的根本利益，也才能真正实现的人的解放。邓小平于1987年在会见意大利共产党领导人约蒂和赞盖里时的谈话中指出："我们党的十三大要阐述中国社会主义是处在一个什么阶段，就是处在初级阶段，是初级阶段的社会主义。社会主义本身是共产主义的初级阶段，而我们中国又处在社会主义的初级阶段，就是不发达的阶段。一切都要从这个实际出发，根据这个实际来制订规划。"① 党的第十三次全国代表大会上的报告中指出："正确认识我国社会现在所处的历史阶段，是建设有中国特色的社会主义的首要问题，是我们制定和执行正确的路线和政策的根本依据。对这个问题，我们党已经有了明确的回答：我国正处在社会主义的初级阶段。这个论断，包括两次含义。第一，我国社会已经是社会主义社会。我们必须坚持而不能离开社会主义。第二，我国的社会主义社会还处在初级阶段。我们必须从这个实际出发，而不能超越这个阶段。"② 胡锦涛在中国共产党第十八次全国代表大会上的报告中指出："我们必须清醒认识到，我国仍处于并将长期处于社会主义初级阶段的基本国情没有变，人民日益增长的物质文化需要同落后的社会生产之间的矛盾这一社会主要矛盾没有变，我国是世界最大发展中国家的国际地位没有变。在任何情况下都要牢牢把握社会主义初级阶段这个最大国情，推进任何方面的改革发展都要牢牢立足社会主义初级阶段这个最大实际。党的基本路线是党和国家的生命线，必须坚持把以经济建设为中心同四项基本原则、改革开放这两个基本点统一于中国特色社会主义伟大实践，既不妄自菲薄，也不妄自尊大，扎扎实实夺取中国特色社会主义新胜利。"③ 因此，在当代中国，社会主义初级阶段是最大的现实，而人们是在这一现实基础上的实践活动，社会主义初级阶段的现

---

① 中共中央文献研究室：《改革开放三十年重要文献选编》（上），中央文献出版社2008年版，第466—467页。

② 同上书，第474页。

③ 胡锦涛：《胡锦涛在中国共产党第十八次全国代表大会上的报告》，2012年11月，人民网（http://cpc.people.com.cn/n/2012/1118/c64094 - 19612151 - 2.html）。

实决定了民生政治内在规定性。

社会主义初级阶段的现实决定了民生政治内在规定性这一判断意味着：对民生政治的内在规定必须同社会主义初级阶段相适应，必须反映社会主义初级阶段这一现实实践的要求。社会主义初级阶段是这样的一个阶段，江泽民在中国共产党第十五次全国代表大会上的报告中指出："社会主义初级阶段，是逐步摆脱不发达状态，基本实现社会主义现代化的历史阶段；是由农业人口占很大比重、主要依靠手工劳动的农业国，逐步转变为非农业人口占多数、包含现代农业和现代服务业的工业化国家的历史阶段；是由自然经济半自然经济占很大比重，逐步转变为经济市场化程度较高的历史阶段；是由文盲半文盲人口占很大比重、科技教育文化落后，逐步转变为科技教育文化比较发达的历史阶段；是由贫穷人口占很大比重、人民生活水平比较低，逐步转变为全体人民比较富裕的历史阶段；是由地区经济文化很不平衡，通过有先有后的发展，逐步缩小差距的历史阶段；是通过改革和探索，建立和完善比较成熟的充满活力的社会主义市场经济体制、社会主义民主政治体制和其他方面体制的历史阶段；是广大人民牢固树立建设有中国特色社会主义共同理想，自强不息，锐意进取，艰苦奋斗，勤俭建国，在建设物质文明的同时努力建设精神文明的历史阶段；是逐步缩小同世界先进水平的差距，在社会主义基础上实现中华民族伟大复兴的历史阶段。这样的历史进程至少需要一百年时间。"[1]因此，在当代中国，社会主义初级阶段的这些实践内容赋予了民生政治内在的规定，正是因为如此，民生政治反映了社会主义初级阶段这一现实实践的基本要求和内容，是社会主义初级阶段的现实规定了民生政治的内在规定性。

社会主义初级阶段的现实决定民生政治内在规定性意味着对民生政治的内在规定一定要符合社会主义初级阶段，要反映社会主义初级阶段的基本要求。前文阐述道：民生政治是中国政治当代转向从政治转向了对人的关照、转向对人的日常生活的关照、发展成果由人民共享，这些转向表征为基础的政治形态，它应该诉求的是主体的人民性、根本前提是人民政权、公平正义的价值追求、实践指向以人为本，而这些对民生政治的内在规定恰好是社会主义初级阶段的内在要求，因此，民生政治的内在规定反

---

① 中共中央文献研究室：《改革开放三十年重要文献选编》（下），中央文献出版社2008年版，第897—898页。

映了社会主义初级阶段的基本要求，是社会主义初级阶段决定了民生政治的内在规定性。

总之，社会主义初级阶段决定了民生政治的内在规定性，民生政治的内在规定反映了社会主义初级阶段的基本要求。因此，在社会主义初级阶段，民生政治的构建应该反映社会主义初级阶段的基本要求，也应该在社会主义初级阶段这一条件下构建民生政治，而不是超越，也不是滞后。

三　共产主义实现的阶段性规定民生政治是一个持续不断的进程

在共产主义社会，人们的劳动是自由劳动，是自由人的联合行动，是实现了人的解放的社会，马克思恩格斯在《共产党宣言》里描述了共产主义社会的宏伟蓝图，规定了共产主义的原则。总的来看，共产主义就是实现了人的解放的社会，即每个人的自由发展是一切人的自由发展的条件。从马克思恩格斯关于共产主义社会的描述可以看出，在共产主义社会，人是自身的主人，换句话说就是实现了完全解放的人，王沪宁在《政治的逻辑——马克思主义政治学原理》一书中把共产主义社会的基本特征概括为实行共产主义的全民所有制、实行"各尽所能，按需分配"的原则、消灭三大差别、消灭阶级和国家消亡、个人的全面发展五个方面的基本特征，通过这些原则，考察当今世界人类社会的发展，共产主义至今没有完全实现，即使是社会主义的中国也没有完全实现，前文已经强调指出我国目前仍然是社会主义初级阶段，实现共产主义是一个长期的过程。王沪宁认为，"未来的共产主义社会究竟是什么样的社会？马克思主义并没有给出十分详细的描绘，因为马克思主义创始人也力图避免这样做。一种政治理想或社会理想，描绘得越详尽、越仔细，越有可能陷入空想和虚构。马克思主义创始人只是确定了未来社会的基本原则，而这些原则都是从社会物质运动的必然性中引申出来的，而不是像一些空想社会主义者那样空想出来的。根据马克思主义的设想，未来的共产主义社会将分为两个阶段：一是共产主义社会的初级阶段，即现在一般意义上讲的社会主义社会；二是共产主义社会的高级阶段，即人类社会发展的未来"[1]。因此，共产主义的实现具有阶段性。民生政治作为关于人的解放的学说，

---

[1]　王沪宁：《政治的逻辑——马克思主义政治学原理》，上海人民出版社 2004 年版，第482 页。

归根结底是关于人的解放问题的理论和实践，而人的彻底解放只有在共产主义才能够实现，因此，由于共产主义实现的阶段性，规定了民生政治是一个持续不断的进程。

民生政治的终极目标是实现人的解放，而这一终极目标始终贯穿于民生政治的全过程，关于这一终极目标的阐述将在后文提到，这里不再阐述。但是需要指出的是，由于共产主义实现的阶段性，关于人的解放问题在不同发展阶段具有不同的内容，"人自身的解放，是社会解放的最高尺度，社会解放以政治解放和物质解放为根本前提，它们是人发展、进步的外在因素。但人作为人自身，又有其特殊的条件。在人的社会化方面，是指人的文化化，人的自由劳动本性的形成，这些都涉及人的内在本质性的改造、进化与发展。正因为如此，人类解放的实现是一个分阶段的历史发展过程"①。因此，实现人的解放是一个长期的分阶段的历史发展过程。"只有真正地实现了这些物质条件和社会发展条件，人才能最后真正摆脱物对人的统治。然而，经济的社会解放，需一个漫长的历史过程。它自身的发展，会呈现出若干不同的发展阶段。不同的民族和不同的国家，因社会、历史原因的不同，经济的社会解放的阶段也会有不同，时间长短也会有不同。"② 因此，在政治和经济没有充分实现解放的条件下，人的解放问题的具体内容和实践也会不同，关于人的解放问题呈现出了不同的发展阶段。由于人的解放程度同共产主义实现的同一性，可以说共产主义实现的阶段性规定了民生政治是一个持续不断的进程。

由于人的完全解放是在共产主义阶段才能实现，而共产主义的实现具有阶段性，因此，追求人的解放的民生政治是一个持续不断的进程。以共产主义实现的阶段性规定民生政治是一个持续不断的进程作为未来民生政治的实践模式意味着：一方面，把人的解放作为民生政治的终极目标，使民生政治的实现同共产主义的实现联系起来，以此来说明民生政治是一个长期的实践过程。从人的解放的角度来看，民生政治从根本上来说就是不断实现人的解放的过程，而共产主义的实现就是对人的解放，共产主义同民生政治并不冲突，在人的解放这一规定上具有同一性，因此，从这个角

---

① 刘德厚：《广义政治论：政治刮泥社会化分析原理》，武汉大学出版社 2004 年版，第315 页。

② 同上书，第 318 页。

度来说，由于共产主义实现的阶段性，民生政治就呈现出了一个持续不断的进程。另一方面，民生政治的构建过程本身就是一个不断实现人的解放的过程。民生政治构建的提出与实践正是对人的解放的回应，而人的解放过程是一个长期的复杂的过程，因此，民生政治是一个持续不断的进程。

共产主义实现的阶段性规定了民生政治是一个持续不断的进程意味着民生政治是长期的复杂过程，无论是实现公平正义的价值追求，还是实现人的解放，最终实现人类的解放，都是一个长期的复杂过程，因此，民生政治的构建是一个长期的复杂过程，需要人们进行不懈的努力和奋斗。

总之，在推进民生政治的过程中逐步实现人的解放，实现公平正义，人类的解放，希望更多的人关注民生政治，实践民生政治，关心他人、关心自己，为民生政治的实现，为人的自由而全面发展作出自己的努力。

四　我国民生政治必须始终坚持人民性的政治逻辑

目前，环视整个世界，宣称自己是社会主义国家的毕竟是少数，同时资本主义世界对社会主义世界的攻击无处不在，在获得了无产阶级解放的世界里，资本主义世界为了获得自身的统治地位必然对社会主义进行这样那样的攻击，这个事实是过去一切阶级社会的历史向人们所展示的道理，不需要作更多的解释。邓小平指出："帝国主义搞和平演变，把希望寄托在我们以后的几代人身上。江泽民同志他们这一代可以算是第三代，还有第四代、第五代。我们这些老一辈的人在，有分量，敌对势力知道变不了。但我们这些老人呜呼哀哉后，谁来保险？所以，要把我们的军队教育好，把我们的专政机构教育好，把共产党员教育好，把人民和青年教育好。"① 因此，在资本主义生产关系存在于这个世界的现实条件下必须向人们展示坚持人民性的重要性，民生政治的构建也必须向人们展示人民性的立场。邓小平指出："封建社会代替奴隶社会，资本主义代替封建主义，社会主义经历一个长过程发展后必然代替资本主义。这是社会历史发展不可逆转的总趋势，但道路是曲折的。资本主义代替封建主义的几百年间，发生过多少次王朝复辟？所以，从一定意义上说，某种暂时复辟也是难以完全避免的规律性现象。一些国家出现严重曲折，社会主义好像被削

---

① 中共中央文献研究室：《改革开放三十年重要文献选编》（上），中央文献出版社2008年版，第63页。

弱了，但人民经受锻炼，从中吸收教训，将促使社会主义向着更加健康的方向发展。"① 在社会主义代替资本主义过程中必然出现资本主义的复辟现象，因此，必须强调和坚持民生政治的人民性。强调民生政治的人民性，并没有输理的地方，邓小平强调："依靠无产阶级专政保卫社会主义制度，这是马克思主义的一个基本观点……对人民实行民主，对敌人实行专政，这就是人民民主专政。运用人民民主专政的力量，巩固人民的政权，是正义的事情，没有什么输理的地方。我们搞社会主义才几十年，还处在初级阶段。巩固和发挥在那社会主义制度，还需要一个很长的历史阶段，需要我们几代人、十几代人，甚至几十代人坚持不懈地努力奋斗，决不能掉以轻心。"② 因此，在资本主义生产关系存在于世界范围内的现实条件下，强调和坚持民生政治的人民性是正义的事情，没有什么输理的地方，是我国社会主义性质使然，是我们党的性质使然，是人民群众的根本要求，构建民生政治必须坚持和强调民生政治的这一原则。

强调和坚持民生政治人民性的政治逻辑意味着在资本主义生产关系存在于世界的现实条件下我们所构建的民生政治是人民群众自己当家作主的政治形态，是为了人民群众的根本利益，不是资产阶级的利益，也不是某个特殊利益集团的政治形态。民生政治从根本上来说是维护人民群众利益的政治形态，关于这一观点笔者已经在前文作过阐述，但是需要在这里再次强调和指出，这主要是因为在当今社会发展过程中许多人怀疑我们所构建的民生政治形态虽然在理论上是维护人民群众利益的政治形态，但是在实践过程中维护的是特殊利益集团或者国家资本主义利益的民生政治形态，因此，再次强调和指出民生政治是人民群众自己当家作主的政治形态，是维护人民群众自己的根本利益的政治形态，有利于人们从思想上、在实践中真正维护人民群众的根本利益，把民生政治形态同剥削阶级占统治地位的民生政治形态从本质上区别开来，构建起真正的维护人民群众根本利益的民生政治形态，也从实践上和思想上澄清人们对民生政治人民性的忽视。

强调和坚持民生政治人民性的政治逻辑意味着在资本主义存在于世界

① 中共中央文献研究室：《改革开放三十年重要文献选编》（上），中央文献出版社2008年版，第641页。

② 同上书，第639页。

范围内的现实条件下，民生政治的构建过程必须真正反映人民群众的利益要求，换句话说就是民生政治应该坚持人民主体性的原则。在资本主义存在于世界的现实条件下，资产阶级为了维护自身的统治必然以这种或那种的方式来攻击具有人民性的民生政治形态的健康发展，因此，在构建民生政治过程中必须坚持和强调民生政治的人民性。同时，由于我国的现实国情是处于社会主义初级阶段，各方面确实有些地方不如已经发展了几百年的资本主义社会，这是客观存在的事实，人们从对社会主义初级阶段的民生政治形态同资本主义条件下的民生建设比较过程中可能会发现一些不足，可能会对我国的民生政治形态表示怀疑，甚至有的人可能会以资本主义条件下的民生建设的优势来同我国的民生政治实践进行比较，在无意识的情况下曲解我国的民生政治形态。因此，必须强调和坚持民生政治的人民性，这是在资本主义生产关系存在的现实条件下必须强调和坚持的一个原则。构建起符合人民群众根本利益要求的健康的民生政治形态，促使民生政治的构建真正符合人类历史发展的规律，符合人民群众的根本利益，符合社会主义初级阶段的国情，既不对其进行人为的拔高，也不对其抱有自卑的心态。因此，在资本主义生产关系存在的现实条件下，我国民生政治的构建始终必须坚持人民性的政治逻辑，在构建民生政治过程中既不妄自菲薄，也不妄自尊大，构建真正的民生政治形态，使民生政治形态的构建造福人民、造福人类。

我国民生政治必须始终坚持人民性的政治逻辑意味着在民生政治构建过程中始终坚持人民性原则，体现出人民性政治逻辑的强大优势。实现了政治的人民性本身就是人类社会的一大进步，是人类社会中最为公平正义的事情，但是需要警惕的是，实现了政治的人民性并不意味着放任对人民的各项权利的缺失，如果在实现了根本政治制度和政治前提的人民性的条件下，赋予人民的各项神圣的权利长期缺失，有可能导致政治的人民性的缺失，使人民性流于口头或者形式，那么此种条件下的人民性是虚的，因此，民生政治的构建始终必须坚持人民性的政治逻辑，确实把人民的各项权利落到实处，使人民真正感受到当家作主的快乐和幸福。

第二节　民生政治的终极目标

民生政治从最终本质意义上来说就是关于人的解放的政治学说，人的解放始终贯穿于民生政治的全过程，对民生政治这一本质内涵的理解是笔者始终贯穿于全书的一个基本的核心观点，也是笔者试图说明的一个基本问题所在。民生政治的终极目标就是人的解放。作为一种解放的民生政治形态其最终目标是人的解放，即把人的世界还给人本身；从马克思主义关于从现实的人出发理解政治生活和政治现象的基本原理出发，民生政治必然是人的解放学说。马克思主义要求人们思考问题需要从现实的人出发，因此，从现实的人出发，民生政治的终极目标必然是人的解放。民生政治终极目标追求的是人的解放，人的解放始终贯穿于民生政治的全过程，而人的解放意味着人的自由而全面的发展，因此，人的自由而全面的发展，直至实现人类的解放，必然蕴含于民生政治的终极目标之中。但是需要明确的一点是，人的自由而全面发展及其实现人类的解放这一目标始终贯穿于民生政治的全过程中，并且民生政治的构建过程本身就是不断实现人的解放的过程。

一　人自由而全面的发展

在整个民生政治构建过程中，人的解放始终贯穿于民生政治的全过程，而人的解放既是民生政治的终极目标，也是民生政治过程本身的体现，作为一种解放理论的民生政治必然是把人的关系还给人自身，实现人的自由而全面发展，因此，人的自由而全面发展应该是民生政治的终极目标。

人的自由而全面发展作为民生政治的终极目标，是马克思主义关于人的解放理论的体现和要求，也是社会主义的本质诉求。在我国，马克思主义具有决定性的指导地位，因此，在马克思主义指导下的民生政治形态以人的自由而全面发展作为其终极目标是情理之中的事情。在马克思主义者看来，人的自由而全面发展是人类社会的终极价值意义之所在之一，也是人类社会发展的必然趋势。王振亚教授认为，"人的全面自由的发展，是马克思主义创始人为未来社会设定的理想目标，也是马克思人学致思的点睛之笔"[①]。人的自由而全面发展是马克思主义关于人的解放理论的要求和体现，也是马克思主义致力于追求的价值所在，而无产阶级的解放过程

[①]　王振亚：《社会主义文明结构的人学意蕴》，《陕西师范大学学报》（哲学社会科学版）2004 年第 6 期。

本身就是不断实现人的自由而全面发展的过程。有学者认为，"在马克思人类解放的内在逻辑中，政治解放、经济解放、劳动解放、文化解放都是从手段方面去理解人类的解放。如果从目的的方面来理解人的解放，就必然要回到人的自由而全面发展这一问题上"①。因此，人的自由而全面发展体现了马克思主义解放理论的内涵和本质所在，"'每个人的自由发展是一切人的自由发展的条件'这一高度浓缩的命题，不仅鲜明地表达了马克思'以人为本'思想的特征，而且准确地揭示了马克思人类解放理论的全部内涵"②。把人的自由而全面发展作为民生政治的终极目标是马克思主义关于人的解放理论的要求和体现，而关于人的解放什么时候才算完成呢，马克思回答道："只有当现实的个人把抽象的公民复归于自身，并且作为个人，在自己的经验生活、自己的个体劳动、自己的个体关系中间，成为类存在物的时候，只有当人认识到自身'固有力量'是社会力量，并把这种力量组织起来因而不再把社会力量以政治力量的形式同自身分离的时候，只有到了那个时候，人的解放才能完成。"③而我国是社会主义国家，是实践社会主义的国家，这是一个客观存在的事实，而人的自由而全面发展是社会主义的本质诉求和内在规定，王振亚教授认为，"人的全面而自由的发展，作为人类文明进化的历史尺度，是社会主义经济尺度和社会尺度相统一的集中体现，是社会主义的本质要求"④。因此，作为社会主义条件下的民生政治形态应该把人的自由而全面发展作为终极目标，是马克思主义关于人的解放理论的体现和要求，也是社会主义的本质诉求。

民生政治在追求人的自由而全面发展这一终极目标过程中，不仅体现了马克思主义关于人的解放这一规定性内涵，而且民生政治过程本身也体现了不断实现人的自由而全面发展的过程，民生政治的构建本身就体现了人的自由而全面发展的过程，因此，人的自由而全面发展作为民生政治终极目标体现了民生政治过程本身。民生政治形态的确立过程本身反映了不

---

① 刘同舫：《马克思人类解放理论的演进逻辑》，人民出版社 2011 年版，第 182 页。

② 同上书，第 183 页。

③ 中共中央马克思恩格斯列宁斯大林著作编译局：《马克思恩格斯文集》第 1 卷，人民出版社 2009 年版，第 46 页。

④ 王振亚：《社会主义文明结构的人学意蕴》，《陕西师范大学学报》（哲学社会科学版）2004 年第 6 期。

断地把人从阶级统治的状态下解放出来、不断地把人从不发达的经济状态下解放出来、不断地把人从以物为本的状态下解放出来，民生政治过程本身体现了不断地实现人的自由而全面发展的过程，因此，将人的自由而全面发展确立为民生政治终极目标是民生政治过程的体现和要求。从民生政治构建过程来看，民生政治的构建是在实现了无产阶级专政基础上的政治形态，民生政治是在实现了人的阶级解放的基础上的政治形态，而阶级解放意味着已经实现了把人从统治阶级统治的状态解放出来，这一过程本身就是不断实现人的自由而全面发展的过程。随着阶级解放的实现，把人从不发达的经济状态下解放出来成为重要的形态，以经济建设为中心的确立不断地把人从不发达的经济状态下解放出来，但是随着这一过程的发展，把人过度经济化或者物化，在提出了以人为本的实践背景下又不断实现把人从物的统治下解放出来，因此，在以人为本理念指导下的民生政治形态实现了把人的世界还给人自身的过程，实现了一定程度的人的自由而全面发展，虽然这种深度还远未达到共产主义社会的人的自由而全面发展的程度。从民生政治构建的全过程来看，民生政治过程本身体现了人的自由而全面发展的过程，把人的自由而全面发展作为民生政治形态的终极目标之一是民生政治全过程的体现。

因此，人的自由而全面发展是民生政治的终极目标，这一价值目标意味着民生政治过程本身既是人的自由而全面发展的过程，也是追求不断实现人的自由而全面发展的过程，反映了马克思主义人的解放理论的要求和内涵，反映了人作为人的最高本质，体现了社会主义的本质规定。民生政治终极目标的指向必然是人的自由而全面发展。

二　人类的解放

民生政治作为一种关于人的解放学说，它所追求的不仅仅是个人的解放，从最终意义上来说，它所追求的是人类的解放；民生政治作为一种马克思主义指导下的政治理论和实践，它所追求的必然是人类的解放，绝不是某个人或者某个团体的解放。有学者这样描述道："马克思在继承西方传统思想精华的基础上，把解放无产阶级进而全人类作为自己一生孜孜不倦的理想性价值目标。人类解放始终是马克思的终极追求，这一追求在马克思科学的世界观和方法论的指导下，从空想'质变'为科学，获得了实现的蓝图和所要达到的终极状态。"① 因此，作为马克思主义指导下的民生政治实践，所追求的不是个人的解放，而是人类的解放。陈答才教授认为，"坚持马克思主义基本原理，就是坚持辩证唯物主义和历史唯物主义的世界观和方法论，坚信人类社会的发展必将经过社会主义而最终实现共产主义社会制度。这是马克思主义最本质、最精华的东西，尽管这一崇高理想的实现需要几代人乃至几十代人的长期奋斗，但这个信念丝毫不能动摇"②。因此，民生政治以人类的解放作为终极目标是马克思主义的本质体现和内在规定，民生政治的构建应该将人类的解放作为自己的终极目标所在。

在我国，民生政治实践过程的必然趋势是实现人类的解放，在不断实现人的解放过程中逐渐实现人类的解放，为人类的解放作出中国自己的贡献。在实现了无产阶级专政的中国正逐渐消灭阶级本身存在的条件，但是由于在一定范围内存在阶级斗争的原因，无产阶级专政的存在仍然很有必要，特别是从全世界范围来看，阶级斗争本身还存在，资本主义生产关系还仍然存在，无产阶级专政是很有必要的，这是实践民生政治需要清醒认识的一个前提，如果这一前提缺失，将会使人的最大的公平正义即人民大众的公平正义这一根本前提缺失，因此，人民主体性地位不能削弱。有学者认为所谓的人类解放就是 "指人类不断地消灭现存状况、实现人的自由而全面发展的现实运动，是人类在经由政治解放、经济解放、劳动解放和文化解放所创造的社会物质精神条件下，把握与超越外部自然限度，并通过全面颠覆资本逻辑，消除私有制，以自由人的联合体取代市民社会体系和国家，建立起共产主义社会的历史过程"③。而从全世界范围来看，政治解放、经济解放、劳动解放和文化解放等都还未真正完成，特别是资本主义生产关系存在的现实状态下，资本的剥削逻辑仍然很活跃，因此，人类的解放是一个长期的发展过程。而在中国，民生政治的实践是在无产阶级专政条件下的政治形态，已经实现了阶级的解放，虽然在一定范围内阶级斗争仍然存在，但已经不是主要的矛盾，在实现阶级解放的条件下、在实现经济解放的过程中不断实现人的解放，而人类的解放包含着人的解

---

① 刘同舫：《马克思人类解放理论的演进逻辑》，人民出版社 2011 年版，第 203 页。

② 陈答才：《马克思主义中国化进程的启示》，《西北大学学报》（哲学社会科学版）2008 年第 5 期。

③ 刘同舫：《马克思人类解放理论的演进逻辑》，人民出版社 2011 年版，第 1 页。

放过程，因此，民生政治的必然趋势是人类的解放，也是民生政治的终极追求。在中国范围内不断实现人的解放过程中逐渐实现人类的解放，为最终实现人类的解放作出中国自己的贡献和努力。

人类的解放作为民生政治的终极目标意味着民生政治价值追求的指向是人类的民生问题，意味着谋求人类的幸福。在实现人类解放的过程中，中国需要坚持和发展社会主义道路，高举中国特色社会主义旗帜，为共产主义的实现奠定基础。民生问题和幸福问题即人们的衣食住行等基本活动是没有国境、没有意识形态差别、没有种族差别的客观存在，如果有差别也应该是实现方式的不同、具体内容的不同、实现程度的不同，因此，民生问题本身具有人类性，是人类共同关注的问题。民生问题关乎人类的幸福问题，而社会主义是人类社会的必然趋势，因此，在中国，人类的解放是民生政治的终极目标所在。在中国需要坚持和发展社会主义道路，高举中国特色社会主义旗帜，为实现共产主义奠定基础，为全人类的解放奠定基础。阎树群教授认为，"中国特色社会主义道路的优势在于，为了实现全体人民共同富裕的目标，必须把发展生产力摆在一切工作的首位，必须做到既重视效率又强调公平，必须实现经济社会的全面发展并促进人的全面发展。这是中国特色社会主义不同于资本主义又区别于缺乏生机和活力的传统社会主义的重要之点"[①]。因此，在中国高举中国特色社会主义旗帜意味着对人类解放客观规律的遵循，对公平正义的实现。坚持中国特色社会主义是实现共产主义、实现人类解放的本质体现。

总之，民生政治的构建把人类的解放作为终极目的，是人类历史发展规律的内在规定，是共产主义、社会主义的本质诉求，是民生政治的一般性规律使然，是人类对公平正义、对改善人与自然的关系、改善人与人之间的关系、对自由的向往的体现和内在诉求，是人类共有的衣食住行行为的共同追求体现。

---

① 阎树群：《论科学发展观的政治意义》，《湖湘论坛》2011 年第 6 期。

参考文献

（一）著作类：

[1]《马克思恩格斯文集》第1、2、3、9卷，人民出版社2009年版。

[2] 马克思、恩格斯：《德意志意识形态》（节选本），人民出版社2003年版。

[3] 马克思、恩格斯：《共产党宣言》，人民出版社1997年版。

[4] 马克思、恩格斯：《马克思恩格斯选集》第3卷，人民出版社1995年版。

[5] 恩格斯：《家庭、私有制和国家的起源》，人民出版社1999年版。

[6] 列宁：《列宁全集》第1卷，人民出版社1984年版。

[7]《列宁选集》第1、2、4卷，人民出版社1995年版。

[8] 毛泽东：《毛泽东选集》第1、2、3、4卷，人民出版社1991年版。

[9] 习近平：《习近平谈治国理政》，外文出版社2014年版。

[10] 孙中山：《孙中山选集》，人民出版社1981年版。

[11] 孙中山：《孙中山文集》，团结出版社1997年版。

[12] 孙中山：《孙中山选集》（下卷），人民出版社1956年版。

[13]《孙中山全集》，中华书局1985年版。

[14]《中华人民共和国宪法，中国共产党章程》，中国法制出版社2008年版。

[15]《中华人民共和国国民经济和社会发展第十二个五年规划纲要》，人民出版社2011年版。

[16] 中共中央文献研究室：《改革开放三十年重要文献选编》（上、下），中央文献出版社2008年版。

［17］燕继荣：《现代政治分析原理》，高等教育出版社 2004 年版。

［18］许丽萍：《吉登斯生活政治范式研究》，人民出版社 2008 年版。

［19］王涛：《中国特色社会主义民生建设研究》，中国社会科学出版社 2011 年版。

［20］许俊达：《超越人本主义——青年马克思与人本主义哲学》，中国人民大学出版社 2000 年版。

［21］王沪宁：《政治的逻辑——马克思主义政治学原理》，上海人民出版社 2004 年版。

［22］李为善、刘奔：《主体性和哲学基本问题》，中央文献出版社 2002 年版。

［23］刘俊祥：《人本政治论：人的政治主体性的马克思主义研究》，中国社会科学出版社 2006 年版。

［24］刘德厚：《广义政治论：政治关系社会化分析原理》，武汉大学出版社 2004 年版。

［25］张铭、严强：《政治学方法论》，苏州大学出版社 2003 年版。

［26］王浦劬：《政治学基础》，北京大学出版社 2006 年版。

［27］郑功成：《关注民生——郑功成访谈录》，人民出版社 2004 年版。

［28］周新城、张旭：《苏联演变的原因与教训——一颗灿烂红星的陨落》，社会科学文献出版社 2008 年版。

［29］陈向义：《物本与人本——发展理论的迷失与重建》，上海交通大学出版社 2008 年版。

［30］柳礼泉：《新中国民生 60 年》，湖南大学出版社 2009 年版。

［31］孙学玉等：《当代中国民生问题研究》，人民出版社 2010 年版。

［32］李真、汪锡奎等：《当代中国生活方式论》，东南大学出版社 1997 年版。

［33］王雅林：《人类生活方式的前景》，中国社会科学出版社 1997 年版。

［34］邓正来：《布莱克维尔政治思想百科全书》，中国政法大学出版社 2011 年版。

［35］钱乘旦：《世界现代化历程·北美卷》，江苏人民出版社 2010 年版。

［36］顾俊礼：《福利国家论析——以欧洲为背景的比较研究》，经济管理出版社 2002 年版。

［37］李植枬：《宏观世界史》，武汉大学出版社 1999 年版。

［38］阎照祥：《英国史》，人民出版社 2003 年版。

［39］孙洁：《英国的政党政治与福利制度》，商务印书馆 2008 年版。

［40］陈晓律、于文杰、陈日华：《英国发展的历史轨迹》，南京大学出版社 2009 年版。

［41］李秉勤等：《欧美福利制度：挑战、改革与约束》，中国社会出版社 2011 年版。

［42］陈晓律：《英国福利制度的由来与发展》，南京大学出版社 1996 年版。

［43］丁开杰、林义：《后福利国家》，上海三联书店 2004 年版。

［44］郭静：《政党轮替的政策价值：英国社会保障政策的政治分析》，中国社会科学出版社 2010 年版。

［45］刘玉安、蒋锐等：《从民主社会主义到社会民主主义——当代欧洲社会民主党的理论与实践》，人民出版社 2010 年版。

［46］钱乘旦：《世界现代化历程·西欧卷》，江苏人民出版社 2010 年版。

［47］姚玲珍：《德国社会保障制度》，上海人民出版社 2011 年版。

［48］丁建定：《西方国家社会保障制度史》，高等教育出版社 2010 年版。

［49］吴友法、黄正柏：《德国资本主义发展史》，武汉大学出版社 2000 年版。

［50］吴红英：《巴西现代化进程透视——历史与现实》，时事出版社 2001 年版。

［51］吕银春、周俊南：《巴西》，社会科学文献出版社 2004 年版。

［52］雷钰、苏瑞林：《中东国家通史》（埃及卷），商务印书馆 2003 年版。

［53］毕健康：《埃及现代化与政治稳定》，社会科学文献出版社 2005 年版。

［54］徐滇庆、柯睿思、李昕：《终结贫穷之路：中国和印度发展战略比较》，机械工业出版社 2009 年版。

［55］林承节：《印度史》，人民出版社 2004 年版。

［56］林承节：《独立后的印度史》，北京大学出版社 2005 年版。

［57］沈开艳、权衡等：《经济发展方式比较研究——中国与印度经济发展比较》，上海社会科学院出版社 2008 年版。

［58］吴恩远：《苏联史论》，人民出版社 2007 年版。

[59] 张伟恒、曹长盛、杨阴滋：《苏联兴亡和社会主义前景》，新华出版社 1999 年版。

[60] 李慎明：《历史在这里沉思——苏联解体 20 周年祭》，社会科学文献出版社 2011 年版。

[61] 宫达非：《中国著名学者：苏联剧变新探》，世界知识出版社 1998 年版。

[62] 董四代：《民生主义与中国特色社会主义》，中央编译出版社 2011 年版。

[63] 王杰：《先秦儒家政治思想论稿》，人民出版社 2011 年版。

[64] 许凌云、许强：《中国儒学通论》，广东教育出版社 2002 年版。

[65] 赵明：《先秦儒家政治哲学引论》，北京大学出版社 2004 年版。

[66] 李玉洁：《儒学与中国政治》，科学出版社 2010 年版。

[67] 尚斌、任鹏、李明珠：《中国儒学发展史》，兰州大学出版社 2008 年版。

[68] 蒋庆：《政治儒学：当代儒学的转向、特质与发展》，生活·读书·新知三联书店 2003 年版。

[69] 顾红亮：《儒家生活世界》，上海人民出版社 2008 年版。

[70] 王杰：《孙中山民生思想研究》，首都经济贸易大学出版社 2011 年版。

[71] 刘同舫：《马克思人类解放理论的演进逻辑》，人民出版社 2011 年版。

[72] 王威海：《政治社会学：范畴、理论与基本面向》，上海人民出版社 2008 年版。

[73] 杨晓东：《马克思解放视野中的社会政治生活》，中国社会科学出版社 2011 年版。

[74] 丰子义：《发展的反思与探索——马克思社会发展理论的当代阐释》，中国人民大学出版社 2006 年版。

[75] 施雪华：《政治现代化比较研究》，武汉大学出版社 2006 年版。

[76] 马克思主义中国化的历史进程和基本经验课题组：《马克思主义中国化研究——历史进程和基本经验》（下），人民出版社 2009 年版。

[77] 熊坤新：《苏联民族问题理论与政策研究》，中央民族大学出版社 2010 年版。

［78］赵常庆、陈联璧、刘庚岑、董晓阳：《苏联民族问题研究》，社会科学文献出版社 2007 年版。

［79］吴忠民：《走向公正的中国社会》，山东人民出版社 2008 年版。

［80］周蔚，徐克谦：《人类文化启示录——20 世纪文化人类学的理论与成果》，学林出版社 1999 年版。

［81］［英］安东尼·吉登斯：《超越左与右——激进政治的未来》，李惠斌，杨雪冬译，社会科学文献出版社 2000 年版。

［82］［美］F. 普洛格、D. G. 贝茨：《文化演进与人类行为》，吴爱明、邓勇译，辽宁人民出版社 1988 年版。

［83］［美］康拉德·菲利普·科塔克：《简明文化人类学：人类之境》（第五版）熊茜超、陈诗译，上海社会科学院出版社 2011 年版。

［84］［美］S. 南达：《文化人类学》，刘燕鸣、韩养民译，陕西人民教育出版社 1987 年版。

［85］［匈］阿格妮丝·赫勒：《日常生活》（第二版）衣俊卿译，重庆出版社 2010 年版。

［86］［法］埃德加·莫兰：《人本政治导言》，陈一壮译，商务印书馆 2010 年版。

［87］［美］埃里希·弗罗姆：《健全的社会》（第二版）王大庆、许旭虹等译，国际文化出版公司 2007 年版。

［88］［美］马克·C. 卡恩斯、约翰·A. 加勒迪：《美国通史》第 12 版，吴金平等译，山东画报出版社 2008 年版。

［89］［丹麦］戈斯塔·埃斯平 – 安德森：《转型中的福利国家——全球经济中的国家调整》，杨刚译，商务印书馆 2010 年版。

［90］［英］阿萨·勃里格斯：《英国社会史》，陈叔平等译，中国人民大学出版社 1991 年版。

［91］［英］霍华德·格伦内斯特：《英国社会政策论文集》，苗正民译，商务印书馆 2003 年版。

［92］［英］马丁·鲍威尔：《新工党，新福利国家？英国社会政策中的"第三条道路"》，林德山、李姿姿、吕楠译，重庆出版社 2010 年版。

［93］［英］比尔·考克瑟、林顿·罗宾斯、罗伯特·里奇：《当代英国政治》（第四版）孔新峰、蒋鲲译，北京大学出版社 2009 年版。

［94］［法］乔治・杜比：《法国史》（中卷），吕一民、沈坚、黄艳红等译，商务印书馆 2010 年版。

［95］［巴西］萨缪尔・皮涅伊罗・吉马良斯：《巨人时代的巴西挑战》，陈笃庆等译，当代世界出版社 2011 年版。

［96］［印度］阿玛蒂亚・森、让・德雷兹：《印度：经济发展与社会机会》，黄飞君译，社会科学文献出版社 2006 年版。

［97］［俄］尼・伊・雷日科夫：《大国悲剧：苏联解体的前因后果》，徐昌翰等译，新华出版社 2008 年版。

［98］［英］安东尼・吉登斯：《现代性与自我认同》，赵旭东、方文、王铭铭译，生活・读书・新知三联书店 1998 年版。

［99］［美］约翰・罗尔斯：《作为公平的正义——正义新论》，姚大志译，上海三联书店 2002 年版。

（二）论文类：

［1］王文超：《改善民生是一项重要的政治任务》，《求是》2008 年第 2 期。

［2］王振亚：《人的政治主体性建构的理性自觉——解读社会主义政治文明的另一种视角》，《政治学研究》2005 年第 3 期。

［3］赵中源、梅园：《回顾与反思：理论界关于民生若干问题的研究》，《当代世界与社会主义》2010 年第 4 期。

［4］赵司空：《对新中国前三十年日常生活政治化的思考——兼谈马克思主义中国化与大众化》，《马克思主义研究》2010 年第 10 期。

［5］张全景：《苏共失败、苏联解体的惨痛教训及借鉴意义》，《马克思主义研究》2008 年第 2 期。

［6］张飞岸：《苏联解体与社会主义的未来——"苏联解体 20 周年国际学术研讨会"综述》，《马克思主义研究》2011 年第 5 期。

［7］朱继东：《中国为何要坚定不移地走共同富裕道路》，《马克思主义研究》2012 年第 2 期。

［8］周弘：《福利国家向何处去》，《中国社会科学》2001 年第 3 期。

［9］王浦劬：《关于完善政治学原理体系的思考》，《北京大学学报》（哲学社会科学版）1992 年第 5 期。

［10］王浦劬：《从阶级斗争到人民共和——我国政治学研究的逻辑转换

析论》，《北京大学学报》（哲学社会科学版）2009 年第 1 期。

[11] 林尚立：《民主与民生：人民民主的中国逻辑》，《北京大学学报》（哲学社会科学版）2012 年第 1 期。

[12] 袁祖社：《"人本文化"的公共性价值逻辑：按照"人的方式"把人实现为人》，《思想战线》2008 年第 3 期。

[13] 王俊拴：《从强国到民生：新世纪我国政治发展主题的确立及其意义》，《陕西师范大学学报》（哲学社会科学版）2012 年第 6 期。

[14] 王振亚：《社会主义文明结构的人学意蕴》，《陕西师范大学学报》（哲学社会科学版）2004 年第 6 期。

[15] 李宏：《从消极福利国家到积极福利国家——民主社会主义探索新福利制度》，《当代世界社会主义问题》2001 年第 1 期。

[16] 崔之元：《重庆"十大民生工程"的政治经济学》，《中共中央党校学报》2010 年第 5 期。

[17] 刘俊祥：《人本政治的研究方法与分析视角》，《武汉大学学报》（哲学社会科学版）2006 年第 5 期。

[18] 刘德厚：《重视对"广义政治"理论的研究》，《武汉大学学报》1996 年第 2 期。

[19] 赵丽江、马广博、刘三：《民生政治：当代中国最重要的意识形态》，《武汉大学学报》（哲学社会科学版）2012 年第 3 期。

[20] 王浦劬：《论中国社会公共政治的形成与实现》，《国家行政学院学报》2010 年第 4 期。

[21] 徐勇、项继权：《民生问题的实质是政治问题》，《华中师范大学学报》（人文社会科学版）2008 年第 3 期。

[22] 赵丽江、刘婧、郭凡路：《生活政治学的发端及关注的问题——政治学研究的祛魅与解咒》，《华中科技大学学报》（社会科学版）2010 年第 6 期。

[23] 陈答才：《马克思主义中国化进程的启示》，《西北大学学报》（哲学社会科学版）2008 年第 5 期。

[24] 李红珍、曹文宏：《民生问题的政治学解读：一种民生政治观》，《求实》2008 年第 1 期。

[25] 柳礼泉、张红明：《民生政治视野中的党的执政伦理建设》，《求实》2009 年第 3 期。

［26］陈金龙：《孙中山民生主义的历史作用与当代价值》，《科学社会主义》2011 年第 1 期。

［27］田新文：《民生政治：理解政治生活变化的新视角》，《社会主义研究》2008 年第 4 期。

［28］龙佳解、蒋晓东：《构建民生理论的价值意义》，《云南社会科学》2010 年第 3 期。

［29］郑红娥：《冲突与革命：中国"生活政治"的嬗变》，《社会科学研究》2006 年第 3 期。

［30］郭华茹、张健：《改善民生的政治视角》，《学术论坛》2010 年第 9 期。

［31］谢金林、张艺：《民生问题的政治伦理诠释》，《理论探讨》2008 年第 3 期。

［32］王伟光：《走共同富裕之路是发展中国特色社会主义的战略选择》，《红旗文稿》2012 年第 1 期。

［33］周明海：《民生政治视域下的基本公共服务均等化：功能与对策》，《中共天津市委党校学报》2009 年第 2 期。

［34］袁祖社：《"富裕社会"的正义信仰何以可能——社会"公共价值"的实现逻辑》，《甘肃理论学刊》2012 年第 4 期。

［35］赵凌云：《民生发展时代的改革逻辑与改革框架》，《甘肃理论学刊》2011 年第 1 期。

［36］杨光斌：《社会权利优先的中国政治发展选择》，《行政论坛》2012 年第 3 期。

［37］周朗生：《试论中国共产党的民生政治观》，《兰州学刊》2010 年第 10 期。

［38］赵凌云、赵红星：《民生发展时代：中国现代化进程的新阶段》，《天津大学学报》（社会科学版）2010 年第 6 期。

［39］唐纳德·萨逊、丁怡：《欧洲福利国家：历史演变与改革现状》，《社会保障研究》2008 年第 1 期。

［40］吴若飞、牛磊：《试论中国共产党的民生政治观的形成和发展》，《云南行政学院学报》2010 年第 4 期。

［41］谢倩：《论中国共产党民生政治观的内涵、特征和意义》，《云南行政学院学报》2010 年第 5 期。

［42］石仲泉：《当代中国特色社会主义理论和实践的新发展——学习党的十八大报告》，《中国延安干部学院学报》2013 年第 1 期。

［43］阎树群：《论科学发展观的政治意义》，《湖湘论坛》2011 年第6 期。

［44］徐光春：《民生就是政治》，《决策与信息》2007 年第 4 期。

［45］郭剑鸣：《民生：一个生活政治的话题——从政治学视角看民生》，《理论参考》2008 年第 1 期。

［46］关信平：《我们应更重视社会发展方式的转变》，《当代经济》2011年第 11 期。

后　记

　　本书是在博士论文基础上进一步思考而成。该书从构思到成型犹如一个小孩的成长过程，倾注了许多人心血，也随着时代变迁起起伏伏。衷心感谢关心本书出版和给予真诚帮助的恩师——王俊拴老师、袁奋光老师和各位朋友！我铭记于心，永感恩德！祝福您健康幸福、家庭和睦！

　　本书的成长过程，也是我从一个懵懵懂懂的学子走入社会的过程，其间我有了自己的家庭和工作，我深深体会到学校生活和社会生活、单身生活和家庭生活是两个不同的人生阶段，其过程也是民生政治思考范畴，我为能够拥有这样的成长机会而骄傲！也把该书送给我的妻子——谢先敏和儿子——李恩泽。

　　人类历史是个不断向前发展过程，也是不断改善人自身生存条件、发展环境和生活状态过程，一个人的历史也是不断改善自身生存和发展环境以及生活状态过程，是不断追求自由、平等和完美人生的历程，但是有些人在人类历史长河中、在人生过程中逐渐失去了自我，忘记了最初的远航目的和梦想，忘记了为谁在活着以及为什么活着，希望该书的出版能够帮助正为梦想而奋斗的人们。在人生历程中，我自己正接受着人生洗礼，也正经历着低谷，但是作为真正的马克思主义信仰者是打不倒的，正是她使我看到了人生的希望。另外，作为读过几年书的我，由于知识熏陶的缘故，在内心深处总有一种责任和使命在呼唤——把自己所获得的知识用来为人民谋幸福，这就是我自己的心路历程。

　　非常感谢中国社会科学出版社和云南财经大学资助，是你们的关心使我的心血呈现在读者面前，在此深表谢意！

李权

2016 年 1 月 30 日昆明春园陋室